BOOKSHOP TOURS OF BRITAIN

英国本屋めぐり

——本と本を愛する人に出会う旅

ルイーズ・ボランド 著／ユウコ・ペリー 訳

サウザンブックス社

CONTENTS

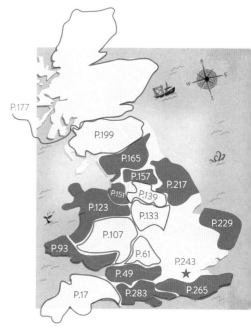

BLACKWELL'S, OXFORD

INTRODUCTION

はじめに

> "
> *これまで何度となく…本屋を訪れることで私は元気づけられ、*
> *世の中には素敵なものがあるのだと思い出すことができた。*
> —— フィンセント・ファン・ゴッホ
>
> *So often, . . . a visit to a bookshop has cheerer me and*
> *reminded me that there are good things in the world.*
> *– Vincent van Gogh E*

本屋というのは何か魔法のようなものを宿している。
足を踏み入れれば、その魔法の世界はもうあなたのものだ。
押したドアが小刻みに揺れ、ベルがチリンと鳴ると、
その先には何千冊もの本のあたたかい匂いが優しく待ち受けていて、
店員が少し離れたところにさりげなく佇んでいる。

さあ、どんな本を手に取ろう？　求めているのは、知識……冒険……それともドラマ？
ここで何時間でも書棚をながめて過ごそうか、それともアドバイスをもらおうか？
書店員たちは知識と経験、そして情熱をもってあなたを案内するために準備万端で待っている。

本屋とは願いを叶えてくれるアラジンの魔法の洞窟であり、
どこか遠くへ連れて行くことを約束し、
あなたの内面を引き出してすっかり変身させることを約束する存在だ。

そしてイングランド最南端からスコットランドの最北の地、
ウェールズ海岸線の自然からイーストアングリアの湿原に至るまで、
イギリスじゅうが最高に素晴らしく魅力的な本屋に恵まれているのだ。

私は2018年、最初にイギリスの本屋めぐりを始めた。自身の小さな文芸出版社を立ち上げたばかりで、外へ出て書店主たちに会ってみたいと思っていた。そうすれば彼らのお客が何を求めていて、書店主たち自身が何を読みたがっているか知ることができるからだ。この旅によって私はイギリスのど真ん中や小さな町、村、各地方の田舎道が交差する地へ導かれ、知らず知らずのうちにスロートラベルの喜びを噛みしめていた。この旅で私は、私のことを真っすぐ受け入れ、本屋とその仕事、住む町や地域への愛を喜んで語ってくれるたくさんの人々に出会うことができた。

☰ 本屋めぐりは美しい場所めぐり

いったいどうしてなのか、その理由ははっきりとは分からないけれど、イギリスの本屋、特に独立系書店（私はこの言葉で個人経営またはコミュニティ経営の本屋を指す）は歴史的・地理的な名所、あるいは大自然の美に囲まれた土地にあることが多い。本屋の場所は、設立者が自分たちのホームにしたいと思う場所を選ぶからかもしれない。そして本好きの人間は言うまでもなく素晴らしい人間なのだから、素晴らしい人間である書店主たちは自然と素晴らしい場所を選んだのだろう。

理由は何であるにしろ、本屋が息をのむような美しい海岸線沿いやドラマチックな崖や素敵なビーチのそばに集まっているのは事実だ。だから国立公園の村に行けばそこに本屋はあるし、特別自然美観地域（AONB）の中の静かな町に行けばそこでも本屋は見つかるのだ。

再開発で生まれ変わったリヴァプールのドックや、クロスビービーチで海を見つめるゴームリー作の鋳鉄像のアート展示をやっている片田舎の町——本屋を基点に旅すれば、そうしたイギリスの最も素晴らしいところを見てまわることになる。コーンウォールの秘密の洞窟、ヨー

クシャーのムーア、ウェールズの山々、ワイ渓谷の川、スコットランドの高地と低地、コッツウォルズの緩やかな丘陵地帯、サウスダウンズのいにしえの森と崖を旅するのだ。グラスゴーからダヌーンとフォート・ウィリアムを経由してハイランドへ向かう旅（私は車を使ったけれど、体力のある人なら自転車で行くのも楽しいはず）、私がイギリスで最も美しいと声を大にして言いたい場所をめぐる旅。グラスゴーの喧騒をあとにして、フェリーでクライド湾へ行き、北を目指して湖沿いを進み森を抜け、ヘザーの花の紫に染まった山肌を雲がなぞっていくグレンコーを通り過ぎ、音をたてて小川が流れる田園風景を見て、オークニー諸島にあるイギリス最北端の本屋を訪れる。

☰ すべての本屋は唯一無二

本屋めぐりの醍醐味とは、一つとして同じような本屋がないことだ。本、本棚、窓、レジが一台か二台といった共通点はあるけれど、雪の結晶がすべて異なるのと同じで本屋も一軒一軒に個性がある。その本屋が長い間大事にしてきたこと、場所、本屋が入っている建物の歴史、本屋のオーナーや店員のこだわり——そういったことのすべてが本屋の個性を形づくるのだ。ある本屋はクリームティーが売りのカフェを併設していて、また別の本屋では瞑想レッスンやヴィーガンの軽食を提供している。地域プロジェクトとして設立される本屋があれば、地元の情報案内所が予算削減で閉鎖されて非公式の観光情報センターのようになり、ウォーキングを楽しむ人が集まる本屋もある。

〈エディンバラ・ブックショップ〉では子どもの本を専門に扱い、ほぼ定期的にお楽しみイベントやアクティビティ、トークセッションなどを提供している。リヴァプールにある急進的左翼文学を専門とするアイコニックな本屋、〈ニュース・フロム・ノーウェア〉は1974年以

TOPPING & COMPANY, EDINBURGH

THE GROVE BOOKSHOP

SEVENOAKS BOOKSHOP

THE GROVE BOOKSHOP

BARTON BOOKS

来一つの共同体として活動し続けているが、ソーホーを拠点とする〈ゲイズ・ザ・ワード〉やグラスゴーの〈カテゴリー・イズ・ブックス〉のように多数のLGBT書籍を揃えている本屋もある。ロンドンはチェルシーにある〈ジョン・サンドー〉、ブランドフォード・フォーラムにある〈ドーセット・ブックショップ〉みたいな本屋になると、本を天井に届くほど積み上げて壁という壁が床から天井まですべて本で覆われている。古い階段までぐるりと本が並び、年代を感じさせる屋根裏部屋まで本が続いている光景は、愛書家にとっては幸福そのものだ。他にも、本のディスプレイが本自体と同じくらいアートになっているような本屋もある。この本に掲載されているペンザンスの〈バートン・ブックス〉やエディンバラの〈ゴールデンヘア・ブックス〉のページをめくって、本好きの人々を常に引き寄せるその個性的で想像力あふれる美しさを見てみてほしい。

☰ 訪れること自体が目的の本屋

　また、そこへ辿り着くことが旅の目的になるような本屋もある。そこにはあらゆる駒の動きを知るチェスの名人のごとく本を知りつくした書店員チームがいて、彼らが選りすぐった世界中の最高の本がいくつものテーブルに積まれている。そんな、ここを訪ねるためなら何マイルも旅したっていい、旅するべきだと思わせる本屋と言えば、セント・ボズウェルズの〈メインストリート・トレーディング〉、バースの〈ミスターBのエンペリアム〉、アバフェルディの〈ウォーターミル・ブックショップ〉、メリルボーンの〈ドーントブックス〉などが挙げられる。
　それにもちろん、オックスフォードの〈ブラックウェルズ〉やロンドンのピカデリーにある〈ハチャーズ〉のような大御所もある。この二つは私が世界で一番好きな本屋だ。〈ハチャーズ〉は、もう200年以上ピカデリーの同じ建物で

営業している。ヴァージニア・ウルフの『ダロウェイ夫人』の主人公、ダロウェイ夫人がショーウィンドウをじっと見つめて夢に耽っていたあの〈ハチャーズ〉に来たら、本を買わずにはいられまい。あなたはそう確信しながらこの本屋を訪れるのだ。ロンドンのチャリングクロスロードにある〈フォイルズ〉は今はモダンで上品な書店となっているけれど、私が覚えている〈フォイルズ〉と言えば本の上にも本が積まれ、椅子もテーブルも床も、果てはレジの上にまでも本が積み上げられている狂乱ぶりだった。しかし、こんなことを書いては私の年がバレるというもの。それから〈ウォーターストーンズ〉の旗艦店もピカデリーにあり、20万冊もの本が並んだ店内に立てばすぐに紙の本を手に取れるという体験だけでもここを訪れるに値する。あらゆる知識と冒険が、文字通り手の届くところにあるのだから。

☰ 本屋を形づくる人々

　独立系書店は特に多様性に富んでいて、個々の本屋の違いにはそれぞれのオーナーを反映している部分もある。本屋が舞台の名作コメディドラマ『ブラックブックス』に登場するバーナード・ブラックのような、不機嫌でよれよれのカーディガンを着たステレオタイプな中年男ばかりが本屋を経営しているわけではない。本屋は実に多様な人々がいて、様々な人々が一緒に本屋を運営しているのだ。私が訪れた本屋は、地域コミュニティ、姉妹、友人同士が経営しており、彼らは同じ夢を持っていることに気づき、本屋を開くというその夢に共に乗り出すことにしたのだ。ツアー中に出会った書店主たちは母と息子、父と娘、あるいは娘と母のチームだった。カップルで経営している本屋もたくさんあるし、何世代も一族に受け継がれてきた本屋だっていくつかある。ピーブルズでは〈ホワイティーズ・ブックショップ〉の店主ダグラスに会い、

1899年から彼の一族がこの本屋を所有しているのだと教わった。ダグラスは、当時本屋を切り盛りしていた祖母と一緒に店の外に立っている子ども時代の素敵な写真を見せてくれた。〈ホワイティーズ〉は1791年創業の本屋で、継続して運営されている書店業としては〈ハチャーズ〉に僅差で国内最古の座を守っている。

本屋の多様性を生み出すのはオーナーだけではない。マネージャーや店員も、それぞれのこだわりや熱意、知識で本屋とその品揃えに大きな影響力を持っていることも多い。

それから、ぜひとも言っておかなければならないことがある。実は本屋には看板犬や看板ねこ、うさぎ、にわとり、そして看板カメまでいるのだ。看板動物たちはお店に活気をもたらしてくれるし、本棚を眺めて時折本に読みふけるお客や、ひょっこり訪れた出版社の人間に可愛がられている。

≣ 本屋の未来

しかし、こうした多様性がありながら、ほとんどの本屋は同じ困難にぶつかっている。これほど本屋の将来が危ぶまれたことがかつてあっただろうか。多くの本屋は大手オンライン書店の台頭も切り抜け、生きのびてきた。こうしたオンライン書店は質の低い本を大量に安価で提供し、文学の地位をおとしめ、読んですぐ処分してしまうような電子本文化を私たちの読書習慣に持ち込んだため、プロの作家の収入に大損害を与えて文学的遺産を危機に陥れた。今、本屋は大通りに並ぶ他の多くのお店と同様、経済の落ち込みに伴う何カ月分もの売り上げ損失など、パンデミックの影響を乗り切らなければならない。

主要な小規模事業者である本屋は特にこうした困難の影響を受けやすいけれど、大きなチェーン店だって全く打撃を受けないわけではない。イギリスの大手書店はほとんどが画一的

な大通りに位置しており、スロートラベル的な性格があるこの本では大手チェーンについてはほとんど触れていないが、本書後半の『大型チェーン店 店舗一覧』にできるかぎり多くのチェーン店の所在地情報も掲載している。こうしたチェーン店もよい書店には違いないし、いつだって良書を喜んで勧めてくれる熱心な書店員がいてくれる。時にはボタンをクリックするだけで次の日に本が届く魅力に心がゆれることもあるけれど、私たちが利用しなければレンガとモルタル造りのあの本屋たちはなくなってしまうのだ。あなたが本屋めぐりのツアーをしていない時にも、この本が最寄りの本屋へあなたをいざなうガイドになり、"1クリックで配達"の誘惑が少しばかりフェードアウトしてくれることを願っている。また、最近では独立系を含む多くの本屋がオンラインまたは電話での注文と配達サービスも提供していることを付け加えておこう。

≣ スロートラベル

本屋を基点にイギリスを旅するというこの本のアイデア——コンセプトは、スロートラベルの原則と一体になっている。だから本屋めぐりツアーでは、イギリスじゅうを縦横にめぐることに時間を費やす。高速で車をとばしても、周りには騒音を抑えるためのレンガや石の壁が見えるばかりになってしまう。それなら、落ち着いた田舎道を通って一つの本屋からまた別の本屋へ旅するのもいいではないか。イギリスの様々な町や村、都市を見て、地元のカフェやショップに立ち寄り、オーナーがお勧めのレストランやビーチ、川なんかも教えてくれそうなゲストハウスやB＆Bに泊まってみよう。何より、スロートラベルは身近な場所を再発見することだ。イギリスの最も素晴らしいところ、風光明媚な場所、産業や文学や歴史遺産に恵まれた場所にこれほどたくさんの本屋があるのだ

LAYLA, DAVID, INDIA AND AIMÉE

GOLDEN HARE BOOKS

ORB'S COMMUNITY BOOKSHOP

THE STRIPEY BADGER BOOKSHOP

から、本屋を基点に旅するのはスロートラベルを始めるのにもってこいの方法というわけだ。

　この旅のメインアトラクションはもちろん本屋だけれど、全てのツアーでその他のアクティビティや周辺の観光スポット情報も掲載している。その多くは地元産の製品や周辺の美観地区、歴史遺産などに関係したもので、長距離のウォーキングコースを歩き、博物館やウイスキー醸造所を訪れ、森のサイクリングや川でのカヌー、あるいはシンプルに地元の人しか知らないビーチで静かに読書にいそしむなど、楽しみ方は色々ある。

　お店や施設が営業を再開し始めたので、多くの本屋がまた著者を招いたり、子ども向けイベントや面白そうな話題のトークセッションを開催したりするようになるだろう。本屋の近くを通るときにはウェブサイトをチェックしたり、電話で問い合わせしたりすることをお勧めしたい。

　本書ではツアーをまとめている以上、ある本屋から次の本屋へ行くなら当然通るはずの道を念頭におき、分かりやすいルートを設定する場合もある。だからと言って、私は読者にこうしたルートに逐一、厳密に従ってほしいわけではない。私自身が滞在して特別な何かを感じた不思議な場所でもない限りお勧めの宿泊施設リストは作っていないし、レビューやあらゆるオプションなどの情報がインターネット上でいくら

でも手に入る昨今なので、そういうリストを入れてもあまり役にも立たないだろう。また、正確に何マイルの距離だとも書いていないし、たいていの場合はどの道やどの電車がよいだとかいうことも提示していない。自分だけの冒険を見つけ、好きな裏道を選び、その土地で気になるものがあれば一つのエリアに長期でも短期でも好きなだけ滞在してみたりする、それがスロートラベルのよさというものだ。本屋はいわば道しるべなので、旅を進めていったん本屋に着いてしまえば、そこを基点に周辺エリアを探索すればよい。

　さあ、みなさんも、どうぞよい旅を。

≡ 出発前のチェック

　多くの小規模な本屋は個人事業主であり、何やかんやの都合で一、二時間店を閉めなければならなかったり、限られた時間や曜日にしか開店できなかったりもする。寂しいけれど、廃業という苦渋の決断をすることもある。そういうわけで、本屋を訪れる予定の日時にちゃんと開いているかどうか、インターネット上でさっと確認しておくことをお勧めする。

　ツアーではどの本屋が様々なイベントや定期プログラムを開催しているか記載しているが、その他の多くの本屋でも、通常なら月に一、二度は著者のトークセッションやサイン会、子ど

もの就寝前の読み聞かせセッションなどを行っている。本屋のある町で宿泊することを決めているなら、その本屋のウェブサイトで何かイベントをやっていないかチェックしてみるとよい。

私がこの本を書いていた頃は、多くの観光スポットで決められた入場時間帯を事前予約するシステムを導入していた。ツアー中に城や歴史的な邸宅、博物館、庭園や作家の家などを訪れるときは、これも同様に各ウェブサイトであらかじめ入場のきまりを調べておくとよいだろう。

≡ 犬と旅する

私が愛犬のスパニエルをお供に本屋めぐりをしていた時、ほとんどの本屋ではこのふわふわの毛皮をまとった客を喜んで迎え、とても可愛がってくれた。しかし例外はいくつかあって、カフェ併設の本屋は店内で調理をしている場合、「犬お断り」としなければならないこともある。また、ある本屋（サウスダウンズ・ツアーの〈マッチ・アドゥ・ブックス〉）ではニワトリがてくてく歩いていて、子ども連れだったらここは素晴らしい場所だが、決して犬向きではない（猟犬のスパニエルはなおさらダメ！）。そしてもちろん、さっきまでビーチや泥だらけの場所にいた犬が、たくさんの美しい本を前に体をぶるぶる振って泥や砂をまき散らすのを好ましく思う本屋はない。そこのところは心に留めておいてほしい。私の経験から言うと、本屋のドアからちょこんと顔を出して「ワンちゃん連れだけど、入っていいですか？」と控えめに言ってみると上手く行くようだ。

≡ 駐車スペース

告白すると、私が初めて車で本屋めぐりをやった時は、駐車スペースを見つけられるだろうかと少しナーバスになっていた。しかし、実際始めてみれば駐車場を見つけるのに苦労したことはほとんどなく、車でツアーをしている間じゅうずっとそうだった。小さな町や村のほとんどに適当な駐車場設備があったし、たいていは無料かリーズナブルな料金設定だった。ゆるいプランでも綿密に練り上げたプランでも、どれだけ計画を立てておくかはあなた次第だ。私のやり方はいつも体験学習型で、カーナビの案内にしたがって真っすぐ本屋に向かった後、近くにどんな駐車場があるかを探した。全ツアー中の9割で、本屋のある通りのすぐ近くに駐車場があった。あとの1割は、私が座っている座席シートからもう駐車場のサインが見えていた。

≡ 地図とニュース

ツアーのオンライン地図は以下のウェブサイトで見ることができる。http://www.fairlight books.co.uk/BookshopToursofBritain

≡ 本屋めぐり仲間と旅の写真をシェアしよう

私（@FairlightLouise ／ @FairlightBooks）や増え続ける本屋めぐりの仲間たちと、ツアーの写真をソーシャルメディアでシェアしてもいいなと思ったら、ぜひツイートして欲しい。私たちのアカウントを入れて #BookshopTours または @Booksaremybag とタグ付けすればいいだけ！

BLACKWELL'S, OXFORD

DRAKE - THE BOOKSHOP

TOPPING & COMPANY, ST ANDREWS

BLUE BEAR BOOKSHOP

THE LONDON REVIEW BOOKSHOP

CORNWALL

SOUTH-WEST OF ENGLAND COASTAL TOUR

Books, Beaches and Pirates

南西イングランド海岸沿いツアー
—— 本、ビーチ、海賊 ——

イングランド南西部には国内最長にして最高の長距離歩道のひとつ、サウスウエスト・コースト・パスがある。長さ630マイル(1014キロ)以上の道のりに標識が付けられており、ドーセットの都市プールからデヴォンの海岸沿いに進んでイギリスの南端のあたりまで行き、そこからコーンウォールとデヴォンの西岸沿いに北上してサマセットのマインヘッドに至る歩道である。この道のりには十数カ所の特別自然美観地域、数カ所の世界遺産があり、文学的遺産も豊かなこの地方を旅していくと、素晴らしくユニークで素敵な本屋にいくつも出会えるのだ。

そういうわけで、この最初の本屋めぐりツアーである「南西イングランド海岸沿いツアー」では、この長距離歩道のサウスウエスト・コースト・パスを進みながらブリッドポートからイルフラクームまでを辿る。私がやったように車で9月にシドマス、ティンマス、ダートマス、サルコムなどなど……、と本屋のある町を全てめぐるなら、1週間はかかる。おそらく7月後半や8月などの繁忙期に行くならさらに時間が必要だ。しかし全行程のうちの一部を選んだり、サウスウエスト・コースト・パスで気になるところだけを選んで訪れ、2、3日でたっぷり味わい尽くすのもいいだろう。もしそんな旅をする場合は、道中ぶらぶらしたり、本屋を一、二

軒選んだりできるように、そのルートで立ち寄れそうな本屋の詳細はちゃんと紹介してある。

電車の旅を選ぶなら、グレートウエスタン鉄道にはトーントンから半島南部の有名なジュラシック・コーストの端を通ってペンザンスまで行く路線がある。化石が豊富に眠るこの地方の赤い崖を貫通するトンネル沿いに、あるいはトンネルの中を風をきって走り、サルタッシュにあるイザムバード・キングダム・ブルネルの設計したロイヤル・アルバート橋の上をポッポポッポと音を立てながら進む素晴らしい旅だ。そこからイギリスのほぼ最南端まで到達すると、電車の路線はファルマス行きとペンザンス行きの支線に分かれる。この南海岸線沿いの町の全てに鉄道駅があるわけではない。嘆かわしいあの1960年代のビーチング・カット[*1]により、駅や支線の多くは存続することができなかった。また、半島の海岸線北部は電車ではアクセスしづらいこともある。しかし、電車とバスの時刻表とうんうん睨めっこして何とかルートを探すのをいとわないという人なら、ルートさえ決めれば座って車窓から息をのむような景色を楽しみつつ、のんびり本を読む電車の旅だってできる。

もちろん、このツアーの全行程を歩くというオプションもあるが、完了に約52日間かかる

P.16／コーンウォール　＊1…1960年代、イギリス国鉄の収支改善を目指した政府の取り組みを指す非公式名称。ビーチングは当時の国鉄総裁リチャード・ビーチングに由来する。

17

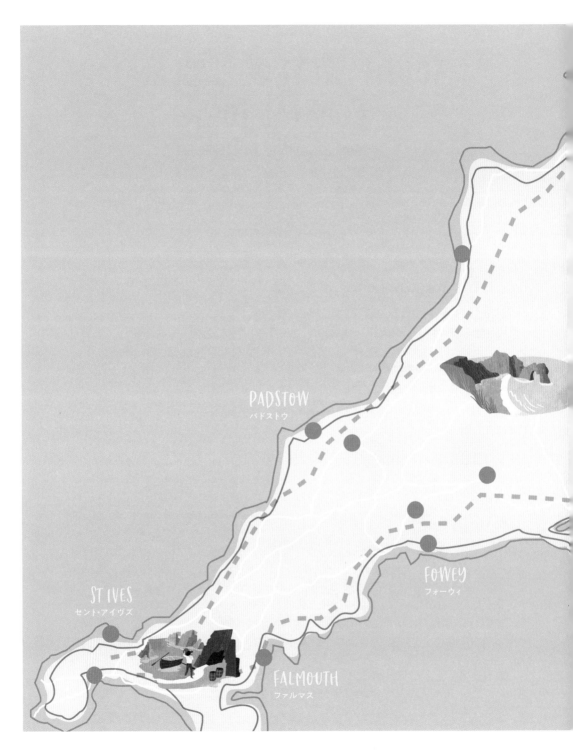

PADSTOW
パドストウ

FOWEY
フォーウィ

ST IVES
セント・アイヴズ

FALMOUTH
ファルマス

SOUTH WEST COAST PATH
サウスウエスト・コースト・パス

ILFRACOMBE
イルフラクーム

BRIDGWATER
ブリッジウォーター

TIVERTON
ティバトン

OKEHAMPTON
オーク・ハンプトン

SIDMOUTH
シドマス

BRIDPORT
ブリッドポート

SALCOMBE
サルコム

上、かなり上級レベルな箇所もあるので前もってトレーニングが必要だ。海岸線ツアーのルート詳細については、章末のインフォメーション欄に各ウェブサイトが掲載されている。

ツアー
'Heritage Coast' and 'Jurassic Coast'
／ヘリテージ・コーストとジュラシック・コースト

　最初の二軒の本屋はどちらも素晴らしい海岸線と砂のビーチが近くにある特別自然美観地域に位置しており、このイギリス南西部をめぐる旅で思わず立ち寄りたくなるところだ。また、両方とも世界遺産指定の「ヘリテージ・コースト」、あるいはもっとカジュアルに「ジュラシック・コースト」と呼ばれているエリアにある。

　ドーセットのウエスト・ベイは二つのビーチとその背景にある崖、チェジルビーチまで続く美しい景色が印象的な小さな海辺のリゾートで、桟橋沿いに散歩を楽しむうちに、旅のストレスも薄らいでいくだろう。ここの港は18世紀、1マイル（1.6キロ）ほど内陸にあるブリッドポートで作られていた（そして今も作られている）ロープと網を輸出するために建設された。最初の本屋があるのはこのブリッドポートで、その名も〈ザ・ブックショップ〉 **1** である。

　外から見ると〈ザ・ブックショップ〉は小さく古風に見えるが、実はここはターディス※2のように一歩中に入ってみれば驚くほど広く、美しく本が並べられ、品揃えも非常によい。児童書が豊富で、加えてオリジナリティあふれる幅広いギフトグッズも置いている。私も店を出るころには、甥・姪6人分のクリスマスの靴下に詰める贈り物を買い終えていた。そうそう、ショーウィンドウは要チェックだ。いつもテーマに沿って飾り付けられており、見るだけでも楽しい。

　二軒目、〈セレンディップ〉 **2** は西に2、3マイル（3〜5キロ）行った先の賑やかな海辺の町、ライム・リージスにある。この町とビーチは化石採集者にとって大人気スポットで、ジュラ紀の岩で構成されているこの辺りの崖は自然侵食で絶えず新しい断面が現れ、雨で化石がビーチに流されてくることも多い。18世紀にメアリー・アニングによって中生代の恐竜の化石が完全な形で初めて発見されたのは、ここだった。メアリー・アニングは（当時の）歴史からは顧みられなかった女性の一人だが、地球上の古生物に関する理解が現在のレベルにまで至ったのはアニングの貢献によるところが非常に大きいと今では認められている。アニングは化石採集者であり、古生物学者でもあった人で、「She sells sea shells on the seashore（彼女は海辺で貝殻を売っている）」という早口言葉はおそらく彼女に由来する。

　〈セレンディップ〉は大きな店で、明るく風通しのよい店内にはビーチで発見した化石の観察ガイドになるような地理、恐竜、化石に関する書籍が豊富にあり、またこの長距離歩道に挑戦するつもりなら、ここで地図やサウスウエスト・コースト・パス関連の本も見つかるだろう。〈セレンディップ〉は町のメインビーチの東端から内陸側へ歩いてすぐのブロード・ストリートにあり、ブラックヴェンの崖下にある化石の豊富なビーチにも近い。もう一つの化石採集ビーチは港（これがジェーン・オースティンの『説得』とジョン・ファウルズの『フランス軍中尉の女』の両作品に登場する港だったりする）を越えて海岸沿いに西へ15分ほど歩いたところにある。化石採集の際は満ち潮や侵食の危険があるので、こういったことに余り経験がない場合はまずアドバイスを求めよう。ライム・リージス・ダイナソーランド化石博物館のウェブサイトがお勧めだ。

＊2…BBCのテレビドラマシリーズ「ドクターフー」で主人公が使うタイムマシン。

外から見ると電話ボックスのような大きさだが、ドアを開けて中に入ると広い空間が広がっている。

ASTOR'S BOOKSHOP

BOOK STOP

PARAGON BOOKS

DARTMOUTH BOOKSELLER

ANTONIA SQUIRE OF THE BOOKSHOP, BRIDPORT

FALMOUTH BOOKSELLER

SALTER'S BOOKSHELF

" *それにライムのすぐ近郊にいるのにその魅力が分からない、*
もっと知りたいと思わないだなんて、まったく理解が及びません。
　—— ジェーン・オースティン『説得』

And a very strange stranger it must be, who does not see charms
in the immediate environs of Lyme, to make him wish to know it better.
　– Persuasion, Jane Austen

SERENDIP

Seaton, Sidmouth
／シートン、シドマス

　ジュラシック・コーストを西に2、3マイル（3〜5キロ）進むと小さな行楽地、シートンにたどり着く。シートンには1マイル（1.6キロ）にわたる小石のビーチがある。ビーチから歩いて数分の町の中心部に位置する〈アウル・アンド・ピラミッド〉**3**は、乳幼児からヤングアダルトまで、様々な年齢の子どもの本に特化した素晴らしい児童書専門店だ。ジグソーパズルやゲーム、そして大人向けの本も置いている。

　次なる町、赤い崖とジョージ皇太子の摂政期（1811〜20）の遊歩道があるシドマスは、詩人ジョン・ベッチェマンがイギリスで最も美しい海辺のリゾートだと呼び、またヴィクトリア時代には数えきれないほど多くの作家たちにインスピレーションを与えた町でもある。トマス・ハーディの架空の町イドマスやサッカレーの小説『ペンデニス』に登場するベイマスは、どちらもシドマスをモデルにしている。この町には二軒の本屋があり、ご近所さん同士ではあるものの全く異なる個性を持っているので、どちらも訪れてみるべきだ。〈パラゴンブックス〉**4**は2021年に30周年を迎えた。ビーチで読むのにぴったりな、手頃な価格の本を選ぶのに最適な本屋だが、ここはなかなか見つからない本を探し出すのが専門の店でもある。ずっと読み

たくてたまらないのに見つからない本があるなら、店主のマーク・チャップマンが喜んで本探しを手伝ってくれるだろう。私がこの本屋にいる間も、壁に固定された電話が鳴りっぱなしで、人々が店主の助けを求めていた。町のもう一軒の本屋、〈ウィンストンズ〉**5**は3店舗の小規模チェーン店の一つ（他2店はドーセットのシャーボーン、サマセットのフルームにある）で、3店舗のすべてが数々の賞を受賞し続けている。私が訪れた時、シドマスの〈ウィンストンズ〉はとても賑わっていた。本を並べた大きなテーブルがいくつもあってゆっくり見て回ることができ、店内をうろうろして（まるでイタロ・カルヴィーノの『冬の夜ひとりの旅人が』を上手く引用し損ねたみたいだが）「ずっと読んでみたかったあらゆる本だけでなく、実際目にするまで読みたいと思っていたことにも気づかなかったあらゆる本」に出会えるのだ。この本屋では児童書も充実しているほか、スタッフはフィクションやSFの知識も豊富だ。

Teignmouth, Dartmouth
／ティンマス、ダートマス

　さて、このツアーを電車か徒歩で行うのなら、次の2、3マイル（3〜5キロ）は素晴らしい海岸線の景色が楽しめる。電車なら海沿いに沿って走り、赤い岩の崖を貫通するトンネルに入っ

たり出たりしながら進む。ティンマス（第一音節は Tin（缶）のようにティンと発音）には〈キーサイド・ブックショップ〉**6** があり、新品の本だけでなく古本や稀覯書の品揃えもよく、特に海洋、航空、鉄道関係の書籍が充実している。看板犬のカイザーは本屋の人気ヒーローで、いつでも客を大歓迎するので毎年カイザーに会いに戻って来る客もいる。次の目的地、市場町のトットネスにある新しい本屋〈イーストゲート・ブックショップ〉**7** は品揃えがよく、自然と野生動植物の観察ガイドブック、そして児童書の充実ぶりが特に素晴らしい。

デヴォンシャーのダートマスはとても可愛らしい町（ダート川ではパドルボートやカヤックが楽しめる）で、二軒の独立系書店がある。〈ダートマス・コミュニティ・ブックショップ〉**8** は非営利の協同組合が所有し、地元の人々によって運営されている本屋だ。2011年のオープンからさかのぼること60年近く前に『クマのプーさん』のクリストファー・ロビンことクリストファー・ロビン・ミルンによって設立された有名書店、〈ハーバー・ブックショップ〉を引き継いだ。〈ハーバー・ブックショップ〉の元店長が運営を担うこの店は、新刊や郷土史、地元作家の本のほか、ガイド本や地図など幅広く揃えている。広々として居心地のよい児童書スペースには、もちろん『くまのプーさん』の書籍も豊富だ。ダートマスのもう一軒の本屋は〈ダートマス・ブックセラー〉**9** だ。この本屋はいつもテーマに沿ってショーウィンドウを素敵に飾っており、デヴォンシャーを舞台にした地元作家の本や独立系出版社の本など、品揃えも素晴らしい。〈ダートマス・ブックセラー〉では定期的に著名な作家を招いて対談イベントをしているので、それに合わせて日程を組むのもよい。旅の計画前に店のウェブサイトを確認しておくとよいだろう。

Salcombe, Kingsbridge
／サルコム、キングズブリッジ

もしサウスウエスト・コースト・パスの長距離歩道を少し徒歩で行ってみるのなら、この辺りほどぴったりの美しい場所はないだろう。ダートマスとサルコムの間に広がる23マイル（37キロ）は、黄金色の砂浜が永遠に続くかと思えば起伏の激しいかなり上級レベルの崖上があったりする。サルコムには〈ソルターズ・ブックショップ〉**10** という可愛らしい小さな本屋があり、地元のガイド本や地図を豊富に揃えている。ジグソーパズルの品揃えもなかなかのものだ。

2、3マイル先にある美しい町キングズブリッジは、キングズブリッジ・エスチュアリの入江の端、サウスデヴォン特別自然美観地域内に位置する。この町は高い尖塔のある教会から小さな遊覧船が入江の静かな潮流に一日中ゆられている港にいたるまで、建物や家々はまるで大きなバケツから投げ散らかしたかのように並んでいる。キングズブリッジには〈ザ・ハーバー・ブックショップ〉**11** があり、私と同類で質の高い文章とユニークなフィクションがとにかく好きな人にはお勧めで、私なら絶対に「訪れるべき本屋リスト」にここを入れておくだろう。数年前に現在の店主が買い取った時に改修され、今は選り抜きのノンフィクション、伝記、児童書、フィクションが揃ったかなり大きな本屋になっている。インディー出版や小規模出版社の書籍買い付けを専門としており、詩やフィクションの翻訳書の品揃えもよい。そしてこの本屋には、なんと看板カメのティモシーがいる。

Saltash, Liskeard, Lostwithiel, Fowey
／ソルタッシュ、リスカード、ロストウィジエル、フォーウィ

プリマスの西を進み、車でテイマー川を渡るか、鉄道でテイマー川沿いを走るとロイヤル・

QUAYSIDE BOOKSHOP

BOOKSHOP HERO RAISER OF QUAYSIDE BOOKSHOP

THE HARBOUR BOOKSHOP

アルバート橋の素晴らしい眺めが目に入ってくる。イスラマバード・キングダム・ブルネルが設計し、アルバート王子が一八五九年に開通させたこの素晴らしいヴィクトリア時代の橋は、見事な技術と入江の周りの景色で観光客を惹きつけている。この入江の西側に急勾配で広がっているのがソルタッシュの町だ。ソルタッシュ駅から橋をよく眺めることができるし、そう遠くない場所にソルタッシュの本屋＆ティールーム〈ザ・ブックシェルフ〉**12** もある。コーンウォールの端までずっと車を運転してちょっと一休みするなら、味気ないサービスエリアに行くよりこの本屋の方がずっといいオプションだろう。本の品揃えもさることながら、カフェとしても〈ザ・ブックシェルフ〉は様々な軽食を提供しており、自家製料理、朝食、美味しいクリームティー（お茶、スコーン、クロテッドクリーム＆ジャムのセット）、そしてフレンドリーなスタッフで人気がある。下の階に本と十分な座席があり、上の階にはさらに座席がある。

高速A38沿いを14マイル（22.5キロ）ほど、電車なら2駅の海岸からやや内陸部に行ったところに、市場町リスカードの素敵な本屋〈ザ・ブックショップ〉**13** がある。楽しいショーウィンドウのディスプレイやとても充実した児童書コーナーがあり、子どもにとって素晴らしい本屋で、大人にとっても、この明るく風通しのよい店内に美しく並べられたたくさんの本を見て回る楽しみがある。また可愛らしいハンドメイドのカードや文房具も各種豊富に取り揃えている。

さらに15マイル（24キロ）ほど進み、鉄道で2駅（ただし乗っている電車がここに停まらない場合はローカル線への乗り換えが必要）で、素晴らしく可愛らしい小さな町、ロストウィジエルがある。人々はこの町をコーンウォールにおけるアンティークの中心地と呼ぶ。ここには素敵な本屋、〈ロスト・イン・ブックス〉**14** がある。2020年に実店舗を閉じてオンライン販売に移行しなければならなかったので、ぜひ本を購入してこの本屋をサポートしてほしい。近い将来実店舗の再開を目指しているのでロストウィジエルの町に行く前に本屋のウェブサイトで新しい店舗で営業しているかどうか確認しておくとよいだろう。

さらに旅を進めていくと、作家ダフニ・デュ・モーリエの国に入る。デュ・モーリエは成人後の人生の大半をコーンウォールで暮らし、『レベッカ』や『情炎の海』などいくつかの作品はコーンウォールのフォーウィ周辺を舞台としており、この辺りの風景からアイデアを得た。『情炎の海』の入江でセントコラム夫人は盗賊や海賊たちと過ごすのだが、作品の舞台となった入江を実際に訪れ、クルージングやカヤックまで楽しんだりもできる。また近隣にデュ・モーリエが暮らした邸宅メネビリーがあり、この家は『レベッカ』で主人公が暮らすことになる屋敷マンダレーのモデルになった。今も個人宅なので、残念ながら一般には開放されていない。フォーウィの町には〈ブックショップ・オブ・フォーウィ〉**15** があり、デュ・モーリエの本はもちろん、古本の品揃えも豊富だ。

Falmouth, Penzance
／ファルマス、ペンザンス

もしサウスウエスト・コースト・パスをさらに歩いてみるのであれば、ここからはローラーコースターのような展開になる。高くそびえる崖路、岩だらけの入江、人里から離れ木々に覆われた入江など、盗賊たちには絶好の隠れ家でも、ウォーキングを楽しむ人にとっては難関だ。しかしここを歩けば大きな達成感を得られることは間違いない。ローズランド・ヘリテージ・コーストからファルマスに向けて歩くうち、この長離歩道の景色はこれ以上ないほどの美しさを見せる。

ファルマスでは、南西地方の本当に素敵な小

規模チェーン店の最初の一つに出合える。この
チェーン書店はファルマス、パドストウ、セント・アイヴズに店舗があり、どの店舗も訪れる
価値ありの強い個性があるが、興味をそそる素
晴らしい選書による品揃えは3店舗とも共通し
ている。このチェーン店の一つが〈ファルマス・
ブックセラー〉**16** だ。このエリアに滞在中、私
は何度かこの本屋を訪れた。美しい店で本をあ
れこれ見て回るのは楽しいし、子どもの本の棚
が特に素晴らしい。それにファルマスという町
自体がぶらぶらと歩き回るのに楽しいところな
のだ。アートギャラリーや個人経営の店が多く
あり、町全体がクリエイティブな雰囲気にあふ
れている。私は本の発売イベント（エマ・ティ
ンパニーの忘れがたいほど美しい中編小説
『Travelling in the Dark（模索の旅路）』）のた
めにオックスフォードからここに来たことがあ
り、まるでアンドレ・アシマンの『君の名前で
僕を呼んで』でエリオとオリバーが本屋を訪れ
るあの一場面のようだと思った。本屋と二、三
軒隣で展示をやっているアートギャラリーの間
に人々がたむろし、お客や作家、アーティスト
や彫刻家、友人家族、他の本屋の店主らなどが
みんなで親しく交流し、お互いを支え合ってい
た。そのうちワインをみんな飲み干してしまい、
それからグラスも足りなくなってしまった。店
長のエロイーズは戸棚からさらにグラスを引っ
張り出したが、どれもサイズがちぐはぐで私た
ちは笑ってしまったのだった。「いいのいいの、
これが本屋の粋ってもんよ」とエロイーズは
言った。

次の目的地はペンザンスだ。ここにはイギリ
ス最南端の本屋が二軒あるが、お互いにかなり
性質が異なるのでどちらも訪れてみるべきだ。
ペンザンスの町には盗賊の歴史があり、海賊を
テーマにしたパブやレストランが多い。ぜひと
もアドミラル・ベンボー（物語では「ベンボー
提督亭」）というパブを訪れてみてほしい。ロ
バート・ルイス・スティーブンソンの『宝島』

に出てくる同名の宿屋と本当に関係があるとは
思わないが、物語では風が吹きすさぶ寂しい海
辺の道に立つこのベンボー提督亭で、ジム・ホー
キンス少年は老水夫のビリー・ボーンズが黒い
丸が描かれた紙を「めくらのピュー」から受け
取るのを目撃するのだ。それはそれとして、ペ
ンザンスのパブ、アドミラル・ベンボーは17
世紀までさかのぼる歴史があり、大砲や舟首像、
内装に組み込まれたポルトガルの木造軍艦の一
部など、上から下まで海洋関係のもので埋め尽
くされている。

さて、本屋の話に戻ろう。イギリス最南端の
地にぴったりの名前がついた〈ザ・エッジ・オブ・
ザ・ワールド・ブックショップ〉**17** は町の中心
部の大通りにある。大きな本屋で、幅広いジャ
ンルのフィクションとノンフィクションがカラ
フルな手描きのサインで分類されている。児童
書コーナーがたっぷりあって、いくつものテー
ブルには平積みした本や段をつけてディスプレ
イした本が並び、存分にあれこれ見て回ること
ができる。また贈り物やカードのコーナーもあ
る。この本屋では著名な作家を招いて定期的に
イベントを行っているので、ぜひ店のウェブサ
イトをチェックしてほしい。行きたいイベント
があれば、やはりそれに合わせて計画を練りた
くなるものだ。

ペンザンスのもう一つの本屋は〈バートン・
ブックス〉**18** で、大通りの端と交差する歩行者
専用の路地を内陸に向かって少し歩いたところ
にある。とてもユニークな本屋なので、行って
損はない。アート、自然、旅行、特定の地域な
ど、風景関連の書籍が専門で、美しくテーマに
沿って並べられたテーブルを見ると、創設者バ
リー・シントンがロンドンのテート美術館やリ
バティ百貨店で働き、挿絵や写真入りのアート
本を出版する仕事をしていた過去が伺える。な
んとなくでもアートに興味があるなら、この本
屋は絶対に見逃すべきでない。小さな古本の
コーナーもあり、バリーが個人的に収集した本

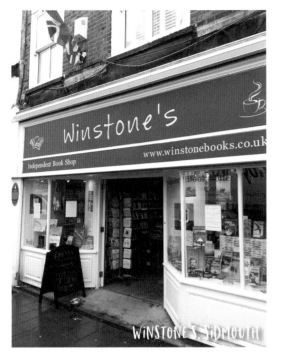

WINSTONE'S SIDMOUTH

OWL AND PYRAMID

FALMOUTH BOOKSELLER

MALCOLM AND CHARLIE OF BOOKBAG BOOKSHOP

が揃っている。私が訪れた時は、素晴らしい1960年代のコーンウォールガイドブックを見つけた。

St Ives, Padstow, Wadebridge
／セント・アイヴズ、パドストウ、ウェイドブリッジ

　ここからツアーは北へ進路を取る。本屋と本屋の距離はもう少しばかり広がり、海岸線は大西洋の波に日々打たれてより荒々しくなって、岬に続く岬と強い波のうねりがサーファーたちをこの地に惹きつける。残念ながら電車の路線は海岸の北部を通らないので、電車で旅をする場合はもと来た道へ戻って支線バスでこのエリアへ行くことになる。もちろん海辺の長距離歩道はまだまだ続くが、ここからパドストウまで歩くとなると道のりはこれまで以上の難関だ。

　コーンウォールの北の海岸沿いで訪れる最初の町、セント・アイヴズは絵のように美しい漁村で、曲がりくねった石畳の通りが港まで続いている。セント・アイヴズは風景が美しく、英国諸島の中でもこの海辺のエリアに差し込む明るい光に惹かれて芸術家が数多く訪れたことで知られている。しかし、芸術家たちにとっての飛び領土のようなセント・アイヴズの人気が急上昇したのは、アメリカ人画家のウィスラーが1884年に多くの弟子たちを連れて冬を過ごした頃だった。以来長年にわたって、名を挙げれば長いリストになるほど多くの芸術家たちがここに暮らし、町を訪れて荒れる大西洋側の海岸線や海を絵に描いた。この町の本屋、〈セント・アイヴズ・ブックセラー〉**19** はセント・アイヴズの小さな宝石というべき店で、小さいながらも書棚の隅から隅まで無駄にせず上手く活用している。テーブルでは本の上に本をディスプレイし、たくさんの本が見られるようにしてある。スタッフは親切でフレンドリーに対応してくれるし、児童書も充実している。また、セント・アイヴズには比較的新しい児童書専門店の〈ス

トーリーズ・バイ・ザ・シー〉**20** もある。子どもの本と文具、お菓子を売っていて、通常は子ども向けのイベントもたくさん開催している。そして最後に（だからと言ってもちろん他より劣るわけではない）パドストウにある本屋を紹介したい。パドストウは1974年にテレビシェフのリック・スタインがこの地でレストランを開いて以来、美食家たちが集まる土地としての名声を得てきた。パドストウとその周辺には数多くのミシュランの星付きレストランやグルメなデリ、ブラッスリー、パン屋がある。パドストウのクリスマス・フェスティバルではイギリス最大規模のクリスマスマーケットが開かれ、飲食物の出店が山ほどある。〈パドストウ・ブックセラー〉**21** の店長ダンは、ここのクリスマスは本当に楽しいので、冬こそこの町を訪れるのにぴったりなのだと教えてくれた。本屋はパドストウの中心部にあり、港に近い。真の独立書店らしく、ダンと本屋スタッフたちは仕入れる本の一冊一冊を丁寧に選び、またインディー出版社の本のためだけに本棚一つを丸々使って小規模出版社を支援している。サイン本も多く用意しており、あの巨匠リック・スタインの著書も何冊かある。文学ランチや有名作家の本のサイン会など、イベントも定期的に開催している。

　パドストウよりすこし内陸にあるのが市場町のウェイドブリッジだ。この地方の入江を探検してみたいが人混みは避けたい、という場合は宿泊地としてぴったりだ。この町の本屋〈ウェイドブリッジ・ブックショップ〉**22** は様々なジャンルのフィクションとノンフィクションを取り揃えており、その多くが手頃な価格である。また、地元の作家やコーンウォール語の詩の棚もある。

Port Isaac, Bude
／ポート・アイザック、ビュード

　海岸線の次なる目的地はサーファーの人気ス

ポットである小さな村、ポート・アイザックで、防波堤で舟歌を歌う漁師が有名だ。素晴らしいウォーキングを楽しめる崖沿いの道からターコイズブルーの海を見下ろすと、カリブの海のように飛びこんでみたくなる（が、水温はカリブほど高くない！）。ぜひ行ってみることをお勧めしたいのが、本書で紹介する文学スポットの中で最も古いであろうティンタジェル城だ。12世紀の聖職者ジェフリー・オブ・モンマスは、このティンタジェル城を舞台としてアーサー王伝説を書いた。おかげで現在まで私たちはこの〝フィクション〟の影響を受け続けることとなり、うっかりすると歴史と物語を混同してしまいがちだ。デヴォンシャーとの境近くまで旅を進めると、海辺のリゾート地ビュードがある。ここのメインの観光スポットは6つのビーチで、長く白い砂浜が続く家族向けから人里離れた「秘密の」入江まで様々なビーチがある。人々を惹きつけるもう一つのスポットは、もちろん本屋だ。〈スペンサー・ゾーン〉23 は大きくてカラフルな本屋で、子どもの本や贈りもののコーナーがたっぷりとあって、本も幅広く揃っているので家族でのお出かけにぴったりの場所だ。〈スペンサー・ゾーン〉は1968年のある夜、現在の店主サラの母親が開いた本屋で、サラの母はビュードの町で娘のために買いたかった本を見つけられず、本屋を開くことにした。それ以来、〈スペンサー・ゾーン〉は愛と歓びの詰まった家族経営の店であり続けている。サラの両親が店を切り盛りし、1999年にサラと夫のクリスがロンドンから戻って店を継ぎ、事業を大きくした。現在クリスとサラの子どもたちがカードや印刷物のデザインと写真を担当し、スタッフ全員がサラとクリスを（そしてお互いのことも！）家族だと思っている。2018年には店の50周年を祝ったそうで、地域住民から素晴らしいサポートをしてもらったのだと教えてくれた。

Bideford, Ilfracombe
／ビデフォード、イルフラクーム

コーンウォールからデヴォンに戻り、この本屋めぐりツアーの最後から二番目の目的地、ビデフォードへ向かう。このエレガントな町の屋内市場パニアマーケットでは、元々地元産の製品を売っていたが、現在はたくさんの職人や工芸家が小さな店を出して作品を販売している。ビデフォードの本屋〈ウォルター・ヘンリーズ・ブックショップ〉24 は、古い本屋とはかくあるべしといった外観をしており、ダークウッドの古風な曲がり窓が店の歴史と現実離れした魅力を物語っているのだが、中に入るとたくさんの選び抜かれた本が並ぶかなり大きな本屋だ。広いテーブルには本屋自らが選んだ本がいっぱいに積まれ、好きなだけ本を物色していられるようになっている。地元の地理や歴史に関する本が多く、パズルや贈り物のコーナーも充実している。今回のツアーを逆の順序でやるなら、ここはウォーキングに役立ちそうな地図や地元のガイド本を買うのにぴったりの場所だ。

ビデフォードにはたくさんの宿があり、私が訪れた時は、ビデフォードから2、3マイル（3〜5キロ）の海辺の村、アップルドアにあるトーリッジ・ハウスという素晴らしいゲストハウスに滞在した。この宿のことは自信をもってお勧めできる。大きな海辺の町の喧騒から離れた世界にあるアップルドアは、名前のもつ雰囲気どおりの落ち着いた気持ちのいいところだ。私が宿泊していたとき、このゲストハウスは新鮮な果物のサラダを朝食に出してくれた。このサラダは、その一週間に滞在したB&Bの朝食を残らず打ち負かしてしまった。

このツアー最後の目的地は〈イルフラクーム・ブックショップ〉25 だ。アート好き、あるいはアートに関心のある子どもと一緒に旅をするなら、ここはお勧めの本屋だ。本も画材もあるこの本屋は真の専門店であり、適正価格のアート

WADEBRIDGE BOOKSHOP

THE BOOK SHOP, LISKEARD

JAMES HOWORTH OF THE EDGE OF THE WORLD BOOKSHOP

THE IVYBRIDGE BOOKSHOP

THE EAST GATE BOOKSHOP

STORIES BY THE SEA

PADSTOW BOOKSELLER

DARTMOUTH COMMUNITY BOOKSHOP

THE BOOK SHOP, LISKEARD

BEACH NEAR TINTAGEL

用品とペーパーバック本がいっぱいのアラジンの洞窟なのだ。この本屋からツアーを始めるなら、道中に雨が降る日もあるだろうから、子どもがお絵描きを楽しめるよう画材を買っておくとよい。自分でも絵筆を手に取って有名なコーンウォールの光を絵の中に捉えてみたいものだと思う大人も画材が見つかるはず。

イルフラクームを越えてさらに海岸沿いの長距離歩道を進むと、人里離れた荒れ野や木々に覆われた谷のあるエクスムーア国立公園に入る。この辺りはコールリッジの詩やR・D・ブラックモアの小説『ローナ・ドゥーン』のインスピレーションの源となった。コールリッジが最も有名な詩『クーブラ・カーン』を書いたのがここで、コールリッジはアッシュファーム（現役の農場で、コースト・パスのリントン－ポーロック間からそう遠くない場所にある）に滞在していた。コールリッジが詩を書いている時に「ポーロックから来た人物」の邪魔が入り、アヘンによる幻覚の中で思いついた詩を完全に思い出すことができなかったという話は有名だ。

内陸ルートとこの地方のその他の本屋

イングランド南西海岸ツアーは本書の中で最も長いので、ツアー完了にかなりの時間を要する。だから旅して回るのはコーンウォールの端の方だけにしたいとか、あるいは南デヴォンを

拠点に旅したいという人のために、以下に本屋のある内陸部の町の詳細を挙げておく。これらの町は観光にもよいし、旅を一時中断したり、あるいは日帰り旅行で出かけるのにも楽しいところだ。

Bridgwater, Taunton
／ブリッジウォーター、トーントン

高速M5経由でブリッジウォーターの〈ザ・スナッグ・ブックショップ・アンド・カフェ〉**26**へ向かう。ここでは軽食を食べ、この先最初に着いたビーチで読む本を選んだりもできる。2018年に地元の図書館司書がクラウドファンディングで地域住民の支援を得て開いた本屋で、地元の人々が集まる人気スポットとなった素敵な店内で手作りの食べ物を提供している。

さらに少し進み、トーントンの町にあるのが〈ブレンダン・ブックス〉**27**で、18世紀にさかのぼるファサードがついた可愛らしい店だ。トーントンの静かな一角にあるこの本屋は、バースプレイスという道沿いにあるかつての醸造所内に位置している。バースプレイスは以前はエクセターに続く主要道路だった。1989年以来、ジョー・ワードとライオネル・ワードが有能な経営手腕を振るい、新本と古本を売るだけでなく、顧客が見つけられない古い本を探すブックハンティングも代行しており、見つけた

❝ *こちらには千古の丘とともに年を経た森が続き……*
— サミュエル・テイラー・コールリッジ『クーブラカーン』
上島丈吉『メビウスの環―クーブラ・カーン幻想』
（英文学春秋 No.7, 2000）

And here were forests ancient as the hills.
–Kubla Khan, Samuel Taylor Coleridge

> *窓外には四角に区切られた青々とした畑地や、低く生い茂る木々のはるかかなたに、小山のいただきが鋸のようにぎざぎざと憂鬱にあわくかすんで夢の中の不思議な景色のように、かすかにうすれていた。*
> ── アーサー・コナン・ドイル『バスカヴィル家の犬』(延原謙訳、新潮社)
>
> *Over the green squares of the fields and the low curve of a wood there rose in the distance a grey, melancholy hill, with a strange jagged summit, dim and vague in the distance, like some fantastic landscape in a dream.*
> –The Hound of the Baskervilles, Arthur Conan Doyle

本の郵送もしてくれる。〈ブレンダン・ブックス〉は年間を通して作家のトークイベントを行っているほか、10周年を迎えるトーントン文学祭の創設者・組織委員として活動している。また、地元で人気のアート雑誌も発行している。

Tiverton, Crediton
／ティバトン、クレディトン

　ティバトンの町は高速からは少し離れているが、この町にある〈リズノージャン〉**28** は時間をかけても行くだけの価値がある。ゴージャスで美しい本屋なので、熱心なインスタグラマーはぜひとも訪れてほしい。選り抜きの本はもちろん、興味をそそる印刷物やオリジナルアート、観葉植物、カード、地元アーティストの工芸作品、そして様々なインディー雑誌も揃えている。小さなオーガニックカフェを併設しており、ワークショップも提供している。この本屋は母と娘のチーム、ジャッキーとケイリーが2017年にオープンさせた。私が訪れた時にケイリーが説明してくれた話では、二人でキャラバンに乗ってスロートラベルを楽しんでいるうちにこの店のコンセプトを思いついたのだそうだ。旅から戻った次の週、町の物件が広告に出ていたのを見て、親子は「これだ」と思ったのだった。

　ティバトンからコーンウォールの端に向けて旅すると、途中にいくつか素晴らしい本屋がある。クレディトンの〈ザ・ブッカリー〉**29** は2013年に地元コミュニティによって設立された大きな本屋で、所有者は300人以上の地元住民だ。〈ザ・ブッカリー〉は地元コミュニティに優れたサービスを提供し、また様々な年齢、背景、能力の人々が読み書き能力を磨き、豊かな生活と文化的な体験が持てるようサポートする学校プログラムの資金に本の売り上げを役立てており、その功績を認められてプリンス・オブ・ウェールズ賞を受賞した。そんな本屋だから児童書コーナーはもちろん充実しているし、全体的な品揃えもよい。また、ダートムーアで行われるフェスティバル、チャグワードに出店もしている。チャグワードは児童書フェスティバルと文学祭の二つのフェスティバルを提供しており、どちらも(通常は)3月に行われる。

Okehampton, Tavistock, Glastonbury
／オークハンプトン、タヴィストック、グラストンベリー

　さらに進んで、オークハンプトンではダートムーア国立公園の端にある可愛い小さな〈ドッグベリー・アンド・フィンチ〉**30** がある。この本屋は、熱意を持ってお客に提供する本を選ぶ愛書家たちが運営している。ムーアを散策するなら、ここで地図やウォーキングのガイドブッ

SPENCER THORN

WALTER HENRY'S BOOKSHOP

SPENCER THORN

FIONA CHOPE AND SUSIE OF WALTER HENRY'S BOOKSHOP

ST IVES BOOKSELLER

TIMOTHY OF THE HARBOUR BOOKSHOP

WINSTONE'S, SIDMOUTH

HUNTING RAVEN BOOKS

クを買うとよい。国立公園は自然のままの荒々しい土地で、花崗岩の岩山や新石器時代のストーンサークルがあり、ポニーたちが霧の中を気ままに歩き回っている。そして、アーサー・コナン・ドイルの最も有名なシャーロック・ホームズ作品『バスカヴィル家の犬』の舞台になった場所でもある。この小説については本屋がらみの面白い話があり、オリジナルの原稿は各ページがバラバラにされたという。これら一枚一枚の原稿はアメリカ中の本屋に送られ、販売促進のためにショーウィンドウに飾られた。〈ドッグベリー・アンド・フィンチ〉はトークイベントやワークショップ、文学やアート関連のイベントなどを多く行い、地元アーティストの絵も販売している。

　国立公園に近いもう一つの本屋を紹介しよう。タヴィストックの〈ブックストップ〉**31** も地図を買うのに適したところで、行ってみる価値ありだ。チューダー朝の建物の数フロアを使っている〈ブックストップ〉は、本だけでなく、レコードやCD、オーディオブックなどのオーディオコンテンツも販売しており、2、3日前に連絡しておけば注文して取り寄せてくれる。

　グラストンベリーには〈スピーキング・トリー〉**32** という大きな独立系書店があり、心、体、精神に関する本を専門にしているほか、ディスカウント本も置いている。そして向かいにあるもう一つの本屋〈コートヤード・ブックス〉**33** は、ニッチな本やオカルト本を専門にしている。

Axminster, Ottery St Mary, Exeter, Chard
／アクスミンスター、オッタリー・セント・メアリー、エクセター、チャード

　このツアーの出発点に近いイーストデヴォン特別自然美観地域にしばらく滞在するなら、このエリアではいくつも素晴らしい本屋に立ち寄ることが可能だ。

〈ザ・アーチウェイ・ブックショップ〉**34** は、アクスミンスターの美しい石造りの古い建物で55年以上本屋を続けている。アーチウェイ（アーチ型の入口）という名前の理由は、行ってみればすぐに分かる。本屋の建物は第二級指定建造物で、建物の内も外もゴシック建築の特徴が数多く見られる。中世に作られた出入口部分は、アクスミンスターの郊外に廃墟があるニュウェナム修道院のものだと言われている。本屋は外から見ると小さいが、実は1階と2階を使ってあらゆる人に向けた様々な本が揃っている。

　オッタリー・セント・メアリーには〈キュアリアス・オッター・ブックショップ〉**35**、つまり「知りたがりのカワウソ」という素晴らしい名前の本屋がある。子どもの本が豊富で、ノートや手帳、ペンも揃えている。エクセターの個人経営の店が集まるエリアにある〈ブックバッグ〉**36** は、2020年の終わりに新しくオープンしたばかりの本屋なので、ぜひ立ち寄って応援してほしい。最後に、これもまた素晴らしいチャードの本屋、〈チャード・ブックショップ〉**37** を紹介しよう。とてもフレンドリーで親しみやすい店内には、児童書を含む様々なジャンルの本が揃っている。車でイーストデヴォンの海岸沿いでキャンプをしたり、自炊したりするなら、休暇中に読む最初の本をここで手に入れておくとよい。この本屋はスーパーマーケットの隣なので、食材を買い込んでおくこともできる。

Beaminster, Ashburton, Ivybridge, Chagford
／ベミンスター、アッシュバートン、アイビーブリッジ、チャグフォード

　ブリッドポートから少し内陸に行ったところにあるベミンスターには、リトル・トーラーという自然をテーマにした素敵なインディー出版社が開いた新しい本屋、〈リトル・トーラー・ブッ

BAILEY HILL BOOKSHOP

BRENDON BOOKS

THE SNUG BOOKSHOP AND CAFÉ

クス〉**38** がある。自然界や農業、環境に焦点を
あてた自社の出版する本だけでなく、デヴォン
の歴史や自然環境に関する本も揃えている。

　アッシュバートンにはコミックやグラフィッ
クノベルの本屋〈グナッシュ〉**39**、アイビーブ
リッジでは〈アイビーブリッジ・ブックショップ〉
40 がある。〈アイビーブリッジ・ブックショッ
プ〉は香港から移住したマットとウィニーが
2021年4月に開いた本屋で、幅広いジャンル
の本が揃っているが、特に子どもと十代向けの
本が充実している。店内には地元アーティスト
が描いたデヴォンがテーマのカードも並び、店
内をさらに華やかにしている。スペースもたっ
ぷりあるので、ゆっくり本を眺めていられる。
ダートムーア国立公園の真ん中にあるチャグ
フォードに、〈アスターズ・ブックショップ〉**41**
という新しい独立系書店がオープンした。不運
にもイギリスで最初のロックダウンが始まった
2020年3月に開店を予定していたものだから、
数カ月開店を遅らせなければならなかった。し
かしその後無事にオープンしたので、ぜひここ
にも立ち寄って応援してあげてほしい。そうそ
う、店名の「アスター」とは誰のことなのか？
その答えはもちろん、本屋の看板犬アスターだ。

この地方を旅する

　南西の海岸線を車で旅し、ここで旅を終える
場合は、途中に立ち寄れる二軒の本屋をぜひお
勧めしたい。一つ目は受賞歴のあるゴージャス
な独立系書店〈ハンティング・レイヴン・ブッ
クス〉**42** で、サマセットのフルームにある中世
の通り（中央に「リート」という水路が通って
いる！）に位置している。この本屋は児童書が
充実していて、ジグソーや家庭学習本も売って
いる。フルームに一泊するなら、〈ハンティン
グ・レイヴン・ブックス〉が通常は頻繁にイベ
ントを行っているのでウェブサイトをチェック
するといいだろう。もう一つはカースル・ケア

リーにある〈ベイリー・ヒル・ブックショップ〉
43 だ。1979年にオープンしたコミュニティの
要のような店で、町の中心部に位置している。
明るく風通しのよい吹き抜けの建物で、新本だ
けでなく、選び抜かれた古本も取り揃えている。
この本屋では犬も歓迎しており、住み込み看板
犬の黒いラブラドールはものすごく人懐こく、
聞くところによると子どもの相手が上手で、本
屋で働く犬としてとても役に立っているらし
い。子どもにとってとても楽しい店だ。この本
屋は『マレフィセント』の撮影中だったアンジェ
リーナ・ジョリーに（エージェントを介して）
本を一冊売ったことがあるのだそうだ。その本
とは、『眠り姫』のあるエディションの初版だっ
たとか！

BOOKBAG BOOKSHOP

THE BOOKERY

Useful websites ／お役立ちサイト

Great Western Railway
[グレート・ウエスタン・レイルウェイ]
https://www.gwr.com

Lyme Regis Fossil Festival
[ライム・リージス化石フェスティバル]
https://www.fossilfestival.co.uk

Dinosaurland Fossil Museum
[ダイナソーランド化石博物館]
https://www.dinosaurland.co.uk

Jurassic Coast Trust
[ジュラシック・コースト・トラスト]
https://www.jurassiccoast.org

Frenchman's Creek
[フレンチマンズ・クリーク]
http://www.korukayaking.co.uk
http://www.helfordrivercruises.co.uk

South Devon Tourist Info
[サウスデヴォン観光情報]
https://www.visitsouthdevon.co.uk

Dartmoor National Park
[ダートムーア国立公園]
https://www.dartmoor.gov.uk
https://www.visitdartmoor.co.uk

Cornwall Tourist Info
[コーンウォール観光情報]
https://www.visitcornwall.com

Exmoor National Park
[エクスムーア国立公園]
https://www.exmoor-nationalpark.gov.uk

Fowey Festival of Arts and Literature
[フォーウィ芸術&文学祭]
https://www.foweyfestival.com

Chagword Festival
[チャグワード・フェスティバル]
https://www.chagword.co.uk

Padstow Christmas Festival
[パドストウ・クリスマス・フェスティバル]
http://www.padstowchristmasfestival.
co.uk

Penzance Literary Festival
[ペンザンス文学祭]
https://www.pzlitfest.co.uk

Appledore Book Festival
[アップルドア・ブックフェスティバル]
https://www.appledorebookfestival.
co.uk

Bookshop Information ／本屋情報

1 The Bookshop
[ザ・ブックショップ]
14 South Street, Bridport, DT6 3NQ
https://www.dorsetbooks.com

2 Serendip
[セレンディップ]
11 Broad Street, Lyme Regis, DT7 3QD
https://www.serendiplyme.co.uk

3 Owl and Pyramid
[アウル・アンド・ピラミッド]
10 Fore Street, Seaton, EX12 2LA
https://www.owlandpyramid.co.uk

4 Paragon Books
[パラゴンブックス]
38 High Street, Sidmouth, EX10 8EJ
https://www.paragonbooks.wordpress.
com

5 Winstone's
[ウィンストンズ]
10 High Street, Sidmouth, EX10 8EL
https://www.winstonebooks.co.uk/
sidmouth

6 Quayside Bookshop
[キーサイド・ブックショップ]
43 Northumberland Place, Teignmouth,
TQ14 8DE

7 East Gate Bookshop
[イーストゲート・ブックショップ]
Fore Street, Totnes, South Devon, TQ9
5RU
https://www.eastgatebookshop.co.uk

8 Dartmouth Community Bookshop
[ダートマス・コミュニティ・ブックショップ]
12 Higher Street, Dartmouth, TQ6
9RB
http://www.
dartmouthcommunitybookshop.co.uk

9 Dartmouth Bookseller
[ダートマス・コミュニティ・ブックショップ]
3 Foss Street, Dartmouth, TQ6 9DW
http://www.dartmouthbookseller.co.uk

10 Salter's Bookshelf
[ソルターズ・ブックショップ]
1 Russell Court, Salcombe, TQ8 8BS

11 The Harbour Bookshop
[ザ・ハーバー・ブックショップ]
2 Mill Street, Kingsbridge, TQ7 1ED
https://www.harbourbookshop.co.uk

12 The Bookshelf and Tea Rooms
[ザ・ブックシェルフ]
96 Fore Street, Saltash, PL12 6JW

13 The Book Shop
[ザ・ブックショップ]
2 Barras Street, Liskeard, PL14 6AD
http://www.thebookshopliskeard.co.uk

14 Lost in Books
[ロスト・イン・ブックス]
Lostwithiel
https://www.lost-in-books.co.uk

15 Bookends of Fowey
[ブックショップ・オブ・フォーウィ]
4 South Street, Fowey, PL23 1AR
http://www.bookendsoffowey.com

16 Falmouth Bookseller
[ファルマス・ブックセラー]
21 Church Street, Falmouth, TR11 3EG
https://www.falmouth-bookseller.co.uk

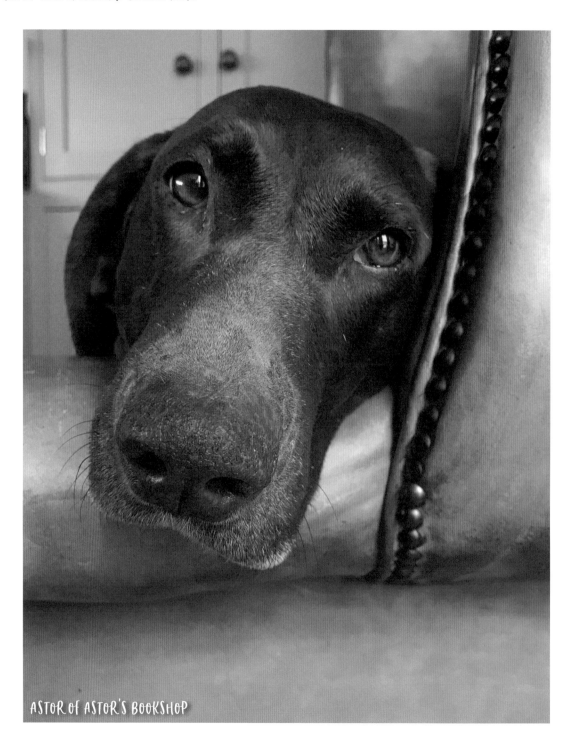

ASTOR OF ASTOR'S BOOKSHOP

　〈アスターズ・ブックショップ〉の看板犬、アスター

Bookshop Information ／本屋情報

17 The Edge of the World Bookshop
［ザ・エッジ・オブ・ザ・ワールド・ブックショップ］
23 Market Jew Street, Penzance, TR18 2HR
https://www.edgeoftheworldbookshop.co.uk

18 Barton Books
［バートン・ブックス］
45 Causewayhead, Penzance, TR18 2SS
http://www.bartonbooks.co.uk

19 St Ives Bookseller
［セント・アイヴズ・ブックセラー］
2 Fore Street, St Ives, TR26 1AB
https://www.stives-bookseller.co.uk

20 Stories by the Sea
［ストーリーズ・バイ・ザ・シー］
6 Tregenna Place, St Ives, TR26 1SD
https://whereareadingrocks.com/stories-by-the-sea

21 Padstow Bookseller
［パドストウ・ブックセラー］
1 Broad Street, Padstow, PL28 8BS
https://www.padstowbookseller.co.uk

22 Wadebridge Bookshop
［ウェイドブリッジ・ブックショップ］
43 Molesworth Street, Wadebridge, PL27 7DR
https://www.wadebridgebookshop.co.uk

23 Spencer Thorn
［スペンサー・ソーン］
Belle Vue, Bude, EX23 8JS
https://www.spencer-thorn.co.uk

24 Walter Henry's Bookshop
［ウォルター・ヘンリーズ・ブックショップ］
12 High Street, Bideford, EX39 2AE

25 Ilfracombe Bookshop
［イルフラクーム・ブックショップ］
99 High Street, Ilfracombe, EX34 9NH

26 The Snug Bookshop and Café
［ザ・スナッグ・ブックショップ・アンド・カフェ］
7 East Quay, Bridgewater, TA6 5AZ
https://www.snugbookshop.co.uk

27 Brendon Books
［ブレンダン・ブックス］
Bath Place, Taunton, TA1 4ER
https://www.brendonbooks.co.uk

28 Liznojan
［リズノージャン］
25 Gold Street, Tiverton, EX16 6QB
https://www.liznojanbooks.co.uk

29 The Bookery
［ザ・ブッカリー］
21 High Street, Crediton, Devon, EX17 3AH
https://www.thebookery.org.uk

30 Dogberry and Finch
［ドッグベリー・アンド・フィンチ］
15 St James Street, Okehampton, EX20 1DJ
https://www.dogberryandfinch.co.uk

31 Book Stop
［ブックストップ］
3 Market Street, Tavistock, PL19 0DA
https://www.bookstoptavistock.co.uk

32 The Speaking Tree
［スピーキング・トリー］
5 High Street, Glastonbury, BA6 9DP
https://www.speakingtree.co.uk

33 Courtyard Books
［コートヤード・ブックス］
2–4 High Street, Glastonbury, Somerset, BA6 9DU

34 Archway Bookshop
［ザ・アーチウェイ・ブックショップ］
2 Church Street, Axminster, EX13 5AQ
https://www.archwaybookshop.co.uk

35 Curious Otter Bookshop
［キュアリアス・オッター・ブックショップ］
10 Mill Street, Ottery St Mary, EX11 1AD

36 Bookbag
［ブックバッグ］
7–10 Mccoys Arcade, Exeter, EX4 3AN

37 Chard Bookshop
［チャード・ブックショップ］
3 Pig Lane, Chard, TA20 2DQ

38 Little Toller Books
［リトル・トーラー・ブックス］
2 Church Street, Beaminster, DT8 3AZ
https://www.littletoller.co.uk/little-toller-bookshop

39 Gnash
［グナッシュ］
9A West Street, Ashburton, TQ13 7DT
https://www.gnashcomics.co.uk

40 The Ivybridge Bookshop
［アイビーブリッジ・ブックショップ］
18 Fore Street, Ivybridge, PL21 9AB

41 Astor's Bookshop
［アスターズ・ブックショップ］
70 The Square, Chagford, Devon, TQ13 8AE
http://www.astorsbookshop.com

42 Hunting Raven Books
［ハンティング・レイヴン・ブックス］
10 Cheap Street, Frome, BA11 1BN
https://www.winstonebooks.co.uk/frome

43 Bailey Hill Bookshop
［ベイリー・ヒル・ブックショップ］
Fore Street, Castle Cary, BA7 7BG
https://www.baileyhillbookshop.com

Stories

Young Readers

MR. B'S EMPORIUM

BRiSTOL AND BATH TOUR

Chalk Downs, Gowns and Georgians

ブリストル＆バースツアー
—— 白亜の丘陵、時代衣装、ジョージ王朝の人々 ——

このツアーでは、ロンドン方面から始まり、白亜の丘を越えて歴史ある市場町、バースとブリストルのような古代ローマ人の都市へと旅して、セヴァーン・エスチュアリの海辺に出る。本書のいくつかのツアーとは違い、このツアーは本屋とその本屋がある町にのみフォーカスしている。旅のルート上にはそれほど訪れる価値のある本屋があり、各目的地で見るべきものやお勧めのアクティビティが盛りだくさんだからだ。静かなイングランドの田舎では車の旅も素敵で、夏に行けば鮮やかな緑、菜の花の黄色、シャクの白い花が見えてとても鮮やかだ。逆向きに旅してもよいが、退屈な高速道路M4での2時間を避けていく方が楽しい。

自転車で回ることも可能なので、パブと本屋を交互に訪ね、電車に乗って帰るのもよいかもしれない。しかし自転車ツアーをするつもりなら、本を入れるパニエ（自転車の荷台の両脇につける荷物入れ）を持っていくか、茶封筒を用意して家まで郵送できるようにしよう。

電車の旅なら、ロンドンからバースやブリストルに直行で行ける急行があるので、この方法で行くならまず5番目の本屋に向かおう。

Hungerford, Marlborough, Devizes, Corsham
／ハングフォード、マールバラ、ディバイズィーズ、コーシャム

この旅はノース・ウェセックス特別自然美観地域から始まる。白亜の丘がウィッシュボーン（鳥の胸の鎖骨）のように高速M4の上にまたがっていて、その骨の先端は西の市場町ハングフォードの〈ハングフォード・ブックショップ〉 **1** を指している。ここはとても感じのよい店だ。居心地がよく本がいっぱいで、惹かれる。古本の品揃えが豊富なこの本屋を私が訪れた時は、地元の人でいっぱいだった。通常（2020年の間はオンラインに移行）は月に2回はイベントをやっている賑やかな本屋なので、ツアー前にウェブサイトで確認して、旅の予定をイベントに合わせられるか検討しておこう。

さらに西のノースウェセックス・ダウンズの中心にあるのが古い市場町マールバラの〈ザ・ホワイト・ホース・ブックショップ〉 **2** だ。1949年以来、16世紀のタウンハウスで営業しており、様々なジャンルの新本や稀覯書を売っている。隣は1653年に建てられた商人の家で、かつては裕福な絹商人が暮らしていた。美しく修復されたこの建物は一般公開されている。

> 家に戻ったら、私きっとバースのことばかり話していると思います。
> 本当にバースが大好きなんですもの……
> ああ！　バースに飽きてしまう人なんているかしら！
> ── ジェーン・オースティン『ノーサンガー・アビー』
>
> I really believe I shall always be talking of Bath, when I am at home again –
> I do like it so very much...
> Oh! who can ever be tired of Bath?
> –Northanger Abbey, Jane Austen

　さらに西へ進むと、次はディバイズィーズの町に到着する。この町の素晴らしい独立系書店〈ディバイズィーズ・ブックス〉 **3** は本やレコードを売る大きな店だ。二階には油絵や水彩画を販売するギャラリーがあり、文学ランチ＆ディナーも開催しているので、ツアーの計画を立てるときはウェブサイトを確認しておこう。

　ここから田舎道をクネクネと進んでチッペナムを通り、歴史ある市場町コーシャムにある〈コーシャム・ブックショップ〉 **4** へ行こう。ジョージ王朝時代の石造りの建物や石畳の大通りがあるとても可愛らしい町だ。本屋は16世紀末に建てられた邸宅、コーシャム・コートから歩いて数分で、18世紀に何百もの庭園をデザインしたイギリスで最も有名な風景式庭園の設計者、ケイパビリティ・ブラウンの手がけた庭を訪れることができる。本屋は大きくて品揃えがよく、また美しいメッセージカードも豊富にある。

Bath ／バース

　ここから10マイル（16キロ）車を走らせて

バースに向かう。バースでは、ローマ浴場やジョージ王朝時代に建てられた有名なロイヤル・クレッセントを訪ねる観光客が多い。こうした観光スポットはどれも見事で見る価値があるものだが、本を愛する者は運命の本屋に行くためにバースに来ているのだ。もしジェーン・オースティンのファンでもあるなら、最も愛されている二作品、『説得』と『ノーサンガー・アビー』の舞台に浸るという目的もある。私は密かに信じているのだが、女性のオースティンファン同士が摂政時代の衣装をまとってグループでバースに出かけ、ジェーン・オースティン・センター（オースティンと彼女がバースで過ごした時代についての博物館）やファッションミュージアム（以前の「ミュージアム・オブ・コスチューム」という名称の方がよかったのに、改称してしまった）、アセンブリー・ルームと次々に訪れたらきっと楽しいだろう──しかし、これは私がルーシー・ワースリーの歴史ドキュメンタリーを見過ぎなせいかもしれない。

　ともかく、本題の本屋の話に戻ろう。私が熱弁を振るわずにはいられない、絶対に訪れるべき最初の本屋は〈ミスターBのエンポリアム〉

THE WHITE HORSE BOOKSHOP

DEVIZES BOOKS

DEVIZES BOOKS

THE WHITE HORSE BOOKSHOP

MR B'S EMPORIUM

THE ROYAL CRESCENT, BATH

THE PUMP ROOM, BATH

MR B'S EMPORIUM

5 で、私がそうであったように、ここを始めた二人の元弁護士もある日悟りを得て、本のためにそれまでの仕事を辞めた。ほうぼうで世界最高の本屋の一つに挙げられたこの本屋は、お客がこれこそ自分が読みたい本だと思える1冊を手にできるようにする、という信念を持っている。そのため、〈ミスターBのエンポリアム〉では顧客の好みに合わせて選ばれた新本を毎月1冊受け取るカスタマイズ選書サービス、お茶とケーキを楽しみながら「読書セラピスト」の書店員と本の好みについてお喋りしあなただけの「読書リスト」を作成してもらうリーディング・スパなどのサービスを提供している（注：リーディング・スパは贈り物として大変人気で予約が先まで埋まってしまうので、早めに計画を！）。お店自体も隅々にサプライズがいっぱいで、ゆっくり座って本を読めるブックヌックもあり、通常時はイベントプログラムも頻繁に開催されている。

バース中心地にあるもう一つの独立系書店が〈トッピング＆カンパニー〉**6** だ。非常に素晴らしい小規模チェーン書店で主な拠点はスコットランドだが、ここバースにも支店がある。〈トッピング＆カンパニー〉はいつも本のセレクトが素晴らしく、その選り抜きの本が美しく並べられている。また頻繁にイベントを開催しており（「コロナの脅威のない通常であれば」という但し書きがつくが）、旅の計画を練る際はぜひどんなイベントがあるかウェブサイトでチェックしてほしい。〈トッピング＆カンパニー〉は2021年後半に新店舗への移転を予定しており、章末の本屋情報には移転前と移転後の住所を両方掲載しているが、本屋へ行く前にさっとインターネットで場所を確認しておくとよいだろう。

移転といえば、〈パセファニー・ブックス〉**7** は19世紀後半と20世紀の女性作家の作品をアイコニックなグレーの表紙で再版しているインディー出版社＆独立系書店で、最近ロンドンから

バースに移転した。私はまだこの新しい店を訪れていないが、このインディー出版社の出す本の大ファンだ。

バースには〈ウォーターストーンズ〉**8** の大型店があり、他支店と同様、ここも素晴らしく質の高い本を幅広く揃えている。バース店は店内にカフェも併設している。

バース市街地から車で移動して川の南側を進み、3番目の独立系書店、〈オールドフィールド・パーク・ブックショップ〉**9** に向かおう。宝石のような美しい本屋で、個人経営の店が数多くあることで知られる賑やかな郊外の町、オールドフィールド・パークの中心地からすぐの場所にある。

本関連のイベントに合わせて旅するなら、バースでは定評のある文学祭やヨーロッパ最大の児童書フェスティバルが開催される。児童書フェスティバルの会期はたいてい9月から10月だ。

Bristol ／ブリストル

ここから西に進み、ブリストルへ向かう。ブリストルは活気のある大学町で、再開発された港エリアは買い物を楽しむ人で賑わっている。市街には〈ウォーターストーンズ〉**10** やロンドンの有名な旅行書専門書店の〈スタンフォーズ〉**11** の支店がある。様々な世界地図やガイド本があり、地球儀や旅にちなんだ文具・贈り物も販売している。旅をしたくてうずうずしている友達にプレゼントを贈りたい、あるいは自分自身が世界を旅したくてもなかなかできず、満たされない思いを抱えているという人にはぴったりの場所だ。ノンフィクションの棚は旅行ガイド、写真、ウォーキングなどのカテゴリーで分けられているが、〈スタンフォーズ〉ではフィクションは舞台となる場所ごとに並んでいる。そのため、自分が旅したい場所や、最近旅行してきた土地と関連のある文学作品を選ぶことが

できる。

〈フォイルズ〉や〈ウォーターストーンズ〉、〈ブラックウェルズ〉の支店（大型チェーン店店舗一覧を参照）がブリストル市内のあちこちに点在しており、ウォッピング・ウォーフ地区の元造船所では、個人経営の店やレストランが輸送コンテナを店舗にして営業している。このウォッピング・ウォーフにある新しい独立系書店が〈ブックハウス〉12 だ。すっきりとしてモダンなデザインの本屋で、本棚は「社会」、「Z世代」、「風変わり」などのクリエイティブな分類がされていて、特にノンフィクションの棚が充実している。また、雑誌や文学ジャーナルの品揃えもよい。

南と北の郊外にもそれぞれ素晴らしい二つの独立系書店、〈ストーリースミス〉13 と〈マックス・ミネルヴァズ・マーベラス・ブックス・アンド・モア〉14 がある。まず〈ストーリースミス〉は選りすぐりの本を揃えているほか、地元の職人が焼くケーキと近隣のトリプル・コー・ローストのコーヒーも販売している。定期購読パッケージでは、地元で焙煎されたコーヒーと本の注釈メモを添えて毎月本が1冊届けられる。そしてモジャモジャの犬がとにかく好きという人は、ここで愛くるしい看板犬ロイにぜひ会ってほしい。

二つ目の本屋、素敵な名前の〈マックス・ミネルヴァズ・マーベラス・ブックス・アンド・モア〉は、ジェシカとサムが始めた店だ。二人がこの町に引っ越してきて間もなく、町の本屋が閉店してしまった。そこでジェシカとサムは自分たちで本屋をオープンさせたところ、そこは地元の本好きたちの集う場所になった。通常はイベントも開催している。この本屋も定期購読サービスを提供しており、本と一緒に地元の手作り板チョコも送られてくる。このエリアにいる間に、2021年にオープンした新しい独立系書店、〈グロスターロード・ブックス〉15 にも立ち寄ってみよう。私はまだ行っていないが、訪れる人が思わぬ発見ができそうな品揃えで、かなりよい本屋らしい。そういうわけで、この本屋は私の絶対に行くべき本屋リストに入っている。

Clevedon ／クリーブドン

さて、このツアー最後の目的地はヴィクトリア時代の裕福な海辺の町、クリーブドンだ。同じ海辺のリゾート地でも、クリーブドンから海岸沿いを2、3マイル（3〜5キロ）行った先にあるご近所さん、ウエストン・スーパー・メアは派手派手しいが、クリーブドンはもっと落ち着いた観光地だ。クリーブドンの観光スポットには150年の歴史がある桟橋、カニ狩りが楽しめる汽水湖、そして「詩人の散歩道」と呼ばれる遊歩道のある自然保護区などがある。「詩人の散歩道」と名付けられたのは、コールリッジやテニスンなどの詩人がクリーブドンに滞在して詩を書いたことが由来だ。コールリッジがあちこち広く旅したからなのか、それとも彼が私たちとよく似たアルゴリズムに従ってイギリス国内での旅の目的地を決めていたからなのか、本書ではコールリッジの名前が何度も何度も登場する。クリーブドンの本屋は〈ブックス・オン・ザ・ヒル〉16 だ。ここには幅広い本が揃っているが、二人の歴史家が始めた本屋だけあって、特に歴史物のフィクション＆ノンフィクションの品揃えが素晴らしい。

EMILY AND DAN OF STORYSMITH

SHOP DOG ROY OF STORYSMITH

BOOKS ON THE HILL

THE CORSHAM BOOKSHOP

CLEVEDON PIER

MAX MINERVA'S

JESSICA PAUL AND SAM TAYLOR OF MAX MINERVA'S

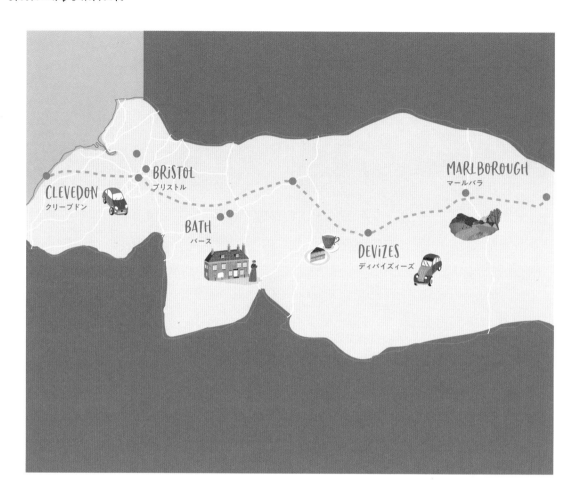

CLEVEDON
クリーブドン

BRISTOL
ブリストル

BATH
バース

DEVIZES
ディバイズィーズ

MARLBOROUGH
マールバラ

Useful websites ／お役立ちサイト

The Merchant's House, Marlborough
[商人の家（マールバラ）]
https://www.themerchantshouse.co.uk

Corsham Court
[コーシャム・コート]
http://www.corsham-court.co.uk

Jane Austen Centre
[ジェーン・オースティン・センター]
https://www.janeausten.co.uk

Fashion Museum Bath
[ファッション・ミュージアム・バース]
https://www.fashionmuseum.co.uk

Bath Assembly Rooms
[バース・アセンブリールーム]
https://www.nationaltrust.org.uk/bath-assembly-rooms

Bookshop Information ／本屋情報

1 Hungerford Bookshop
[ハングフォード・ブックショップ]
24a High Street, Hungerford, RG17 0NF
https://www.hungerfordbookshop.co.uk

2 The White Horse Bookshop
[ザ・ホワイト・ホース・ブックショップ]
136 High Street, Marlborough, SN8 1HN
https://www.whitehorsebooks.co.uk

3 Devizes Books
[ディバイズィーズ・ブックス]
Handel House, Sidmouth Street, Devizes, SN10 1LD

4 The Corsham Bookshop
[コーシャム・ブックショップ]
16 Martingate, High Street, Corsham, SN13 0HL
https://corshambookshop.co.uk

5 Mr B's Emporium
[ミスターBのエンポリアム]
14–15 John Street, Bath, BA1 2JL
https://mrbsemporium.com

6 Topping & Company
[トッピング&カンパニー]
3 Bladud Buildings, Bath, BA1 5LS; moving in 2021 to York Street, Bath, BA1 1NG
https://www.toppingbooks.co.uk

7 Persephone Books
[パセフォニー・ブックス]
8 Edgar Buildings, Bath, BA1 2EE
https://www.persephonebooks.co.uk/

8 Waterstones
[ウォーターストーンズ]
4–5 Milsom Street, Bath, BA1 1DA
https://www.waterstones.com/bookshops/bath

9 Oldfield Park Bookshop
[オールドフィールド・パーク・ブックショップ]
43 Moorland Road, Bath, BA2 3PN
https://www.theoldfieldparkbookshop.co.uk

10 Waterstones
[ウォーターストーンズ]
11A Union Galleries, Broadmead, Bristol, BS1 3XD
https://www.waterstones.com/bookshops/bristol-galleries

11 Stanfords
[スタンフォーズ]
29 Corn Street, Bristol, BS1 1HT
https://www.stanfords.co.uk/bristol-store

12 bookhaus
[ブックハウス]
Unit 4 Rope Walk, Bristol, BS1 6ZJ
https://www.bookhausbristol.com

13 Storysmith
[ストーリースミス]
49 North Street, Bristol, BS3 1EN
https://storysmithbooks.com

14 Max Minerva's Marvellous Books and More
[マックス・ミネルヴァズ・マーベラス・ブックス・アンド・モア]
39 North View, Bristol, BS6 7PY
https://maxminervas.co.uk

15 Gloucester Road Books
[グロスターロード・ブックス]
184 Gloucester Road, Bishopston, Bristol, BS7 8NU

16 Books on the Hill
[ブックス・オン・ザ・ヒル]
75 Hill Road, Clevedon, Somerset, BS21 7PL
https://www.booksonthehill.co.uk

BROCK OF THE BORZOI BOOKSHOP

OXFORD AND THE COTSWOLDS TOUR

Historic Bookshops, Antiquing and Pubs

オックスフォード＆コッツウォルズツアー
—— 歴史ある本屋、アンティーク探し、パブ ——

　このツアーはイギリスで最も古く、最もアイコニックな本屋〈ブラックウェルズ〉があるオックスフォードから始まり、西に向かってぐるりと輪を描くルートを取りながら、風光明媚なコッツウォルズの美しい丘陵地帯、森や平野をめぐる。この辺りは、チョコレート箱のような可愛らしい村々があちこちにあり、居心地のよさそうな古めかしいパブも多い。私は故郷がオックスフォードで、コッツウォルズもお気に入りの場所なので、おそらく肩入れし過ぎているところもあるだろうが、この景色を見ればトールキンがオックスフォードシャーやグロスタシャーをホビット庄のモデルにしたのも納得がいく。オックスフォードシャーとグロスタシャーの間にはバックランド（『ロード・オブ・ザ・リング』の「バック郷」）という村もある。

　一つ前のツアーと同様、このツアーも自転車で回ることができるので、その場合は自転車にパニエをつけて車の混み合う道は避ける、といった賢明な計画を立てよう。コッツウォルズは起伏が激しく、予想以上にやりがいのある自転車の旅になるだろう。上りも下りも本格的な丘がいくつかあり、ツアールートに組み込むのであれば、ボートン・オン・ザ・ウォーターとウィンチカムの丘を通るという手もある。

Oxford ／オックスフォード
街と書店

　まずは古き大学町のオックスフォード中心部、ブロード・ストリートにある〈ブラックウェルズ〉 **1** から始めよう。通りを挟んで向かいには、1664年〜1669年にクリストファー・レンの設計にしたがって大学が建設したシェルドニアン・シアターがある（レンはロンドン大火後にセントポール大聖堂を含むロンドン再建のほとんどを手がけた有名建築家）。シェルドニアン・シアターの周りはいくつもの奇妙な胸像に囲まれている。このすぐそばにあるのが、オックスフォード大学の主要な図書館、ボドリアンで、イギリスで最古の図書館の一つであるボドリアンは1300万冊の印刷物を所蔵している（イギリス国内で出版された全ての書籍は1部をボドリアンに送付しなければならないと法律で決められている）。〈ブラックウェルズ〉は1879年、ベンジャミン・ヘンリー・ブラックウェルによって設立された。オックスフォード大学の古いコレッジ群に囲まれたこの本屋は、トリニティコレッジの隣、そしてベリオールコレッジの二軒隣にある。

　オックスフォードのことなら、もっと徹底的に網羅して面白い記事を書いているガイドブッ

クがいくらでもあるので、町の観光話に時間を費やすつもりはない。しかし、オックスフォードには見るべきもの・やるべきものがたくさんあるのだ。いくつものコレッジをめぐったり、川でパンティング（平底小舟「パント」を長い竿で漕ぐ、または船頭に漕いでもらうアクティビティ）を楽しみ、カバード・マーケットを物色し、ピット・リバーズ博物館を訪れたり……そういうわけで、オックスフォードへ行くなら十分に時間を確保しておこう。少なくとも週末まるごとくらいは必要だ。

私にとって〈ブラックウェルズ〉は世界でいちばん素敵な本屋だが、実をいうと私は古い物にとにかく弱いオックスフォード出身（大学でなく、町の）の人間なので、世界最高の本屋にしても、私の意見は「多少」の範囲を超えて偏っていると認めねばなるまい。〈ブラックウェルズ〉は元々約13.4㎡の小さな1部屋から始まった。左側のドアから中に入ると1950年代当時の写真が目に入り、お客は今立っているその場所が創業当時の店舗部分だと分かる。長年の間に店は拡張を続けて建物全体を占め、隣の建物へも進出し、1966年には有名なノリントンルームを地下にオープンさせた。オープン当時のノリントンルームは本を販売する1つの部屋としては世界最大で、本棚の棚板をつなげると3マイル（約5キロ）を超えた。一度〈ブラックウェルズ〉に入ったら、思いもよらなかった本をいくつも抱えて店を出ることになるのは必至だ。品揃えは幅広く、本の買い付けは厳選して小規模出版社の本を仕入れることによって出版社をサポートしている。2、3階には古典作品のペーパーバックがずらりと並ぶ古本売り場、稀覯書専門売り場もあり、別棟の一部屋まるごとが楽譜売り場にあてられている。

通りを挟んだ向かいにはアート本に特化した別店舗があり、ここではオックスフォード中の学生が下宿の壁に飾るポスターも販売している。

Oxford ／オックスフォード

博物館、 図書館、 コレッジ

ピット・リバーズ博物館への訪問は熱烈にお勧めしたい。自然史博物館内の別区画にある博物館で、自然史博物館はスタンダードな恐竜や剥製を収蔵しているが、ピット・リバーズは非常にユニークなところだ。オーガスタス・ピット・リバーズの個人コレクションを基礎にしており、トーテムポールや仮面、イヌイットの赤子の背負い袋、おもちゃの笛やボートなど、凄まじい量の人類学的資料がある。展示品はその用途にしたがって分類してガラスのキャビネットに収蔵されており、例えば世界中で収集されたパイプや斧がそれぞれ同じキャビネットに入れられている。そのため、通常の原産地の地域ごとで分類された展示よりも同じ道具どうしの違いが分かりやすい。

ボドリアン図書館やシェルドニアン・シアターに行くのもお勧めだ。通常シェルドニアンではコンサートやトークイベント、レクチャーなどを一般向けに開催しているので、ウェブサイトをチェックしてみるとよい。

コレッジを訪れる場合、いくつかのコレッジはたいてい午後の一定の時間に一般公開しているので、事前に確認しておこう。平底ボートのパントは、セント・アルデーツの通りの端にあるフォリー・ブリッジのパブ、ヘッド・オブ・ザ・リバーのそば、あるいはハイストリートの端のマグダレン・ブリッジ・ボートハウスでレンタルすることが可能だ。自分でボートを漕いでもいいし、もう少し料金を払ってバイトの学生たちに漕いでもらうこともできる。学生に漕いでもらって自分はくつろぎ、テムズ川、あるいは（オックスフォード流に言うと）アイシス川をたゆたいながら、クライストチャーチ・メドウやボタニック・ガーデンの景色を楽しめる。川ではボート部かなにかの人々がきっと練習しているだろう。パンティングの技術に関してひと

THE SUFFOLK ANTHOLOGY

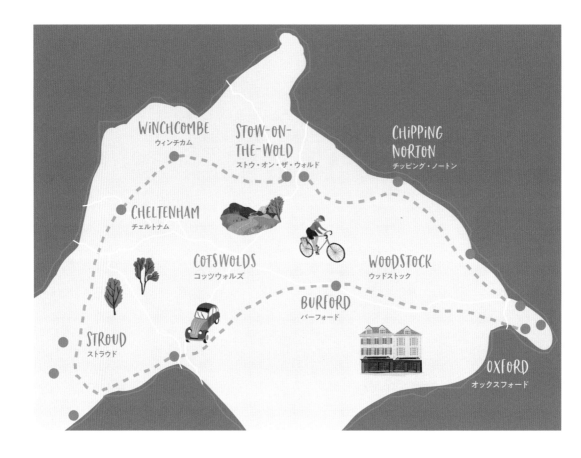

つ豆知識を紹介しよう。ケンブリッジではパント
の平たい方の端に漕ぎ手が立つが、オックス
フォードでは反対側の端に立つ。ポールをカ
ヤックのパドルのように使ってはいけない。漕
ぎ手は自分の背後でポールを川に入れて一度軽
く優しく川底を押し、長いポールを舵のように
使ってパントの船首を行きたい方向に向けるの
だ。くれぐれもポールが川底の泥に詰まったり
しないように気を付けなければならない。さも
ないと、漕ぎ手はポールにしがみついたまま川
に取り残され、パントは旅の連れを乗せたまま
悠々と川を流れていくことになるだろう。

街中には、コーンマーケット・ストリートと
ブロード・ストリートの交差する角の建物に

〈ウォーターストーンズ〉 **2** の支店がある。他の
支店同様、ここも品揃えがよく、書店員たちも
フレンドリーで親切だ。また、1階のコーンマー
ケット側に文具売り場がある。

Cotswolds／コッツウォルズ
バーフォード、 サイレンセスター

ここからは高速道路A40を走ってコッツ
ウォルズに向かうか、自転車ならA40の北の
ミンスター・ラベルからスウィンブルック・バ
レーを通ってバーフォードの端にたどり着くサ
イクリング向きのルートがある。

バーフォードはよくコッツウォルズの玄関口

と言われており、丘の上から川に架かる石橋に至るまで石灰岩の石造りの家々が並んでいて、いかにもジグソーパズルの絵の題材になりそうなタイプの町である。アンティークショップやカフェ、ギャラリーなど個人経営の店が多く集まり、シープストリートに位置する15世紀のパブ、ラム・インのようなよい感じの古いパブもある。大通りの本屋、〈ザ・マッドハッター・ブックショップ〉**3**は20年以上もここで本を売り続けている。この本屋は訪れたお客自身や誰かへの贈り物にぴったりの本を見つけるのが専門で、帽子や可愛いバッグも販売している。

ここからオルズワースや（テキスタイル・デザイナーのウィリアム・モリスが「イングランドで最も美しい村」と呼んだ）バイブリーなどの村々を通って田舎道をぶらぶら歩き、市場町のサイレンセスターへ向かう。サイレンセスターはコッツウォルズで最も大きな町だ。ここでは、ブラックジャック・ストリートに素晴らしい子どもの本屋〈オクタヴィアズ・ブックショップ〉**4**がある。ここは「コッツウォルズでもっとも素晴らしい店」アウォードなど、様々な賞を受賞している本屋だ。温かみがあって魅力的な店内はあらゆる年齢層向けの本が揃い、特にヤングアダルトの棚が充実している。それから本屋の隣にあるカフェ、ジャックスもお勧めしたい。ここの屋外席に座ると、高さ12メートルもある世界最大のイチイの生垣が目に飛び込んでくる。生垣は、バサースト一族の邸宅バサースト・エステートの前をぐるりと囲んでいるのだ。邸宅の裏にはサイレンセスター・パークのブロードライドという並木道がある。緑地内にいくつもある並木道の一つで、地元の教会の塔と並行になるようデザインされている。この並木道を進んでいくとクリケットやポロなどの競技グラウンドと広大な森に繋がっている。緑地は初代バサースト伯爵が1716年に作らせたもので、観光客や地元の人々がウォーキングや乗馬などで自由に使えるように一般に開放さ

れている。世界最古のポロクラブの一つがこの緑地を本拠地にしており、日曜の試合を観戦することもできる（詳細は章末のウェブサイト参照）。

Cotswolds／コッツウォルズ
テットベリー、ネイルズワース、ストラウド

次は17～18世紀の羊毛商人の取引所だった「マーケットハウス」がある古い市場町、テットベリーだ。マーケットハウスは羊毛と毛糸の取引のために1655年に建てられた。この町はなかなかの食べ物天国でもある。個人経営のカフェが多くあり、近くのダッチー・ホーム・ファームで生産されたオーガニックフードを販売する店もある。ダッチー・ホーム・ファームは皇太子だったチャールズ三世の別宅ハイグローブ・ハウスの庭園内にあり、別邸内に有機農法を実践する庭園がいくつもあるので行ってみる価値ありだ。ただし、訪問の際は予約が必要である。

しかし、まずは本屋に行こう。テットベリーとネイルズワースにはそれぞれ、〈ザ・イエローライティッド・ブックショップ〉**5 6**の支店がある。どちらも素晴らしい本屋で、地元関連の書籍や面白そうな児童書の品揃えがよい。この二つの本屋の間にあるのが小さな可愛らしい独立系書店〈ザ・コッツウォルズ・ブックルーム〉**7**で、明るく雰囲気のよい店内は本の品揃えが豊富だ。古い織物産業の町ネイルズワースでは、本屋の二、三軒隣に評判の魚屋兼デリカテッセン、ウィリアムズがある。この店はレストランもあるので一度行ってみるとよい。

ここから北に2、3マイル（3～5キロ）行くとストラウドの町がある。ストラウドは軍服に使用される目の細かい布を生産して世界中で販売した、毛織物産業で栄えた町だ。今では賑やかな町の中心部にヴィンテージショップや個人経営のカフェが集まっている。町の市場では毎

週土曜日にイギリス最大のファーマーズ・マーケットを開催しており、この地方の農家が生産した食品が販売されている。ストラウドには小さくて素敵な独立系書店、〈ストラウド・ブックショップ〉**8** があり、子ども向けを含む様々なジャンルの本を取り揃えている。

Cotswolds／コッツウォルズ
チェルトナム、ウィンチカム

　ストラウドからコッツウォルズの集落や村々を通ってチェルトナムへ向かおう。チェルトナムに来れば、これまでこのツアーで訪れた町とはずいぶん雰囲気が異なることに気がつくだろう。多くの人にとって、チェルトナムといえば本、あるいは馬の町だ（もしくはその両方）。世界的に知られるチェルトナム競馬場があり、イギリス最大で最も愛される本の祭典の1つ、チェルトナム文学祭が開催される町でもある。この文学祭は通常10月に行われている。チェルトナムは摂政時代の美しい建物が並ぶ優雅な町で、散策にぴったりの場所がいくつかのエリアに分かれているので、チェルトナムへ行く際は十分な時間を充ててほしい。私が提案するのは、まずモンペリエ郊外に立ち寄り、有名なジョージ王朝時代のランズダウン・クレセントなど美しい建物のある辺りをぶらぶら歩き、数あるバーやレストランのひとつでブランチでも取って、それからもちろん独立系書店〈ザ・サフォーク・アンソロジー〉**9** を訪れるというものだ。美しい小さな独立系書店で、選りすぐりの本や充実した児童書コーナーがある。

　ここから歩いてチェルトナム中心部に入ると、摂政時代の美しい建物の3フロアを使用した〈ウォーターストーンズ〉**10** の支店がある。〈ウォーターストーンズ〉はどこの支店に行ってもそうだが、ここも様々なジャンルの本が揃っており、ものすごく頼りになって知識豊富な書店員たちがいる。ここから北に向かって歩き、イブシャム・ロードからピットヴィル・パークを通ると、かつてヴィクトリア時代の富裕層が温泉水を飲みにやって来たポンプルームがある。モンペリエから町の中心部を経由してピットヴィルに行き、また歩いて戻ると約1時間だ。

　チェルトナムから小さな可愛い町、ウィンチカムに向かおう。ここはパブでランチを食べたり、小さなヴィンテージショップめぐりをするのにもってこいの場所だ。この町の独立系書店〈ブックス＆インク〉**11** は新本も色々揃っているが、古本や稀観書、絶版本も販売している。

　自転車に乗って旅をするなら、その前にたっぷりお昼を取って腹ごしらえはしておいた方がよい。なにしろ、ウィンチカムからガイティング・パワーにかけての丘はかなりの大物だ（ついでに言うと、ガイティング・パワーには「ホロウ・ボトム」という名の素晴らしいパブがある）。体力ばっちりで丘ひとつでは物足りないのなら、ぐるりと遠回りをしてボートン・オン・ザ・ウォーターとリッシントンズを経由してみてはいかがだろうか。ボートンからクラプトン・オン・ザ・ヒルにかけての丘は長く、かなりの急勾配もいくつかある。その辺りにさしかかる頃には、自転車のギアを軽くしたくても既に限界まで下げ切ってしまっていて、聖母マリアに祈りの言葉を捧げることになるだろう。ボートンにはあまり長居してはいけない。ここは特に美しい所だが、団体バス専用の駐車場があるため、いつも日帰り旅行者で必要以上にごった返している。

Cotswolds／コッツウォルズ
ストウ・オン・ザ・ウォルド、チッピング・ノートン

　ストウ・オン・ザ・ウォルドでは、建物の石灰岩がコッツウォルズ北部に特有の黄色味を帯びてくるのに気がつくだろう。ストウ・オン・ザ・ウォルドは、アンティークやヴィンテージの店、小さなアートギャラリーなどが集まる広

OCTAVIA'S BOOKSHOP

MADHATTER BOOKSHOP

THE BORZOI BOOKSHOP

CASTLE COMBE, COTSWOLDS

THE WOODSTOCK BOOKSHOP

JAFFÉ & NEALE

場を中心とした市場町だ。夜にはパブで過ごし、赤々と燃える暖炉の火のそばで体の温まるものを食べられる素晴らしいところだ。シープ・ストリートの近く、ディグベス・ストリートに素敵な独立系書店〈ザ・ボルゾイ・ブックショップ〉**12** がある。この本屋は40年以上もストウの町で営業を続けている。店には経験豊富な書店員チームがいて、お客がぴったりの本を見つけられるよう助けることに心を砕いている。また過去の名作や新刊を揃えていて、その多くはインディー出版から出たものだ。本屋の名前は、70年代に元オーナーと本屋に暮らしていた2匹のボルゾイ犬から付けられたのだが、この章の始めに掲載されている写真の通り、現在では看板犬のジャックラッセル、ブロックがお客を歓迎してくれるのだ！

　次はチッピング・ノートンに向かおう。この辺りの牧羊達で収穫された羊毛の取引によって栄えた中世の町だ。中世の時代からの美しい建物があり、一部はジョージ王朝時代風に改築された。この町の〈ジャッフェ・アンド・ニール・ブックショップ・アンド・カフェ〉**13** は、小さな素晴らしい独立系書店だ。様々なジャンルの本が揃っていて、特に子どもの本のコーナーが充実している。また、併設のカフェで提供する自家製ケーキは自信をもってお勧めしたい。店の外にテーブル席があるので、本を膝に置いたまま、この歴史ある町で世の中が回っていくのをぼうっと眺めていることができる。

Oxford／ふたたびオックスフォードへ
ウッドストック、オックスフォード

　ここからはコッツウォルズを後にして、オックスフォード方面に戻る。その途中でオックスフォードシャーの小さな町、ウッドストック（ここもアンティーク好きにぴったりの町だ）に立ち寄り、こぢんまりした本屋〈ウッドストック・ブックショップ〉**14** を訪れよう。小さな店にも

かかわらず、子ども向けの本も含めて品揃えがよく、地元で詩の祭り（通常11月開催）を開催する詩専門の本屋でもある。村の端には広大な敷地を持つ見事なブレナム宮殿があり、一般客も訪問することができる。

　ここからオックスフォードの町に向かい、ツアーの出発地点に戻る前に本章で最後の本屋、〈ドーント・ブックス〉**15** を訪れる。この本屋はオックスフォード中心部のすぐ北にあるカフェやレストランの多い郊外の町、サマータウンにある。〈ドーント・ブックス〉は小規模チェーンの支店で、「ドーンツ」として知られている。ロンドンのメリルボーンにある旗艦店は国際的に有名で（ロンドンツアーの章参照）、世界中の旅行と文学に焦点をあてている。お客にとても愛されているこの本屋のアイコニックな布製バッグは読書家のロンドンっ子なら誰もが大切に持っているくらいなので、オックスフォードにも支店があるのは嬉しい限りだ。

　サマータウンのバンベリー・ロード経由で2、3マイル（3～5キロ）進むと、オックスフォード中心部のブロード・ストリートに戻ってくる。

Useful websites ／お役立ちサイト

Pitt Rivers Museum
［ピット・リバーズ博物館］
https://www.prm.ox.ac.uk

Sheldonian Theatre
［シェルドニアン・シアター］
https://www.sheldonian.ox.ac.uk/events

**Bathurst Estate and
Cirencester Park**
［バサースト・エステート＆サイレンセスター・パーク］
https://www.bathurstestate.co.uk

Cirencester Polo Club
［サイレンセスター・ポロクラブ］
https://cirencesterpolo.co.uk

Highgrove Gardens
［ハイグローブ・ガーデンズ］
https://www.highgrovegardens.com

Stroud Farmers' Market
［ストラウド・ファーマーズマーケット］
https://fresh-n-local.co.uk/trader/
stroud

Pittville Pump Room
［ピットヴィル・ポンプルーム］
https://www.cheltenhamtownhall.org.
uk/visit-us/pittville-pump-room

Blenheim Palace
［ブレナム宮殿］
https://www.blenheimpalace.com

Bookshop Information ／本屋情報

1 a. Blackwell's
［ブラックウェルズ］
48–51 Broad Street, Oxford, OX1 3BQ

b. Blackwell's Art and Poster Shop
［ブラックウェルズ］
27 Broad Street, Oxford, OX1 3BS
https://blackwells.co.uk

2 Waterstones
［ウォーターストーンズ］
William Baker House, Broad Street,
Oxford, OX1 3AF
https://www.waterstones.com/
bookshops/oxford

3 Madhatter Bookshop
［ザ・マッドハッター・ブックショップ］
122 High Street, Burford, OX18 4QJ
https://www.madhatterbookshop.co.uk

4 Octavia's Bookshop
［オクタヴィアズ・ブックショップ］
24 Black Jack Street, Cirencester,
GL7 2AA
https://www.octaviasbookshop.co.uk

5 The Yellow-Lighted Bookshop
［ザ・イエローライティッド・ブックショップ］
21 Church Street, Tetbury, GL8 8JG
https://www.yellowlightedbookshop.
co.uk

6 The Yellow-Lighted Bookshop
［ザ・イエローライティッド・ブックショップ］
17 Fountan Street, Nailsworth,
GL6 0BL
https://www.yellowlightedbookshop.co.uk

7 The Cotswold Book Room
［ザ・コッツウォルズ・ブックルーム］
26 Long Street Wotton-under-Edge,
GL12 7BT

8 Stroud Bookshop
［ストラウド・ブックショップ］
23 High Street, Stroud, GL5 1AJ

9 The Suffolk Anthology
［ザ・サフォーク・アンソロジー］
17 Suffolk Parade, Cheltenham,
GL50 2AE
https://www.theanthology.co.uk

10 Waterstones
［ウォーターストーンズ］
33–41 Promenade, Cheltenham,
GL50 1LE
https://www.waterstones.com/
bookshops/cheltenham

11 Books & Ink
［ブックス＆インク］
6 North Street, Winchcombe,
GL54 5LH
https://www.booksandinkbookshop.com

12 The Borzoi Bookshop
［ザ・ボルゾイ・ブックショップ］
1 Digbeth Court, Digbeth Street,
Stow-on-the-Wold, GL54 1BN
https://www.borzoibookshop.co.uk

**13 Jaffé and Neale
Bookshop and Café**
［ジャッフェ・アンド・ニール・
ブックショップ・アンド・カフェ］
1 Middle Row, Chipping Norton,
OX7 5NH
https://www.jaffeandneale.co.uk

14 The Woodstock Bookshop
［ウッドストック・ブックショップ］
23 Oxford Street, Woodstock,
OX20 1TH
http://www.woodstockbookshop.co.uk

15 Daunt Books
［ドーント・ブックス］
249 Banbury Road, Oxford, OX2 7HR
https://www.dauntbooks.co.uk/shops/
summertown

NANTWICH BOOKSHOP AND COFFEE LOUNGE

BOOKSHOP BAGGING

まだまだあります、独立系書店一覧

以下に本書のツアー中には登場しない独立系書店をご紹介しよう。
このリストを持って訪れた店にチェックを入れ、独立系書店を制覇しよう。

Greater Manchester
グレーター・マンチェスター

☐ **Chorlton Bookshop**
[チョールトン・ブックショップ]
506 Wilbraham Road, Chorlton-cum-Hardy,
Greater Manchester, M21 9AW

☐ **E J Morten Booksellers**
[EJモーテン・ブックセラーズ]
6 Warburton Street, Didsbury, M20 6WA

☐ **The Bookshop (Marple)**
[ザ・ブックショップ（マープル）]
70 Stockport Road, Marple, SK6 6AB

☐ **Simply Books**
[シンプリー・ブックス]
228 Moss Lane, Bramhall, SK7 1BD

☐ **Vinyl Fiction**
[ヴァイナル・フィクション]
103 Manchester Road, Chorlton, M21 9GA

☐ **Urmston Bookshop**
[アームストン・ブックショップ]
72 Flixton Road, Flixton, Manchester, M41 5AB

☐ **Abacus Books**
[アバカス・ブックス]
24 Regent Road, Altrincham, WA14 1RP

☐ **Tell Tales Books**
[テル・テールズ・ブックス]
Unit 4, Longbarn Local Centre,
Pasture Lane, Padgate, Warrington, WA2 0QQ

North of England
イングランド北部

☐ **Barnsley Chronicle Bookshop**
[バーンズリー・クロニクル・ブックショップ]
47 Church Street, Barnsley, S70 2AS

☐ **Barter Books**
[バーター・ブックス]
Alnwick Station, Wagonway Road, Alnwick,
NE66 2NP

☐ **Bearded Badger Books**
[ビアーディッド・バジャー・ブックス]
The 1924 Building, Campbell Street, Belper,
DE56 1AP

☐ **Border Bookshop**
[ボーダー・ブックショップ]
61A Halifax Road, Todmorden, OL14 5BB

☐ **Keel Row Books**
[キール・ロウ・ブックス]
11 Fenwick Terrace, Preston Road,
North Shields, NE29 0LU

SCARTHIN BOOKS

☐ **Page Brighouse**
[ページ・ブリッグハウス]
48 Park Street, Brighouse, HD6 1JL

☐ **Reading Roots**
[リーディング・ルーツ]
29 Market Place, Wetherby, LS22 6LQ

☐ **The Barrister in Wonderland**
[ザ・バリスター・イン・ワンダーランド]
64 Carolgate, Retford, DN22 6EF

☐ **The Beverley Bookshop**
[ザ・ビバリー・ブックショップ]
19 Butcher Row, Beverley, HU17 0AA

☐ **The Ironbridge Book Shop**
[ザ・アイロンブリッジ・ブックショップ]
5 The Square, Ironbridge, Telford, TF8

Isle of Man
マン島

☐ **Bridge Bookshop**
[ブリッジ・ブックショップ]
Shore Road, Port Erin, Isle of Man, IM9 6HL

☐ **Lexicon Bookshop**
[レキシコン・ブックショップ]
63 Strand Street, Douglas, IM1 2RL

Midlands
ミッドランズ

☐ **Rogan's Books**
[ローガンズ・ブックショップ]
26 Castle Lane, Bedford, MK40 3US

☐ **The Bookshop on the Green**
[ザ・ブックショップ・オン・ザ・グリーン]
Bournville Community Hub, Sycamore Road,
Birmingham, B30 2AA

☐ **Quinn's Bookshop**
[クインズ・ブックショップ]
Three Crowns Yard, High Street,
Market Harborough, LE16 7AF

☐ **Kibworth Books**
[キブワース・ブックス]
52 High Street, Kibworth, LE8 0HQ

☐ **Bookmarks**
[ブックマークス]
18–20 The Crescent, Spalding, Lincolnshire,
PE11 1AF

☐ **Walkers Books**
[ウォーカーズ・ブックス]
10 High Street, Stamford, Lincolnshire, PE9 2AL

☐ **Bourne Bookshop**
[ボーン・ブックショップ]
19 North Street, Bourne, PE10 9AE

☐ **The Old Hall Bookshop**
[ザ・オールドホール・ブックショップ]
32 Market Place, Brackley, NN13 7DP

☐ **The Oundle Bookshop**
[ザ・アウンドル・ブックショップ]
13 Market Place, Oundle, Peterborough, PE8 4BA

☐ **Walkers of Oakham**
[ウォーカーズ・オブ・オーカム]
27 High Street, Oakham, Rutland, LE15 6AH

☐ **Niche Comics & Bookshop**
[ニーシュ・コミックス&ブックショップ]
147 High Street, Huntingdon, PE29 3TF

☐ **Bear Bookshop**
[ベア・ブックショップ]
588 Bearwood Road, Bearwood, Smethwick,
B66 4BW

East Anglia
イーストアングリア

☐ **Jarrold**
[ジャロルド]
1–11 London Street, Norwich, NR2 1JF

☐ **Not Just Books**
[ノット・ジャスト・ブックス]
23 Riverside Walk, Thetford, Norfolk, IP24 2BB

☐ **Book Warren and Café**
[ブック・ワレン・アンド・カフェ]
1D, Highgate, Over Road, Willingham,
Over, Cambridge, CB24 5EU

☐ **Harris & Harris Books**
[ハリス&ハリス・ブックス]
7b High Street, Clare, Suffolk, CO10 8NY

☐ **Stillwater Books**
[スティルウォーター・ブックス]
36 Hamilton Road, Felixstowe, IP11 7AN

☐ **The Idler**
[ザ・アイドラー]
37 High Street, Hadleigh, IP7 5AF

☐ **Diss Publishing Bookshop**
[ディス・パブリッシング・ブックショップ]
40 Mere Street, Diss, Norfolk, IP22 4AH

Home Counties
ロンドン周辺

☐ **Four Bears Books**
[フォー・ベアズ・ブックス]
20 Prospect Street, Caversham, Reading,
RG4 5JG

☐ **The Little Bookshop**
[ザ・リトル・ブックショップ]
High Street, Cookham, Maidenhead, SL6 9SJ

☐ **Our Bookshop**
[アワ・ブックショップ]
87 High Street, Tring, HP23 4AB

☐ **Chorleywood Bookshop**
[チョーリーウッド・ブックショップ]
4 New Parade, Chorleywood, WD3 5NJ

☐ **Gerrards Cross Bookshop**
[ジェラーズクロス・ブックショップ]
12a Packhorse Road, Gerrards Cross,
Buckinghamshire, SL9 7QE

☐ **The Marlow Bookshop**
[ザ・マーロウ・ブックショップ]
22–24 Spittal Street, Marlow, Buckinghamshire,
SL7 1DB

☐ **The Wivenhoe Bookshop**
[ザ・ウィヴェンホー・ブックショップ]
23 High Street, Wivenhoe, Essex, CO7 9BE

☐ **Hart's Books**
[ハーツ・ブックス]
26 King Street, Saffron Walden, Essex, CB10 1ES

☐ **The Book Shop**
[ザ・ブックショップ]
150 High Road, Loughton, IG10 4BE

☐ **Jacqson Diego Story Emporium**
[ジャクソン・ディエゴ・ストーリー・エンポリアム]
444 London Road, Westcliff-on-Sea, SS0 9LA

☐ **Chicken and Frog Bookshop**
[チキン・アンド・フロッグ・ブックショップ]
30 Crown Street, Brentwood, CM14 4BA

☐ **Maldon Books**
[マルドン・ブックス]
23 High Street, Maldon, Essex, CM9 5PE

☐ **Red Lion Books**
[レッドライオン・ブックス]
125 High Street, Colchester, CO1 1SZ

MALDON BOOKS

MOSTLY BOOKS

CHORLEYWOOD BOOKSHOP

JAMES of THE STRIPEY BADGER

☐ **Caxton Books & Gallery**
[カクストン・ブックス&ギャラリー]
37 Connaught Avenue, Frinton-on-Sea, Essex,
CO13 9PN

☐ **David's Bookshop**
[デイビッズ・ブックショップ]
14 Eastcheap, Letchworth Garden City, SG6 3DE

☐ **Leaf Café and Bookshop**
[リーフカフェ・アンド・ブックショップ]
8 Old Cross, Hertford, SG14 1RB

☐ **Sevenoaks Bookshop**
[セブノークス・ブックショップ]
147 High Street, Sevenoaks, TN13 1XJ

☐ **The Beckenham Bookshop**
[ザ・ベッカナム・ブックショップ]
42 High Street, Beckenham, BR3 1AY

☐ **Top Hat and Tales**
[トップハット・アンド・テールズ]
110 West Street, Faversham, Kent, ME13 7JB

☐ **Harbour Books**
[ハーバー・ブックス]
21 Harbour Street, Whitstable, Kent, CT5 1AQ

☐ **Hammond Roberts**
[ハモンド・ロバーツ]
136–138 Field End Road, Eastcote, Middlesex,
HA5 1RJ

☐ **Barnards Bookshop**
[バーナーズ・ブックショップ]
50 Windsor Street, Uxbridge, Middlesex,
UB8 1AB

☐ **Paydens Bookshop**
[ペイデンズ・ブックショップ]
18–20 Station Road East, Oxted, RH8 0PG

☐ **The Alligator's Mouth**
[ザ・アリゲーターズ・ブックショップ]
2a Church Court, Richmond, TW9 1JL

☐ **The Cobham Bookshop**
[ザ・コブハム・ブックショップ]
12A Anyards Road, Cobham, Surrey, KT11 2JZ

☐ **Kew Bookshop**
[キュー・ブックショップ]
1–2 Station Approach, Kew, TW9 3QB

☐ **The Open Book**
[ザ・オープン・ブック]
10 King Street, Richmond, Surrey,
TW9 1ND

☐ **Regency Bookshop**
[リージェンシー・ブックショップ]
45 Victoria Road, Surbiton, KT6 4JL

☐ **Scout's South**
[スカウツ・サウス]
5 New Street, Lymington, Hampshire,
SO41 9BH

☐ **Store 104**
[ストア104]
Store 104, 104 High Street, Rochester,
ME1 1JT

☐ **Tales on Moon Lane**
[テールズ・オン・ムーンレーン]
43–45 Addington Street, Ramsgate,
CT11 9JJ

☐ **The Margate Bookshop**
[ザ・マーゲイト・ブックショップ]
2 Market Place, Margate, CT9 1ER

☐ **The Sheen Bookshop**
[ザ・シーン・ブックショップ]
375 Upper Richmond Road, East Sheen,
SW14 7NX

☐ **The Snug Bookshop**
[ザ・スナッグ・ブックショップ]
23 Market Place, Olney, Buckinghamshire,
MK46 4BA

NOT JUST BOOKS

READING ROOTS

INK@84 BOOKSHOP

MARGARET WALLACE-JONES

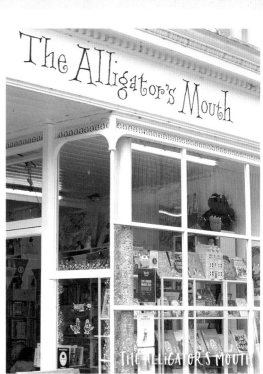

THE ALLIGATOR'S MOUTH

TOP HAT AND TALES

RED LION BOOKS

NOMAD BOOKS

THE LITTLE BOOKSHOP, COOKHAM

OUR BOOKSHOP, TRING

Greater London
グレーターロンドン

☐ **Book and Kulture**
[ブック・アンド・カルチャー]
The Grange, Neasden Lane, London, NW10 1QB

☐ **Bookbar**
[ブックバー]
166 Blackstock Road, London, N5 1HA

☐ **Bookcase London**
[ブックケース・ロンドン]
268 Chiswick High Road, London, W4 1PD

☐ **Bookseller Crow on the Hill**
[ブックセラー・クロウ・オン・ザ・ヒル]
50 Westow Street, Crystal Palace, London, SE19 3AF

☐ **Burley Fisher Books**
[バーリー・フィッシャー・ブックス]
400 Kingsland Road, London, E8 4AA

☐ **Chener Books**
[チェナー・ブックス]
14 Lordship Lane, London, SE22 8HN

☐ **Children's Bookshop**
[チルドレンズ・ブックショップ]
29 Fortis Green Road, London, N10 3HP

☐ **Clapham Books**
[クラパム・ブックス]
26 The Pavement, London, SW4 0JA

☐ **Crofton Books**
[クロフトン・ブックス]
315 Brockley Road, Brockley London, SE4 2QZ

☐ **Daunt Books**
[ドーント・ブックス]
193 Haverstock Hill, London, NW3 4QL

☐ **Daunt Books**
[ドーント・ブックス]
51 South End Road, London, NW3 2QB

☐ **Dulwich Books**
[ダルウィッチ・ブックス]
6 Croxted Road, London, SE21 8SW

☐ **Herne Hill Books**
[ハーンヒル・ブックス]
289 Railton Road, London, SE24 0LY

☐ **House of Books**
[ハウス・オブ・ブックス]
28 The Broadway, Crouch End, London, N8 9SU

☐ **Ink@84**
[インク@84]
84 Highbury Park, London, N5 2XE

☐ **Kirkdale Bookshop**
[カークデール・ブックショップ]
272 Kirkdale, Sydenham, London, SE26 4RS

☐ **Newham Bookshop**
[ニューハム・ブックショップ]
745–747 Barking Road, London, E13 9ER

☐ **Nomad Books**
[ノマド・ブックス]
781 Fulham Road, London, SW6 5HA

☐ **Phlox Books**
[フロックス・ブックス]
159 Francis Road, London, E10 6NT

☐ **Ottie and the Bea**
[オッティ・アンド・ザ・ビー]
12 Old Dover Road, Blackheath Royal Standard, London, SE3 7BT

☐ **Owl Bookshop**
[アウル・ブックショップ]
209 Kentish Town Road, London, NW5 2JU

CHICKEN AND FROG BOOKSHOP

ROUND TABLE BOOKS

NATASHA OF CHICKEN AND FROG

☐ **Pages of Hackney**
[ページズ・オブ・ハックニー]
70 Lower Clapton Road, London, E5 0RN

☐ **Parade's End Books**
[パレーズ・エンド・ブックス]
406 Richmond Road, Ham Parade,
Kingston upon Thames, KT2 5PU

☐ **Pickled Pepper Books**
[ピクルドペッパー・ブックス]
10 Middle Lane, Crouch End, London, N8 8PL

☐ **Primrose Hill Books**
[プリムローズヒル・ブックス]
134 Regent's Park Road, London, NW1 8XL

☐ **Queens Park Books**
[クイーンズパーク・ブックス]
87 Salusbury Road, London, NW6 6NH

☐ **Review Bookshop**
[レビュー・ブックショップ]
131 Bellenden Road, London, SE15 4QY

☐ **Round Table Books**
[ラウンドテーブル・ブックス]
Brixton Village, 97 Granville Arcade,
Coldharbour Lane, SW9 8PS

☐ **Rye Books**
[ライ・ブックス]
47 N Cross Road, East Dulwich, London, SE22 9ET

☐ **Stoke Newington bookshop**
[ストーク・ニューイントン・ブックショップ]
159 Stoke Newington High Street, London, N16 0NY

☐ **Tales On Moon Lane**
[テールズ・オン・ザ・ムーンレーン]
25 Half Moon Lane, London, SE24 9JU

☐ **The All Good Bookshop**
[ザ・オール・グッド・ブックショップ]
35 Turnpike Lane, Hornsey, London, N22 0EP

☐ **The Barnes Bookshop**
[ザ・バーンズ・ブックショップ]
98 Church Road, London, SW13 0DQ

☐ **The Bookworm**
[ザ・ブックワーム]
1177 Finchley Road, London, NW11 0AA

☐ **The Broadway Bookshop**
[ザ・ブロードウェイ・ブックショップ]
6 Broadway Market, Hackney, London, E8 4QJ

☐ **The Pitshanger Bookshop**
[ザ・ピッツハンガー・ブックショップ]
141 Pitshanger Lane, Ealing, London, W5 1RH

☐ **Village Books**
[ヴィレッジ・ブックス]
1d Calton Avenue, Dulwich Village, London,
SE21 7DE

☐ **West End Lane Books**
[ウエストエンドレーン・ブックス]
277 West End Lane, London, NW6 1QS

☐ **Wimbledon Books**
[ウィンブルドン・ブックス]
40 The High Street, London, SW19 5AU

☐ **The Word**
[ザ・ワード]
314 New Cross Road, New Cross, London, SE14 6AF

Oxfordshire
オックスフォードシャー

☐ **Mostly Books**
[モーストリー・ブックス]
36 Stert Street, Abingdon, Oxfordshire, OX14 3JP

☐ **Wallingford Bookshop**
[ウォリンフォード・ブックショップ]
10c St Martin's Street, Wallingford,
Oxfordshire, OX10 0AL

☐ **The Bookstore**
[ザ・ブックストア]
15 Bury Road, Abingdon, Oxfordshire, OX14 3QT

☐ **The Bell Book Shop**
[ザ・ベル・ブックショップ]
52 Bell Street, Henley-on-Thames,
Oxfordshire, RG9 2BL

☐ **Cole's Books**
[コールズ・ブックス]
22 Crown Walk, Pioneer Square Bicester,
Oxfordshire, OX26 6HY

☐ **The Book House**
[ザ・ブックハウス]
93 High Street, Thame, Oxfordshire, OX9 3HJ

Shropshire
シュロップシャー

☐ **Bookshrop**
[ブックシュロップ]
12 Green End, Whitchurch, Shropshire, SY13 1AA

Warwickshire
ウォリックシャー

☐ **Hunt's Bookshop**
[ハンツ・ブックショップ]
9 High Street, Rugby, Warwickshire, CV21 3BG

☐ **Kenilworth Books**
[ケニルワース・ブックス]
12 Talisman Square, Kenilworth, CV8 1JB

☐ **Warwick Books**
[ウォリック・ブックス]
24 Market Place, Warwick, CV34 4SL

CHRISSY of BOOKBAR

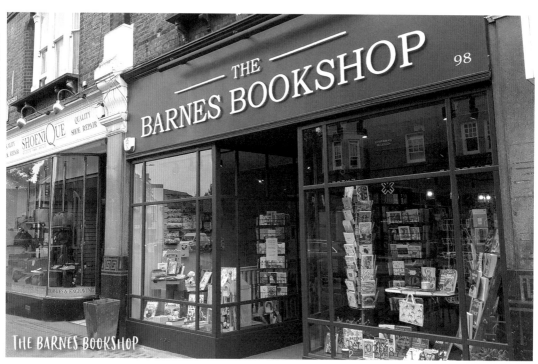

THE BARNES BOOKSHOP

HUNT'S BOOKSHOP

THE YELLOW-LIGHTED BOOKSHOP

GERRARDS CROSS BOOKSHOP

HARRIS & HARRIS BOOKS

BRYAN AND JANE HAYLOCK OF THE IDLER

THE KEW BOOKSHOP

THE SNUG BOOKSHOP AND CAFÉ

NICHE COMICS & BOOKSHOP

THE SHEEN BOOKSHOP

THE BOOK WARREN AND CAFÉ

TELL TALES BOOKS

THE BOOK WARREN AND CAFÉ

TALES ON MOON LANE, RAMSGATE

CHEPSTOW CASTLE

SOUTH WALES COASTAL TOUR

Coasts, Castles and Stars

ウェールズ南部の海岸沿いツアー
—— 海岸と城と星々 ——

　ウェールズはスロートラベルツアーにもって
こいの目的地だ。イングランド南西の海岸沿い
を旅するツアーのように、南ウェールズの海岸
線には崖や入江、長く白い砂浜などがある素晴
らしい景色が広がっていて、特に西へ行けば行
くほど非常に静かで人もまばらになる。海辺の
町の一つから海岸沿いを歩いていけば、すぐに
何エーカーもの白い砂浜や起伏の激しい崖路を
独り占めしていることに気がつくことだろう。
それにウェールズは光害が少ないため、各地に
星空保護区に指定された場所があるのだ。

Chepstow, Cardiff, Penarth
／チェプストウ、カーディフ、ペナース

　ウェールズはよく「城の国」と呼ばれており、
それは、私の記憶が正しければ平方マイルあた
りの城の数が世界のどの国よりも多いからだ。
このウェールズ南西海岸ツアーは、セヴァーン
川を挟んでイングランドと反対側の川岸に位置
するチェプストウから始まる。この町では、
〈チェプストウ・ブックス＆ギフツ〉**1** で素敵な
旅のスタートを切ることができる。この評判の
高い独立系書店では幅広い分野の本とパズル、
ゲームを売っており、数分歩けばイギリスで最
も古い城の一つ、チェプストウ城がある。

　征服王と称されたウィリアム1世が1066年
にイギリスにやって来て、すぐに粗野で荒々し
い島々における自分の地位を固めにかかった。
ウィリアム1世はウェールズに大きな関心が
あったとか、あるいはウェールズ国境の土地を
支配する首長らと懇意にしていたという説があ
るが、いずれにせよチェプストウ周辺のエリア
は重要だと考えられた。チェプストウ城はウィ
リアム1世が最初に建てた城の一つで、建設が
始まったのはウィリアム1世のイギリス征服か
らわずか1年後の1067年だった。

　ウィリアム1世が好んだモット・アンド・ベ
イリーの城は、建築が容易で守りやすかった。
モット・アンド・ベイリーには石造りか木造の
要塞が建てられた小高い丘（モット）があり、
城壁に囲まれた中庭（ベイリー）が1つあるい
は2つ以上、それから周囲に防御用の堀が張り
めぐらされていた。このモット・アンド・ベイ
リーは現在ウェールズのあちこちにあって、何
世代も貴族によって継続して使われたか、使わ
れず廃れてしまったかにもよるが、修復された
り廃墟になったりと状態は様々である。ノルマ
ン様式を真似てウェールズの貴族たちが建設し
た城もあり、こちらは「ウェールズ人の城」と
呼ばれる。チェプストウ城は一般に公開されて
おり（ワンちゃん連れの人のために言うと、下

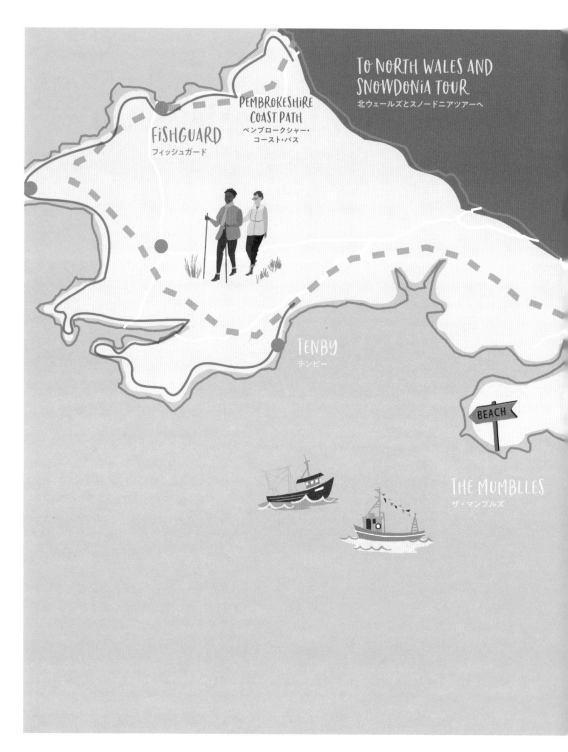

TO NORTH WALES AND
SNOWDONIA TOUR
北ウェールズとスノードニアツアーへ

PEMBROKESHIRE
COAST PATH
ペンブロークシャー・
コースト・パス

FISHGUARD
フィッシュガード

TENBY
テンビー

BEACH

THE MUMBLLES
ザ・マンブルズ

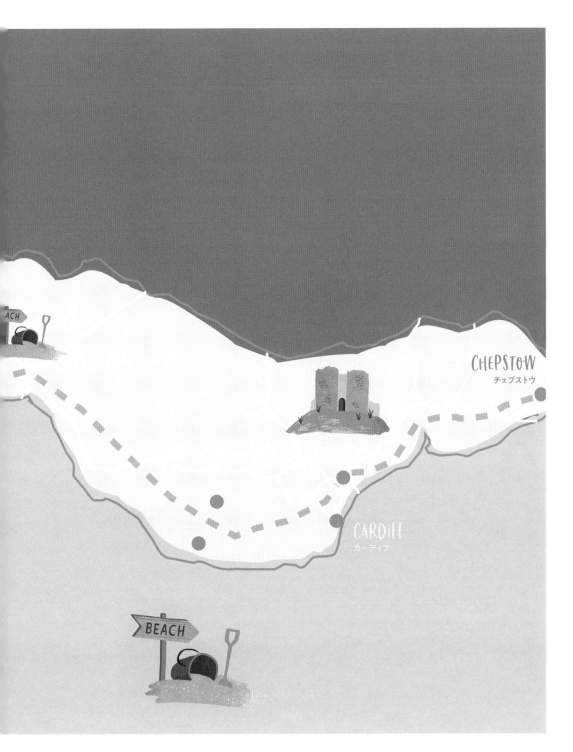

ACH

CHEPSTOW
チェプストウ

CARDiFF
カーディフ

BEACH

の階は犬も入ることができる）、またワイ川の向こうから見るチェプストウ城の景色は特に素晴らしいのでお勧めだ。

　ここから西へ旅を進めると、ウェールズの首都カーディフにたどり着く。この町は過去30年にわたって大規模な再開発が行われており、現在では活気あふれる大都市となっている。中心部にあるのは古代ローマ人の残した壁の上に建設された11世紀のカーディフ城で、現在は軍事博物館とヴィクトリア時代に建てられた邸宅がある。カーディフ中心部には急進的な本＆ZINEの非営利書店、〈シェルフライフ〉 **2** もあり、ここはフェミニストやLGBT、反人種差別主義、反資本主義などの書籍を専門としている。市内中心部から少し離れたところにある〈ザ・ウェルフィールド・ブックショップ〉 **3** では、品揃えが豊富で手ごろな価格帯の本が並んでいる。ここから南に進み、〈グリフィン・ブックス〉 **4** がある美しい海辺の町、ペナースに向かおう。ペナースはヴィクトリア時代に人気だったリゾート地で、ヴィクトリア時代の建物の多くや見事に修復された桟橋、パビリオンなどが今も残っている。〈グリフィン・ブックス〉は小さいけれど、フィクション、ノンフィクション、詩、郷土史、児童書、YAなどなど幅広いジャンルを扱っており、現在はオンライン販売もしている。

　〈グリフィン・ブックス〉は頻繁に文学のライブイベント（現在はオンラインでも）を行っ

ていることでも知られていて、イギリス国内外の著者を招いた大規模なものだけでなく、読書会や幼児向けの読み聞かせなど小規模なイベントも開催している。

Llantwit major, Cowbridge, Mumbles
／シャントウィット・メイジャー、 カウブリッジ、 マンブルズ

　ここからはゆるゆると海岸線ルートをたどってカーディフ空港を通過し、シャントウィット・メイジャー（Llantwit major）に向かう。この町かその周辺に滞在するのであれば、ウェールズの星空観察ポイントの一つに行ってみよう。この星空観察ポイントは、公式にはナッシュポイント駐車場と呼ばれている場所と周辺の岬のことである。この町の本屋は〈ニクルビーズ・ブックストア〉 **5** で、フィクションとノンフィクションの棚の品揃えがとてもよいだけでなく、周辺エリアの地図やガイド本、ウェールズ語の書籍もある。

　内陸方面に10マイル（16キロ）ほど進むと市場町のカウブリッジに着く。個人経営のショップやカフェが多いこの町には、〈ザ・カウブリッジ・ブックショップ〉 **6** がある。1984年から続いているこの本屋は、様々なジャンルの本を取り揃えている。このエリアの素晴らしいビーチへ向かうなら、西にさらに旅して長い砂浜が広がるサザンダウンや犬連れにぴったりのオグモアビーチに行こう。

RHOSSiLi BEACH

GRiFFiN BOOKS

GRiFFiN BOOKS

SEAWAYS BOOKSHOP

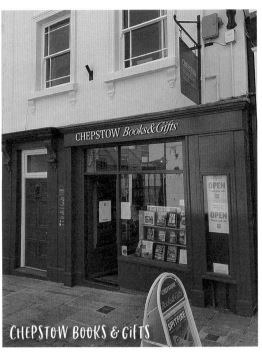

CHEPSTOW BOOKS & GIFTS

SEAWAYS BOOKSHOP

スウォンジーの向こうには、非常に好奇心を
くすぐる名前がついたマンブルズ（この地にあ
る二つの岬が胸の形のようだと言えなくもない
ので、フランス語で胸を意味するマンブルズと
名付けられたそうな！）とガワー特別自然美観
地域の入口がある。マンブルズはスウォンジー
の中心部から離れた郊外エリアとそこに位置す
る岬の名前である。マンブルズの中心地にはぜ
ひとも訪れたい本屋〈カバー・トゥ・カバー〉
7 と近年修復された堂々たるノルマン時代の
城、オイスタマス城があり、この二つはすぐ近
くにある。素敵な独立系書店〈カバー・トゥ・
カバー〉には選りすぐりのフィクションが揃っ
ているだけでなく、ウェールズと郷土史に関す
る様々な本がある。本屋と城を訪れた後は海に
向かうのもよいだろう。坂を下って右に曲がれ
ば、桟橋まで1時間ほどの比較的短い散歩を楽
しんだり、プシュ・ディ湾（Pwll Du Bay）の
人里離れたビーチに向かって海岸沿いにもっと
長い散歩をしたりすることもできる。

ビーチに出かけたいなら、この辺りには黄金
色の砂浜のそばに崖や砂丘や塩湿地が位置する
素晴らしい眺めのビーチがいくつもある。マン
ブルズから海岸沿いをさらに西に進んだ先にあ
るスリー・クリフズ湾は犬連れにも優しい美し
いところだが、ビーチを独り占めしたい気分な
ら、ガワー半島の北西側の入江やビーチはたい
てい人通りがかなり少ないのでお勧めだ。

マンブルズから次の本屋の町に行く途中に
ラーン城がある。コラン川とタフの入江の間に
位置するノルマン人の建設した城の廃墟で、エ
リザベス朝時代の宮廷人によって16世紀に修
復された。18世紀になってこの敷地にキャッ
スル・ハウスと呼ばれる家が建てられ、後に作
家のリチャード・ヒューズが1930年代にこの
家を借りていた。ヒューズが招いて滞在した客
人の一人がスウォンジー生まれのディラン・ト
マスで、『Portrait of the Artist as a Young Dog
（ディラン・トマス少年小説集）』をここで執筆

した。トマスはラーン村を非常に気に入ったた
め家族と共にこの地に移り住み、ニューヨーク
で39歳の若さで亡くなるまでの最後の数年間
をボートハウスという名の家で暮らした。ボー
トハウスは一般公開されているので訪れること
ができる。

Tenby, Fishguard, Haverfordwest, St Davids
／テンビー、フィッシュガード、
ハヴァフォードウエスト、セント・デイビッズ

ここからツアーはイギリスで最も壮大な海岸
線沿いを進み、ペンブロークシャー・コースト
国立公園に向かう。この国立公園の土地のほと
んどが星空観察に理想的で、186マイル（約
300キロ）にわたる長距離歩道ペンブローク
シャー・コースト・パスがあり、崖や岬、ビー
チの上を垂直にアップダウンするような起伏続
きの道のりが数多くあることで有名だ。この道
のりをすべて歩くと10〜15日ほどになり、
本格的なウォーキングツアーを計画するなら道
中には一泊するのによい町が4つある。この4
つの町は、日帰りでウォーキングを楽しむ時の
拠点にもぴったりだ。嬉しいことに、4つのど
の町にも素敵で可愛らしい独立系書店がある。
最初は地元関連の書籍や児童書、おもちゃを取
り扱っているテンビーの〈テンビー・ブック
ショップ〉**8** で、最後が絵のように美しい町
フィッシュガードの〈シーウェイズ・ブック
ショップ〉**9** だ。港近くの海色の家に位置する
〈シーウェイズ・ブックショップ〉ではじっくり
見られるよう美しく本が並べられており、興味
をそそる様々なタイトルが揃っている。やや内
陸のハヴァフォードウエストには古い橋がいく
つかあり、ノルマン人の城が町を見下ろすよう
に立っている。この町の独立系書店は〈ヴィク
トリア・ブックショップ〉**10** といって、地元関
連の書籍を含む様々なジャンルの本、贈り物、

パズルなどを売る人気の高いお店だ。

セント・デイビッズの小さな宝石のような本屋、〈セント・デイビッズ・ブックショップ〉**11**はイギリスで最も小さい本屋だったが、40年間同じ小さなスペースで営業を続けた後、2020年に市内中心部の（ほんの少し！）大きな店舗に移転した。店主のクリス・テイラーは、1974年に父親のウィリアムから引き継いで以来この店を経営している。本屋では新本も幅広く揃えているが、地元のガイド本、地図、ウェールズ関連書籍、そして古本の棚もある。私も〈セント・デイビッズ・ブックショップ〉の新しい店舗に行くのが楽しみだ！

この辺りの海岸線はすべて星空観察に最適だが、テンビーの西のブロードヘイブン・サウスビーチは夜は本当に真っ暗になるため、さらに優れた星空観察保護区となっている。

このツアーはここで終了するが、もっと城を見たければ他にもまだまだよいところがある。ハヴァフォードウエストと同じくらいよいのがカルー城で、ここではノルマン人に征服された後の波乱の歴史と、敵対する貴族の男性たちに幾度も誘拐されたネスト姫の物語について知ることができる。最後のお勧めはキルゲラン城で、カーディガンの町から少し内陸に入ったところにある非常に美しい城だ。そうそう、近頃はほとんどの城が事前予約制になっていることをお忘れなく。

Useful websites ／お役立ちサイト

Chepstow Castle
［チェプストウ城］
https://www.cadw.gov.wales/visit/
places-to-visit/chepstow-castle

Oystermouth Castle
［オイスタマス城］
https://www.swansea.gov.uk/
oystermouthcastle

Laugharne Castle
［ラーン城］
https://cadw.gov.wales/visit/places-to-
visit/laugharne-castle

Haverfordwest Castle
［ハヴァフォードウエスト城］
https://www.visitpembrokeshire.com/
attraction-listing/haverfordwest-castle

Carew Castle
［カルー城］
https://www.pembrokeshirecoast.wales/
carew-castle

Cilgerran Castle
［キルゲラン城］
https://www.nationaltrust.org.uk/
cilgerran-castle

Dylan Thomas Boathouse at Laugharne
［ラーン村にあるディラン・トマスのボートハウス］
https://www.dylanthomasboathouse.
com

Pembrokeshire Coast Path
［ペンブロークシャー・コースト・パス］
https://www.visitpembrokeshire.com/
explore-pembrokeshire/coast-path

CARDIFF CITY HALL

VICTORIA BOOKSHOP

CHRIS OF ST DAVIDS BOOKSHOP

ST DAVIDS BOOKSHOP

COVER TO COVER

Bookshop Information ／本屋情報

1 Chepstow Books & Gifts
[チェプストウ・ブックス＆ギフツ]
13 St Mary Street, Chepstow,
NP16 5EW
https://chepstowbooks.co.uk

2 Shelflife Books and Zines
[シェルフライフ]
The Castle Emporium, Womanby
Street, Cardiff, CF10 1BS

3 The Wellfield Bookshop
[ザ・ウェルフィールド・ブックショップ]
16 Wellfield Road, Roath, Cardiff,
CF24 3PB
http://wellfieldbookshop.weebly.com

4 Griffin Books
[グリフィン・ブックス]
9a Windsor Road, Penarth, CF64 1JB
https://griffinbooks.co.uk

5 Nickleby's Bookstore
[ニクルビーズ・ブックストア]
6 Poundfield Precinct, Boverton Road,
Llantwit Major, CF61 1DL

6 The Cowbridge Bookshop
[ザ・カウブリッジ・ブックショップ]
72 Eastgate, Cowbridge, CF71 7AB

7 Cover to Cover
[カバー・トゥ・カバー]
58 Newton Road, Mumbles, Swansea,
SA3 4BQ
http://www.cover-to-cover.co.uk

8 Tenby Bookshop
[テンビー・ブックショップ]
Tudor Square, Tenby, SA70 7AJ

9 Seaways Bookshop
[シーウェイズ・ブックショップ]
12 West Street, Fishguard, SA65 9AE

10 Victoria Bookshop
[ヴィクトリア・ブックショップ]
6 Bridge Street, Haverfordwest,
SA61 2AD

11 St Davids Bookshop
[セント・デイビッズ・ブックショップ]
2 Ty Eurvil, Maes Dyfed, St Davids,
SA62 6SR

TiM BATCUP OF COVER TO COVER

SIOP LYFRAU
TREFALDWYN

THE
BOOKSHOP
MONTGOMERY

BOOKS · LLYFRAU

AR AGOR
OPEN

THE
BOOK
SHOP

THE BOOKSHOP, MONTGOMERY

BRECON BEACONS, SHROPSHiRE AND MALVERN HiLLS TOUR

Hikin', Bikin' and Runnin'

ブレコンビーコンズ、シュロップシャー丘陵＆モルヴェン丘陵ツアー
── ハイキング、サイクリング、ランニング ──

ウェールズ・イングランド国境周辺をめぐる2つ目のツアーでは、ワイ谷とブレコンビーコンズの曲がりくねった道を進み、一路シュロップシャー丘陵に向け北進したあと、南に戻ってモルヴェン丘陵へ向かう。今回は二つの特別自然美観地域と本好きには言わずと知れたヘイ・オン・ワイを訪れる。

オックスフォードから高速道路A40経由でグロスターを通過し、ウェールズ国境に至るドライブは、私には楽しい旅だ。たいていウォーキング仲間と自転車、犬数匹でいっぱいになった車で行く。このエリアに行くとなるとまずドキドキの冒険になる。私はワイ川でカヤックもしたし、スラヌーティッド・ウェルズ（Llanwrtyd Wells）で馬を追いかけて走り、森をマウンテンバイクで駆け抜け、ブレコンビーコンズの峰々を歩きもした。そんなわけで、冒険好きでビショ濡れになることもまったく気にしない人には今回がぴったりの本屋めぐりツアーになるはずだ。

Ross-on-Wye, Monmouth, Brecon Beacons, Crickhowell

／ロス・オン・ワイ、モンマス、ブレコンビーコンズ、クリックハウェル

ツアー最初の町はウェールズ国境沿いのイングランド側にあるロス・オン・ワイで、観光客を引き付けてきた長い歴史がある。18世紀半ばに人々が大挙して訪れてはワイ川をボートで下っていたのだが、風光明媚な旅を綴った1770年のベストセラー本のおかげでさらに観光客は増えた。町は今も観光客の心をとらえ、多くの人が17世紀の公会堂「マーケットハウス」を目当てにやってくるが、やはり麗しの川にも人々は訪れる。この町の本屋、〈ロシターブックス〉**1**は3つの魅力的な本屋から成る小規模チェーンの一店舗で、モンマスの〈ロシターブックス〉**2**の他、レムスターにも支店がある。どの店舗も品揃えがよく、通常は名の知れた作家を呼ぶなどのイベントを定期開催しているので、お店のウェブサイトをチェックして、トークやサイン会などに予定を合わせられるか検討してみるといい。2020年現在、〈ロシターブックス〉では一見の価値がある様々なオンラインイベントを用意しており、また、サイン本の新刊ストックが充実していることも強みだ。

ロス・オン・ワイとモンマスの間に流れるワイ川沿いの田園風景は、特別自然美観地域に指定されており、その理由も見れば納得だ。森や谷間を川が流れ、それが岩にぶつかってはしぶきが上がるので、川でのカヤックも大いに盛り上がる。シモンズヤットにはカヌーやカヤックのレンタル業者がいくつかあり、使い方の講習やガイドを提供している。川下りは素晴らしい。ガイドがいれば技術的にはそこまで難しいこともなく、街の喧騒から離れ水上を優雅にたゆたいながら、川と景色の美しさを堪能できる。

水上スポーツはちょっとキツいな、と思う人にはシモンズヤットのサラセンズ・ヘッド・インなどのよいパブがある。パブの屋外席に腰かけ、世界が流れていくさまを眺めるのもいい。

川に沿ってさらにモンマスへ進むと二軒めの〈ロシターブックス〉があるので、国境を越えてウェールズに入ろう。モンマスは古い市場町で、ワイ川に架かる門付きの石橋と廃城が有名だ。ここから、西のブレコンビーコンズへ向かう。

この辺りは素晴らしいウォーキングが楽しめるエリアで、大地が氷河に削られて長い尾根と急斜面に囲まれた大きなすり鉢状の地形ができている。山々は旧赤色砂岩から成り、1日の旅のハイライトとして、ペニヴァン（Pen-Y-Fan）やクリビン（Cribyn）などのウェールズ南部の最高峰に登ってみるのもいい。ここにはウェールズ初の星空保護区もあり、天の川がはっきりと見える。

このエリアを訪れる人はたいていアバガヴェニー、クリックハウェル、ブレコンなどに宿を取る。ホテルやゲストハウスでは、泥んこになったブーツも犬も休ませることができる。ここでクリックハウェルの素敵な本屋、〈ブッキッシュ〉**3** を紹介しよう。店員チームが腕によりをかけて選んだ幅広い分野の本を置いているだけでなく、地元で作られたケーキやランチメニューを提供するカフェもある。定期的に作家

イベントを開催しているのだが、2020年はすべてオンラインになった。ブレコンの町では、〈ザ・アワーズ・カフェ・アンド・ブックショップ〉**4** が温かく迎えてくれるだろう。この店はシップストリートにある古い緑色の建物内に入っていて、川のすぐそばに位置している。考え抜かれ選定された本（新本＆古本）や本に関連したギフトを売る本屋と自家製の食べ物を提供するカフェがあり、2階のギャラリーでは新進気鋭・有名アーティストの作品を展示している。〈ザ・アワーズ〉は「緑のでこぼこ本屋」と親しみを込めて呼ばれている、町で最も愛される宝石のような存在だ。人々が集まり、イベントを行う地元の文化的ハブとしても重宝されている。

Hay-on-Wye, Llanwrtyd Wells ／ヘイ・オン・ワイ、スラヌーティッド・ウェルズ

ここからは、北東の"本の町"ヘイ・オン・ワイへ向かおう。5～6月にイギリスで最も有名な文学フェスティバルが行われる町には、多くの古本屋や古書店（章末のウェブサイト参照）があり、あちこちの本屋を巡り歩ける。しかしここで〈オールド・エレクトリック・ショップ〉を見逃さないでほしい。様々な雑貨を扱うこの店にも、独自の書籍販売エリア〈オールド・エレクトリック・ブックショップ〉**5** があり、こだわりの書籍が並ぶ。また、〈リチャード・ブース[*1]・ブックショップ〉**6** には、映画館とカフェもある。

この北にはスラヌーティッド・ウェルズという冒険大陸が待ち受けている。この町では人vs馬のレースを春に開催しており、これが22マイル（約35.4キロ）を走る刺激的で興味をそそるイベントなのだ。ランナーあるいは馬の乗り手としてレースにエントリーすることが可能だ。1980年から続くこのイベントは、ほぼ毎回馬の勝利に終わっている。最初に馬に勝利したランナーには賞金が与えられるのだが、人が

＊1 …1977年に本の国の建国とイギリスからの独立を宣言した自称「ヘイの初代王」。
ヘイ・オン・ワイを国際的に知られる本の街に変え、世界のブックタウンの先駆的存在にした。

ROSSITER BOOKS, MONMOUTH

THE HOURS CAFÉ AND BOOKSHOP

BURWAY BOOKS

THE HOURS CAFÉ AND BOOKSHOP

THE BOOKSHOP, MONTGOMERY

勝てなければ翌年の賞金額が引き上げられる。非常に楽しいイベントで、ランナーとしては個人、またはチームの一員として参加することができる。ルートは3つのパートに分かれていて、町は週末のあいだ人でいっぱいになる。しかし、ここで一つ忠告しておこう。もしレースの前に大雨が降れば地面はぬかるんで相当に厳しく荒っぽいレースになってしまう。自己ベストなど決して期待してはいけない。レースに参加したければ、エントリー開始されたらすぐに応募しよう。参加者数に限りがあるため、すぐに締め切られてしまうからだ。しかし見るぶんには楽しいスポーツで、馬と人が横並びになり、大興奮のレースが展開されるだろう。

この町では、もう少しばかりバカ騒ぎ要素の強い「湿原シュノーケリング世界大会」が8月末に開催される。私は行ったことがないのだが、とても楽しそうだ。

Llandrindodd Wells, Montgomery
／サンドリンドッド・ウェルズ、モントゴメリー

次の町はサンドリンドッド・ウェルズ（Llandrindodd Wells）で、〈ヴァーゾン・ブック・アンド・ギャラリー〉**7** は本はもちろん、アート用品も充実している。この機会にウェールズの山々をスケッチしてみるならきっと役に立つだろう。マウンテンバイクが盛んな場所で、森の砂利道コースを行くもよし、もっと難しい山がちな地形を行くもよし。エラン谷にはサンドリンドッド・ウェルズの西につづくコースがある。この町には国立自転車博物館があって、古い自転車が何百台も展示されている。

ここから我々は再び北進して、ウェールズ国境沿いのモントゴメリーの町へ向かう。ウェールズはどこへ行ってもそうだが、この町もぶらぶら歩くのにもってこいの所だ。ここにもまた廃墟となったロマンチックな古城があって、城の上に登ると美しい田園風景を見渡せる。モントゴメリーでは、町が整備したヘリテージ・トレイル（文化遺産スポットをめぐる散歩コース）を徒歩または自転車でまわることができる。文化スポットめぐりを堪能した後は、ランチやコーヒー休憩にぴったりの個人経営のカフェ、そして〈ブックショップ・モントゴメリー〉**8** に寄ろう。本当に美しい独立系書店で、地域住民に愛されている。この本屋が入っているのは町で最も古い建物の一つで、16世紀に建てられた出窓付き木骨造りの白黒の家だ。すぐ外には丸石を敷き詰めた石畳がある。中に入ると寒い時期にはいつも暖炉の焚火が燃えていて、ウェールズのフォークソングが静かに流れている。

Church Stretton, Brampton Bryan
／チャーチ・ストレットン、ブランプトン・ブライアン

旅は東へと続き、ウェールズの山々を過ぎて国境を越え、シュロップシャー丘陵に入る。この丘陵はいくつもの丘、川、森がある特別自然美観地域で、詩集『シュロップシャーの若者』で知られるA・E・ハウスマンなどの詩人たちにインスピレーションを与えてきた。このエリアはいくつものバードウォッチング・スポットがあり、愛鳥家たちがコチョウゲンボウ、ノスリ、チョウゲンボウを見つけに出かける所で、一般に開放されている野鳥観察用の隠れ家もいくつかある（章末の「シュロップシャー丘陵」の項目、二つ目のウェブサイトを参照）。このエリアの中心地チャーチ・ストレットンを拠点にすれば、丘歩きやサイクリングも楽しめる。もちろん、チャーチ・ストレットンには素敵な本屋〈バーウェイブックス〉**9** もあり、周辺エリアのガイドブックや地図を買うことができる。この店は1974年にオープンし、創設者とその息子が店員チームと共に営業している。通常はイベントもやっているので、この町に滞在するならぜひウェブサイトでの確認をお勧めす

111

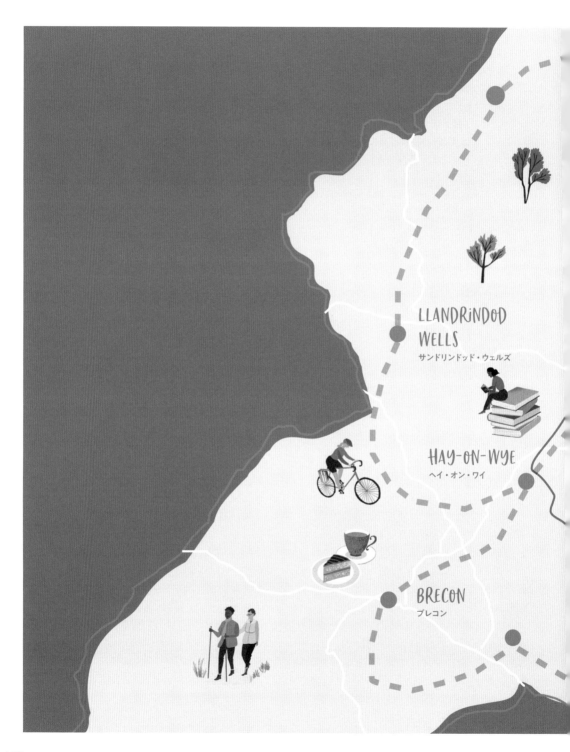

LLANDRINDOD
WELLS
サンドリンドッド・ウェルズ

HAY-ON-WYE
ヘイ・オン・ワイ

BRECON
ブレコン

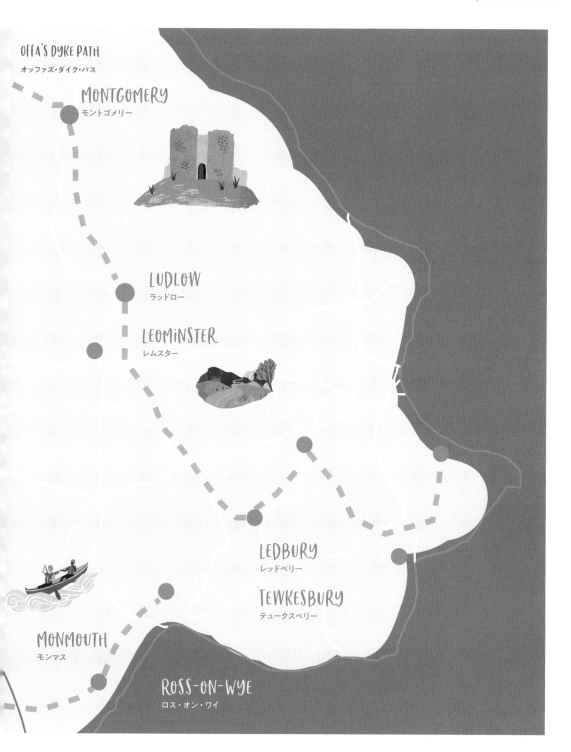

OFFA'S DYKE PATH
オッファズ・ダイク・パス

MONTGOMERY
モントゴメリー

LUDLOW
ラッドロー

LEOMINSTER
レムスター

LEDBURY
レッドベリー

TEWKESBURY
テュークスベリー

MONMOUTH
モンマス

ROSS-ON-WYE
ロス・オン・ワイ

る。

　オッファズ・ダイクの自然歩道を歩くために この地方を訪れる人は多い。ウェールズとイン グランドの国境沿いにある歩道で、マーシアの 国王が王国とウェールズとの境として1世紀に 作らせた土塁がある。当時は高さ8フィート（約 2.5メートル弱）、長さ65フィート（約20メート ル）ほどあったらしい。この長距離自然歩道を 歩くなら、歴史あるブランプトン・ブライアン の村にある〈アードヴァーク・ブックス〉**10**（ま たの名をザ・ブッカリー）へ行こう。19世紀 の穀物庫を利用した本屋で、4000平方フィー ト（371.6平方メートル）のスペースに新本、 古本、稀覯書が揃った宝の山だ。「ブックバロ ウ」という名の児童書ルームとカフェもある。

Ludlow, Leominster ／ラッドロー、レムスター

　この南には市場町ラッドローがある。通常な らフード＆ドリンクフェスティバルを5月に開催 していて、もちろんここにも城がある。1085年 頃ノルマン人が建設した大きな石造りの城はノ ルマン、中世、チューダー朝の建築様式が見ら れる好例で、チューダー朝の後17世紀には、ラッ ドローはウェールズの中心地としての役目を果 たしていた。城からすぐの中央広場にあるのが 〈キャッスルブックショップ〉**11**で、ここからツ アーを始めるなら、地図やガイドブックを買っ

ていくといいだろう。アート用品や地元アー ティストによるカードも置いている。この店は ベル夫妻が本屋兼文具店として1949年にオー プンした。夫のベル氏が本を、妻のベル夫人が 文具と「ちょっと心魅かれるような雑貨」を担 当した。1970年代頃に夫妻の息子ピーターが 後を継ぎ、店をモダンにして郷土史や地元に フォーカスした本を充実させた。この本屋は今 も郷土史本の品揃えのよさで定評がある。 〈ダーリン・リーズ〉（イングランドの産業中心 地ツアー1を参照）のように、この本屋もここ で働いてきた者の手に渡った。それがスタント ン・スティーブンズで、現在はマイク（過去30 年以上ここで働いている）、ピート、そしてア ルマという信頼すべきチームと共に経営にあ たっている。店に起こった一番新しい変化は裏 手にあるブックショップガーデンで、夏の間 様々なイベントに使用されている。これがまさ に『秘密の花園』と言うべきもので、土地の所 有権は店が持っているにもかかわらず、これま では店から直接アクセスできなかったため30 年以上誰も足を踏み入れたことがなかったの だ！

　さらに南へ進むと、また一つ古い建物が並ぶ 市場町、レムスターがある。ここには〈ロシター ブックス〉**12** の三軒めの支店があり（このツ アーの序盤を参照）、さらに南東に進めば最後 の特別自然美観地域、モルヴェン丘陵へと続く。

> 　" 大枝に青葉生い茂る国を我に与えよ　そこに木々が立つ国を与えよ
> 　　木々が倒れれば悲嘆にくれる　青葉の茂らぬ国など愛せるものか
> 　　── A・E・ハウスマン
>
> 　Give me a land of boughs in leaf A land of trees that stand;
> 　Where trees are fallen there is grief; I love no leafless land.
> 　　– A. E. Housman

LEDBURY BOOKS AND MAPS

CASTLE BOOK SHOP

ROSSITER BOOKS, ROSS-ON-WYE

ROSSITER BOOKS, LEOMINSTER

AARDVARK BOOKS

Ledbury, Tewkesbury, Pershore
／レッドベリー、テュークスベリー、パーショー

　モルヴェン丘陵は、ウォーキングを楽しむ人にはもちろん、ロードバイクとマウンテンバイクの愛好者らにも大変人気がある。レッドベリーには自転車や電動自転車（近年は需要増）をレンタルできるところがあり、現在は丘の上でも乗ることが許されているので、上りよりは下りの方がいくぶんマシだと思う人には、自転車に乗る選択肢もいいかもしれない……。

　レッドベリーを拠点に動くなら、二つの本屋をお勧めしたい。〈コートヤードブックス〉**13** は新本と古本を扱っている本屋で、ヴィンテージやインディーズのお店が集まるホメンド・ショッピングモールの中にある。そして〈レッドベリー・ブックス＆マップス〉**14** は大通りの美しい年代物の建物で、本と地図を幅広く提供している。

　モルヴェン丘陵の中心にも、〈モルヴェン・ブック・コーポラティブ〉**15** という小さな素晴らしい本屋がある。丘歩きやサイクリングを楽しんだ後ちょっと一息つくのにちょうどいい小さなカフェがある、地元コミュニティが協同組合として経営している本屋だ。もしこのエリアに定期的に来ることができ、かつ本屋のオーナーになるのがずっと夢だったのなら、夢を叶えるチャンスかもしれない。協同組合は株を販売しているので、ウェブサイトで確認してみよう。

　モルヴェン丘陵の美しさは、多くの英国作家らにインスピレーションを与えてきた。C・S・ルイスやJ・R・R・トールキンは1930年代に友人を訪ねてこの辺りをよく散歩していたのだから、この風景をトールキンのゴンドールやローハンとつい重ねてみたくなる人がいるのも納得だ。またエリザベス・バレット・ブラウニングも、近隣の町レッドベリーの近くにある邸宅、ホープエンドハウスで育った。

　これでこのツアーは終わりだ。ここから東に戻れば、旅の〆にお勧めの二軒の本屋がある。一つはテュークスベリーの〈アリソンズ・ブックショップ〉**16** で、2フロアにフィクションとノンフィクションを豊富に揃えている。店内に入ってみると外から見たときよりも広く、お客からよく「この本屋って思ったより広いじゃない、テュークスベリーの"ターディス[2]"だね！」と言われるのだと、本屋の主人は教えてくれた。順序を逆にしてこのツアーをやるなら、本屋は旅に必要な地図を手に入れるのにうってつけの場所だ。〈アリソンズ・ブックショップ〉ではランドレンジャー、エクスプローラー、アウトドアレジャーといった地図ブランドの各地図を一通りカバーしている。それにジグソーパズルや音楽CDの品揃えもなかなかで、楽譜の書棚に至っては非常に充実している（これは私がこの本屋を溺愛する理由の一つでもある）。時間が許せばこの後パーショーに向かい、素敵な独立系書店〈コーチハウス・ブックス〉**17** でツアーを締めくくってはいかがだろうか。

　ブレコンビーコンズにしばらく滞在する場合はこの丘陵の西向こうまで移動してとても可愛らしい本屋〈ドラゴンズ・ガーデン〉**18** をぜひ訪れてほしい。2014年にオープンしたフェアトレードの店には現在小さな本屋も追加され、セルフサービスのフェアトレード紅茶やコーヒーと共に、店主のマンディが選んだ興味をそそる様々な本が並んでいる。

　このツアーの最後にバーミンガム方面へ向かうなら、キダミンスターに近いビュードリーの町に素敵な独立系書店〈ワイア・フォレスト・ブックス〉**19** がある。

＊2…p20＊2を参照。

AARDVARK BOOKS

CASTLE BOOKSHOP

VERZON BOOKS AND GALLERY

ALISON'S BOOKSHOP

Useful websites ／お役立ちサイト

Brecon Beacons
［ブレコンビーコンズ］
https://www.breconbeacons.org

Hay-on-Wye
［ヘイ・オン・ワイ］
http://www.hay-on-wye.co.uk/bookshops

Shropshire Hills
［シュロップシャー丘陵］
https://www.shropshirehillsaonb.co.uk
http://www.shropshirebirds.com/index/
guide-to-birding-sites

Ludlow Food Festival
［ラッドロー・フードフェスティバル］
http://www.ludlowfoodfestival.co.uk

Ludlow Castle
［ラッドロー城］
https://www.ludlow.org.uk/
ludlowcastle.html

Malvern Hills Trust
［モルヴェン丘陵トラスト］
https://www.malvernhills.org.uk

Bookshop Information ／本屋情報

1 Rossiter Books
［ロシターブックス］
The Corn Exchange, 7 The High Street,
Ross-on-Wye, HR9 5HL
https://rossiterbooks.co.uk

2 Rossiter Books
［ロシターブックス］
5 Church Street, Monmouth,
NP25 3BX
https://rossiterbooks.co.uk

3 Book-ish
［ブッキッシュ］
18 High Street, Crickhowell, NP8 1BD
https://www.book-ish.co.uk

4 The Hours Café and Bookshop
［ザ・アワーズ・カフェ・アンド・ブックショップ］
15 Ship Street, Brecon, LD3 9AD
https://www.thehoursbrecon.co.uk

5 The Old Electric Bookshop
［オールド・エレクトリック・ブックショップ］
Carlton House, The Pavement,
Hay-on-Wye, HR3 5UR
https://www.oldelectric.co.uk/
the-old-electric-bookshop

6 Richard Booth's Bookshop
［リチャード・ブース・ブックショップ］
44 Lion Street, Hay-on-Wye,
HR3 5AA
https://www.boothbooks.co.uk

7 Verzon Books and Gallery
［ヴァーゾン・ブック・アンド・ギャラリー］
Lindslade House, Middleton Street,
Llandrindod Wells, LD1 5ET

8 The Bookshop Montgomery
［ブックショップ・モントゴメリー］
9 Arthur Street, Montgomery, SY15
6RA

9 Burway Books
［バーウェイブックス］
18 Beaumont Road, Church Stretton,
SY6 6BN
https://www.burwaybooks.co.uk

10 Aardvark Books
［アードヴァーク・ブックス］
The Bookery, Manor Farm, Brampton
Bryan, Bucknell, SY7 0DH
https://www.aardvark-books.com

11 Castle Bookshop
［キャッスルブックショップ］
5 Castle Street, Ludlow, SY8 1AS
https://www.castlebookshopludlow.co.uk

12 Rossiter Books
［ロシターブックス］
9–11 Drapers Lane, Leominster, HR6
8ND
https://rossiterbooks.co.uk

13 Courtyard Books
［コートヤードブックス］
The Homend Shopping Mall, 32 The
Homend, Ledbury, HR8 1BT
https://www.courtyardbooks.co.uk

14 Ledbury Books and Maps
［レッドベリー・ブックス＆マップス］
20 High Street, Ledbury, HR8 1DS
https://www.ledburybooksandmaps.
co.uk

15 Malvern Book Cooperative
［モルヴェン・ブック・コーポラティブ］
2 St Ann's Road, Malvern, WR14 4RG
https://www.malvernbook.coop

16 Alison's Bookshop
［アリソンズ・ブックショップ］
138–139 High Street, Tewkesbury,
GL20 5JR

17 Coach House Books
［コーチハウス・ブックス］
46 High Street, Pershore, WR10 1DP

18 Dragon's Garden
［ドラゴンズ・ガーデン］
Bryndyfan Stud, Llansadwrn, Llanwrda,
Carmarthenshire, SA19 8NL
https://dragons-garden.com

19 Wyre Forest Books
［ワイア・フォレスト・ブックス］
54 Load Street, Bewdley, DY12 2AP
https://wyreforestbooks.co.uk

The Bookshop, Montgomery

SNOWDONIA

NORTH WALES AND SNOWDONIA TOUR

Mountains, Sand and Stargazing

北ウェールズ&スノードニアツアー
—— 山、砂浜、星空観察 ——

ウェールズの南や西のように北ウェールズも見事な海岸線が広がっており、何エーカーもの広大な白い砂浜とウェールズ最高峰が鎮座するスノードニア国立公園がある。また、星空保護区指定の区域も多いので、星空や天の川を見るのにはもってこいだ。

今回の本屋めぐりはウェールズとイングランドの国境周辺にある3地点から始まり、旅をしながらお目当ての本屋を訪ね、国立公園を一周して完了というコースだ。このエリアはケルト語派言語のウェールズ語話者がウェールズで最も多い。この言語の使用率は20世紀前半の間に減少したが、ウェールズ語で教育を行う中等学校が増加し、2011年にウェールズ語措置法によってウェールズ語に公的地位が与えられたこともあって、近年は復活を見せている。この地方の本屋のいくつかはウェールズ語書籍の本屋で、そのほとんどがウェールズ語と英語の両言語の本を販売している。

Nantwich, Oswestry
／ナントウィッチ、オズウェストリー

どこを旅のスタート地点にするかにもよるが、北ウェールズへ向かう途中立ち寄りそうな本屋で、一息つくのにぴったりな店が2軒ある。

最初はエリザベス朝の白黒ハーフティンバー様式の建物を利用した本屋、〈ナントウィッチ・ブックショップ・アンド・コーヒーラウンジ〉**1** で、中世の町ナントウィッチの中心部に位置している。ここは本屋ファンなら絶対に訪れるべき本屋の一つだ。私が土曜にここに着いた時、店内は朝のブランチ勢で賑わっていて、人々はおしゃべりをしたり、コーヒーを片手に本棚をじっくり眺めたり、2階の隅のチェスターフィールドソファで本とクロワッサンを楽しみながら1人の世界にこもったりしていたのだった。なんて素晴らしい！

町の建物の多くは火事で焼けて1583年に再建され、本屋の建物はそれよりやや後の時代に建てられた。裕福な商人の家だったが、現在は本屋になっている。1階はどこもかしこも（良い意味で）本とカフェのテーブルだらけで、2階はオーク材の鏡板張りの部屋がいくつもあって、歪んだ床板の上に座り心地の良いソファが並んでいる。これはもう、数冊の本とコーヒーを摑んで2、3時間ゆったり過ごすしかないではないか。町の人々がイングランド内戦で兵士による町の包囲を目撃したのもまさに同じ場所だったのかも——ここにただ座っているだけで、そんなことを思わず空想してしまうだろう。

2軒めのお勧めはオズウェストリーにある本

CAERNARFON
カナルヴォン

BO

PORTHMADOG
ポルスマドッグ

SNOWDONIA
NATIONAL PARK
スノードニア国立公園

MACHYNLLETH
マハンセス

LLANIDLOES
サニドロエス

ABERYSTWYTH
アベラストゥイス

BEACH

ABERAERON
アベルエロン

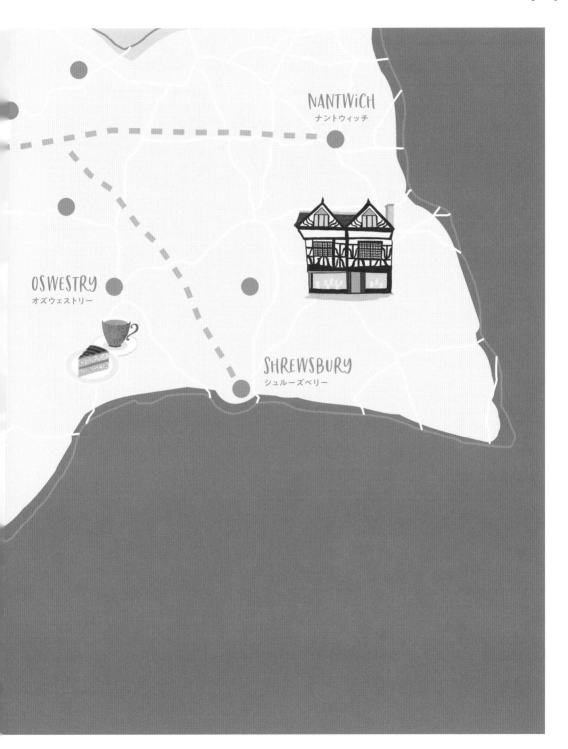

NANTWiCH
ナントウィッチ

OSWESTRY
オズウェストリー

SHREWSBURY
シュルーズベリー

屋兼カフェ、〈ブッカ〉**2** だ。可愛らしく明るいお店で品揃えもよく、通常は頻繁に有名作家を招いて多数のイベントも開催しているため、ベストセラー作家の最新作をサイン入りで手に入れたいならここは最高の本屋だ。

Wem, Llangollen, Mold, Ruthin, Shrewsbury
／ウェム、シャンゴッシェン、モールド、リッシン、シュルーズベリー

スノードニア国立公園に向かう途中には、他にも立ち寄りたくなる素敵な独立系書店がいくつもあり、ウェムの町には小さいけれどとてもフレンドリーな〈ウェム・ブックショップ〉**3**、シャンゴッシェン (Llangollen) には〈コートヤードブックス〉**4**、モールドには〈ザ・モールド・ブックショップ〉**5**、そしてリッシン (Ruthin) には〈リッシン・ブックショップ〉**6** がある。

バーミンガム方面から来てツアーを始めるなら、シュルーズベリーで旅を一時中断して足を休めるとよい。シュルーズベリーもエリザベス朝に建てられたハーフティンバー様式の建物が並ぶ見どころいっぱいの中世の町で、個人経営の店やカフェがたくさんある。町の独立書店〈ペングウェン・ブックショップ〉**7** は丸石を敷いた中世の通りに身をひそめるように立っていて、選りすぐりの本が並んでいる。素敵な児童書専門店もあったが残念ながら2020年に閉店となり、今も地元の人々に惜しまれている。

Snowdon, BlaenauFfestiniog, Caernarfon
／スノードン、ブラエナイ・フェスティニオッグ、カナルヴォン

ツアー前半はスノードニア国立公園に泊まれるところが多数あるが、スノードンに登るなら、この地方の北側から始めるのがよい。例えばサンベリスという小さな村は、多くのウォーキング愛好家たちが拠点にしている。

この地方を訪れる多くの人がウェールズ最高峰のスノードンに登る。この山には電車で行くか、もしくは山頂までの有名なルートの一つを歩いて行くことができる。最も一般的なルートはマイナーズ・トラックと言って、最初は比較的緩やかだが登るにつれてきつくなる。もう一つはマイナーズ・トラックよりもやや難度が上がるピッグ・トラックだ。私はこのルートをずっと Pig Track（豚の道）だと思っていたのだが、実は Pyg Track と綴る。山登りの経験者には最も難しいルート、クリブ・ゴッフ（Crib Goch）がある。これはぞっとするような急斜面があらわになっており、怖がりな人にはお勧めしない。いずれのルートで登ってもなかなかの難度でやり甲斐がある――が、一つ忠告しておくと、せっかく頑張って難しいルートを登り切り頂上に着いたというのに、そこへ電車で到着したサンダル履きの人々と頂上の絶景を一緒に見るはめになるのは少々イラっとくるものがある。

国立公園内の景色を見ながらもう少し気軽な散策が楽しみたい人は、コンウィ・フォールズ・フォレストパーク、またの名を「ザ・フェアリー・グレン」に行ってみよう。美しい緑と滝があり、写真撮影にぴったりだ。その近くにあるのがスレート石の洞窟で有名なブラエナイ・フェスティニオッグ（Blaenau- Ffestiniog）の町で、ウェールズ語の本屋〈ショップ・ラブライル・ヘン・ボスト〉**8**（英語で Old Post Office Bookshop、つまり元郵便局の本屋）がある。30年以上続く本屋で、古本の品揃えもよい。

夜はベツシコイド（Betws-y-Coed）に近い新石器時代の墓、カペル・ガーモン・ベリアル・チェンバーに行こう。ここは星空保護区に指定されており、素晴らしい星空が望めるだろう。

国立公園の北西に次の本屋の町、カナルヴォン（Caernarfon）がある。城壁に囲まれた町の個人経営の店やバー、カフェがいっぱいの石畳の通りに独立書店〈パラス・プリント〉**9** があり、城から歩いてすぐだ。〈パラス・プリント〉

BOOKA

THE GREAT OAK BOOKSHOP

THE GREAT OAK BOOKSHOP

BOOKA

PALAS PRINT

PEN'RALLT GALLERY BOOKSHOP

はウェールズ語と英語の書籍を販売する素敵な本屋で、賑やかなイベントを開催してはしばしばその会場が庭の方まではみ出している（詳細はウェブサイト参照）。この町にはウェールズで最も有名で際立った存在感を放つカナルヴォン城がある。13世紀にエドワード1世が建てたこの城は、ユネスコ世界遺産に指定されている。

Porthmadog, Aberdyfi, Aberystwyth
／ポルスマドッグ、アベルダヴィ、アベラストゥイス

1920年代とヴィクトリア時代の客車を使用したウェルシュ・ハイランド鉄道の保存鉄道列車に乗って、カナルヴォンから次の本屋の町ポルスマドッグ（Porthmadog）に行くことができる。3つの狭軌鉄道線がここで一つに集まっているので、鉄道愛好家たちにとってポルスマドッグはちょっとした天国だ。この町はスレート石を輸出し、3本マストのスクーナー船を港で造船して栄えた歴史があり、それについて展示をやっているなかなか興味深い海洋博物館もある。〈ブラウザーズ・ブックショップ〉**10** という独立系書店もあり、本、メッセージカード、文具、画材などを販売している。1976年にオープンしたこの小さな店は、ぜひ訪れてほしい本屋だ。ここを訪れる時は、ウェブサイトを一読することをお勧めする。たった16冊の本で迎えたオープン初日、ピーター・グリーナウェイの映画に登場しかけたこと、本屋業の嵐をいかに切り抜けて来たかなど、過去40年ほどの愉快な裏話が綴られている。

このエリアの海岸線は白い砂のビーチでよく知られており、探し回らなくてもすぐに見つかるだろう。7年の包囲に耐えたハールレッヒ（Harlech）城がビーチのそばに立つ姿は、砂丘の上にそびえ立つ伝説の城のようだ。

この白い砂浜は海岸線の南まで続いている。少し内陸に行くと廃墟と化したロマンチックな

お城、カステシ・ア・ベレがあり、ピクニックを楽しむのにいい場所だが、寄り道をしないなら海岸線を進んでアベルダヴィに行こう。ここなら犬連れ OK な個人経営のカフェに寄ることもできる。さらに南下すると大学町のアベラストゥイスがあり、魅力的なこの町は長年、人々が休暇で過ごす人気のリゾートであり続けている。この町にはウェールズ最古の桟橋があり、崖の上には最古のカメラ・オブスクラが現存していて、クリフ・レイルウェイ経由で行くことができる。アベラストゥイスにはメインストリートにある大学書店の〈ザ・ブックショップ〉**11**、〈ウォーターストーンズ〉**12** の他、ウェールズ語書籍を置いている2軒の独立系書店もある。一つはお宝本でいっぱいのアラジンの洞窟のような〈アストゥイス・ブックス〉**13**、もう一つは古本の品揃えが豊富な美しい本屋〈ショップ・ア・ペセ〉**14** だ。

Machynlleth, Llanidloes, Aberaeron
／マハンセス、サニドロエス、アベルエロン

ツアー最後の目的地マハンセス（Machynlleth）に向かうため、内陸北部に戻ろう。マハンセスには〈ペンラシト・ギャラリー・ブックショップ〉**15** がある。この魅力的な本屋は新本と古本を幅広く揃えており、言語はウェールズ語と英語の両方がある。個人経営のメーカーが生産する文房具、美しい装丁の詩の本、美術、建築、写真関係の多くの書籍も販売している。店のショーウィンドウはよく地元のアーティストや写真家の作品が飾られており、数軒離れたところにウェールズ近代美術館（MOMA）もあるため、地元民も観光客もアートな本屋に惹きつけられているようだ。そして新しくオープンした小さな本屋、〈リテラリー・キャット・ブックス〉**16** では、新本、古本、稀覯書を売っていて、専門は料理と食べ物の歴史に関する書籍だ。私はまだ行ったことがないが、ぜひ訪れてみた

い。

　このあと南に向かうならサニドロエス（Llanidloes）の〈ザ・グレート・オーク・ブックショップ〉**17** を訪れてみよう。歴史ある白黒のマーケットホールの隣に位置する昔ながらの本屋で、新本だけでなく膨大な量の古本と稀覯書も販売している。ウェールズ語の書籍もあり、中にはコレクターズアイテムも含まれている。

　もっと多くの魅力的なビーチを求めて海岸沿いを進むなら、アベルエロンの〈グウィスゴ・ブックワーム〉**18** に寄ろう。児童書が充実していて、英語、ウェールズ語、2言語表記の児童書を販売している。また、ウェールズ語の辞書、言語学習の教材CDや大人のウェールズ語学習を助ける書籍の他、バッグや楽譜もある。

Useful websites ／お役立ちサイト

Nantwich Bookshop building history
［ナントウィッチ・ブックショップの書店史］
https://en.wikipedia.org/
wiki/46HighStreet,_Nantwich

Caernarfon Castle
［カナルヴォン城］
https://www.visitsnowdonia.info/
caernarfon

Snowdonia National Park
［スノードニア国立公園］
https://www.snowdonia.gov.wales/home

Bookshop Information ／本屋情報

1 Nantwich Bookshop and
Coffee Lounge
［ナントウィッチ・ブックショップ・アンド・コーヒーラウンジ］
46 High Street, Nantwich, CW5 5AS
https://www.nantwichbookshop.co.uk

2 Booka ［ブッカ］
26–28 Church Street, Oswestry, SY11 2SP
https://www.bookabookshop.co.uk

3 Wem Bookshop
［ウェム・ブックショップ］
81 High Street, Wem, SY4 5DR

4 Courtyard Books ［コートヤードブックス］
7 Cwrt-y-castell, Castle Street,
Llangollen, LL20 8NY

5 The Mold Bookshop
［ザ・モールド・ブックショップ］
33 High Street, Mold, CH7 1BQ
https://www.mold-bookshop.co.uk

6 Ruthin Book Shop
［リッシン・ブックショップ］
3 Upper Clwyd Street, Ruthin, LL15 1HY

7 Pengwern Books
［ペングウェン・ブックス］
Fish Street, Shrewsbury, SY1 1UR
http://www.pengwernbooks.co.uk

8 Siop Lyfrau'r Hen Bost
(Old Post Office Bookshop)
［ショップ・ラブライル・ヘン・ボスト］
45 High Street, Blaenau Ffestiniog,
LL41 3AA

9 Palas Print ［パラス・プリント］
10 Palace Street, Caernarfon, LL55 1RR
https://palasprint.com

10 Browsers Bookshop
［ブラウザーズ・ブックショップ］
73 High Street, Porthmadog, Gwynedd,
LL49 9EU
https://browsersbook.shop

11 The Bookshop
［ザ・ブックショップ］
Aberystwyth Arts Centre, Penglais
Campus, Aberystwyth, SY23 3DE
https://www.aberystwythartscentre.
co.uk/bookshop

12 Waterstones
［ウォーターストーンズ］
27 Great Darkgate Street,
Aberystwyth, SY23 1DE
https://www.waterstones.com/
bookshops/aberystwyth

13 Ystwyth Books
［アストウィス・ブックス］
7 Princess Street, Aberystwyth, SY23 1DX

14 Siop Y Pethe
［ショップ・ア・ペセ］
3 Sgwar Owain Glyndwr, Aberystwyth,
SY23 2JH
https://siopypethe.cymru

15 Pen'rallt Gallery Bookshop
［ペンラシト・ギャラリー・ブックショップ］
Glasfryn, Penrallt Street, Machynlleth,
SY20 8AJ
https://www.penralltgallerybookshop.co.uk

16 Literary Cat Books
［リテラリー・キャット・ブックス］
31 Heol Maengwyn, Machynlleth, SY20 8EB

17 The Great Oak Bookshop
［ザ・グレート・オーク・ブックショップ］
35 Great Oak Street, Llanidloes, SY18 6BW
https://greatoakbooks.co.uk

18 Gwisgo Bookworm
［グウィスゴ・ブックワーム］
8 Sgwar Alban, Aberaeron, SA46 0AD
https://www.gwisgobookworm.co.uk

BROWSERS BOOKSHOP

SIOP LYFRAU'R HEN BOST

GWISGO BOOKWORM

PALAS PRINT

SCARTHIN BOOKS

THE PEAK DiSTRiCT TOUR

Hills, Houses and Stately Homes

ピークディストリクトツアー
—— 丘、由緒あるお屋敷と大邸宅 ——

　ピークディストリクトは、田舎道の散策に最適な開けた湿原と起伏の激しい丘陵地帯からなる土地で、スコティッシュ・ボーダーズと同様、イギリスでも有数の由緒あるお屋敷や大邸宅が散らばっている。ツアーは、この地方の中心地であるチャペル・オン・ラ・フリスからスタートする。チャペル・オン・ラ・フリスは、この地方にたくさんある環状ハイキングコースの出発点になっている。ツアー中はこの町かベイクウェルを拠点にして回るとよいだろう。どちらの町も有名な大邸宅や本屋からさほど遠くないので移動がしやすいし、ハイキング客に慣れているよいホテルやゲストハウスがある。

Chapel-en-le-Frith, Glossop
／チャペル・オン・ラ・フリス、グロソップ

　チャペル・オン・ラ・フリスの観光情報案内所が閉鎖されて以来、地元の独立系書店〈リーディング・マターズ〉 **1** は非公式の観光案内所のような役割を果たしているので、まず最初に地図やガイドブックを買いに行くならこの本屋がピッタリだ。可愛らしい小さな本屋で、とても素敵な児童書の売り場があり、店内奥の壁には選りすぐりのフィクションがたくさん並んでいる。この町の歴史はフランスとの結びつき

（チャペル・オン・ラ・フリスは元々ノルマン語で「森の中にある」狩猟小屋のこと）があるため、〈リーディング・マターズ〉ではフランス語の書籍も置いている。

　この近くにあるもう一つ素晴らしい本屋が〈ベイトリー・ブックス〉 **2** で、少し西のグロソップという砂岩石の建物が並ぶ町に位置している。小さいながら賑わう町の本屋さんといった雰囲気の〈ベイトリー・ブックス〉は本の品揃えがよいだけでなく、素敵な贈り物売り場もある。近隣に滞在しつつ子どもづれでここに来るつもりなら、旅の計画の前にお店に確認しておくことをお勧めする。通常なら、おやすみ前の読み聞かせイベントを月1回開催しており、子どもたちはお気に入りのテディベアをお供にパジャマを着て参加することができる。

　チャペル・オン・ラ・フリスの西、ディズリーの近くに大邸宅ライム・パークがある。湖に面した広さ1400エーカー（約5.6平方キロ）の広大な敷地にアカシカの群れが生息し、バラ園、エリザベス時代および摂政時代のインテリアが美しい邸宅がある。ジェーン・オースティンのファンのために言っておくと、ここはBBCドラマ版『高慢と偏見』の撮影に使用された屋敷だ。

　ピークディストリクトの中心部に再び戻り、

アーモンドを主な材料に使ったデザートで有名なベイクウェルの町に向かおう。このデザートはベイクウェルタルトと言って、現在最も一般的なベイクウェルタルトは丸いペイストリーの土台にジャムとフランジパーニ（アーモンド風味のクリーム）を重ねたフィリングにアーモンドが載っている。ベイクウェルタルトは元々ベイクウェルプディングと呼ばれたお菓子だったが、プディングの方はもっとペイストリーを多く使い、ややいびつな形をしている。ベイクウェルの南には二つのお屋敷があり、互いにかなり特徴が異なるのでどちらもぜひ訪れたいが、一つはとんでもない数の部屋があり敷地は広大なため、同じ日の午後に続けて見るのは少々厳しいかもしれない。

　一つめのお屋敷はハドンホールだ。この地方にある他の大邸宅に比べると派手さはないものの優雅で、チューダー時代のホールとエリザベス時代の石塀で囲まれたウォールド・ガーデンがある。さらに旅を進めると非常に有名なチャッツワース・ハウスがあり、単にチャッツワースと呼ばれることが多い。ステートリー・ホーム（大邸宅）という言葉は正式な定義があるわけではなく、たいていは見るものを感嘆させるために建てた、あるいは装飾を凝らした田舎の大きなお屋敷のことを指す。この定義からいくと、チャッツワースは間違いなくステートリー・ホームの基準を満たしている。広大な敷地に建つ大邸宅ときているので、見て回る時はたっぷり時間をとっておこう。ちなみに敷地内の農園で作られたものが並ぶファームショップもあるので、ぜひ寄ってみよう。

Matlock Bath, Cromford, Leek
／マットロック・バス、クロムフォード、リーク

　ベイクウェルから南に進むと、石灰岩の峡谷に位置するマットロック・バスの町がある。ヴィクトリア時代に人気だった観光地で、この町で

はケーブルカーに乗ってマットロックの山からの風景を楽しめる観光スポット、ハイツ・オブ・エイブラハムに行くことができる。マットロック・バスから2、3マイル（3〜5キロ）のところにあるのがクロムフォードの〈スカーシン・ブックス〉**3**だ。新本と古本の売り場がとても広く、児童書売り場も大きい。また楽譜も売っていて（それゆえに私はここのファン）、併設のヴェジタリアンカフェではヴィーガンとグルテンフリーのメニューを提供している。

　ここから西へ北へとジグザグ進みながら、かつての織物業の町リークとこの町の独立系書店〈ピクチャー・ブック〉**4**へ向かおう。その後は南下を続けながらアッシュボーンを通過し、王政復古様式のサドベリー・ホールと付属の子供時代博物館へ立ち寄るのもお勧めだ。

　ダービー方面には建築家ロバート・アダムが建てたケドレストン・ホールとその美しい庭園がある。ここからノッティンガム郊外のエリザベス時代の邸宅ウォラトン・ホール、そしてバイロン卿の自宅だったニューステッド・アビーに行くのもいいだろう。

Nottingham, Lowdham
／ノッティンガム、ラウダム

　さて、次にツアーは賑やかな学生の町ノッティンガムに向かう。ノッティンガムにはキャッスルミュージアム＆ギャラリーがあるので、訪れる価値ありだ（しかし2020年はずっと改装工事のために閉館していたのでウェブサイトで開館時間を確認しておこう）。この町には素晴らしいユニークな独立系書店があるのだが、イングランドの都市の中心部にこういう店があるのは珍しく、私はこの〈ファイブ・リーブズ・ブックショップ〉**5**を絶対に訪れるべき本屋リストに入れている。幅広い品揃えだが、この本屋の情熱は急進的な内容の本やインディー出版社の書籍を応援することに注がれているので、他で

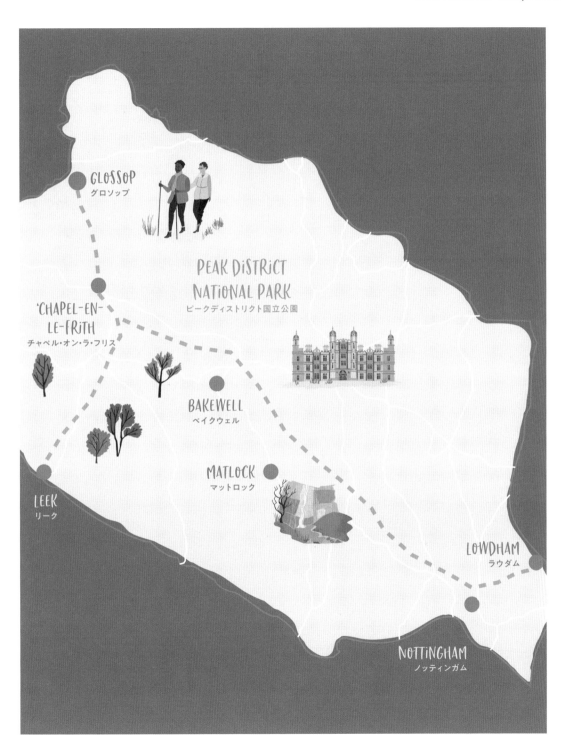

GLOSSOP
グロソップ

PEAK DISTRICT
NATIONAL PARK
ピークディストリクト国立公園

'CHAPEL-EN-
LE-FRITH
チャペル・オン・ラ・フリス

BAKEWELL
ベイクウェル

MATLOCK
マットロック

LEEK
リーク

LOWDHAM
ラウダム

NOTTINGHAM
ノッティンガム

BAY TREE BOOKS & GIFTS

THE BOOKCASE, LOWDHAM

READING MATTERS

FIVE LEAVES BOOKSHOP

はなかなか見かけないような本をじっくり見て回ることができるだろう。〈ファイブ・リーブズ・ブックショップ〉ではナショナル・フェミニストブック・フォートナイトと題した2週間にわたるイベントも行っており、通常5月に開催される。市内中心部には〈ウォーターストーンズ〉**6** の大型店舗があり、4つのフロアに様々なジャンルの本が豊富に揃っている。

最後に、このエリアのすべての独立系書店をぬかりなく回るべくノッティンガムから2、3マイル（3〜5キロ）東のラウダムに向かい、受賞歴持ちの本屋〈ザ・ブックケース〉**7** で旅を締めくくろう。地元住民のジェーン・ストリーターが1996年に開いた本屋で、今や地域コミュニティの中心として愛されている。本と贈り物を幅広く揃えているほか、（通常は）定期イベントや6月のラウダム・ブックフェスティバルも開催している。

Useful websites ／お役立ちサイト

Lyme Park
[ライムパーク]
https://www.nationaltrust.org.uk/lyme

Haddon Hall
[ハドンホール]
https://www.haddonhall.co.uk

Chatsworth House
[チャッツワース・ハウス]
https://www.chatsworth.org

Heights of Abraham
[ハイツ・オブ・エイブラハム]
https://heightsofabraham.com/
see-and-do/the-cable-car

Sudbury Hall
[サドベリー・ホール]
https://www.nationaltrust.org.uk/
sudbury-hall-and-the-national-trust-
museum-of-childhood

Kedleston Hall
[ケドレストン・ホール]
https://www.nationaltrust.org.uk/
kedleston-hall

Nottingham Museums
[ノッティンガム・ミュージアムズ]
https://nottinghammuseums.org.uk/
our-museums

Bookshop Information ／本屋情報

1 Reading Matters
[リーディング・マターズ]
48 Market Street, Chapel-en-le-Frith,
SK23 0HY
https://readingmattersbookshop.co.uk

2 Bay Tree Books
[ベイトリー・ブックス]
96 High Street West, Glossop, SK13 8BB
https://www.baytreeglossop.co.uk

3 Scarthin Books of Cromford
[スカーシン・ブックス]
The Promenade, Cromford, DE4 3QF
http://www.scarthinbooks.com

4 Picture Book
[ピクチャー・ブック]
6 Stanley Street, Leek, ST13 5HG
https://www.leekbooks.co.uk

5 Five Leaves Bookshop
[ファイブ・リーブズ・ブックショップ]
14a Long Row, Nottingham, NG1 2DH
https://fiveleavesbookshop.co.uk

6 Waterstones
[ウォーターストーンズ]
1–5 Bridlesmith Gate, Nottingham,
NG1 2GR
https://www.waterstones.com/
bookshops/nottingham-bridlesmi

7 The Bookcase
[ザ・ブックケース]
50 Main Street, Lowdham,
Nottingham, NG14 7BE
http://www.thebookcase.co.uk

THE BOOK CASE
INDEPENDENT BOOKSHOP

COME IN WE'RE
OPEN

The Book Case, Hebden Bridge

ENGLAND'S INDUSTRIAL HEARTLAND TOUR 1

Mills, Mines and Brontë Country

イングランドの産業中心地ツアー1
── 繊維工場、鉱山、ブロンテ姉妹の故郷 ──

18世紀の終わりから19世紀始め、西ヨークシャーとバーンズリー、ブラッドフォード、ウェイクフィールド、リーズの町はイギリスの産業革命の中心だった。経済が農業と手工芸品中心にしたものから機械化された産業へと移行するにつれてこの地方の炭鉱が発展し、炭鉱は蒸気機関や鉄工業で必要になる燃料を供給して新しい鉄道の建設を支えた。この地方の繊維工場は全盛期を迎え、ブラッドフォードの繊維工場リスター・ミルズは世界最大の絹織物工場となり、ソルテアのソルツ・ミルは当時世界で最も大きな工業建築物だった。現在、ソルツ・ミルはアートギャラリー、レストラン、そして素晴らしい本が揃った複合商業施設になっている。リスター・ミルズはアパートメントやオフィススペースに改築された。

このツアーでは、イングランド北部を舞台とした文学に特化した本屋と、この地方の産業遺産に関係する展示物を巡っていく。家族向けの博物館やヘリテージセンター、2軒の児童書専門書店を網羅しており、イギリスで最も偉大な小説家一家であるブロンテ姉妹と強く結びついているこの地方を味わい尽くすことができる。

Sheffield, Barnsley, Wakefield, Horbury, Mirfield

／シェフィールド、バーンズリー、ウェイクフィールド、ホーベリー、マーフィールド

このツアーは、シェフィールドの西にある〈ライム・アンド・リーズン〉 **1** から始めるのがお勧めだ。様々な年齢向けの絵本がいっぱいの児童書専門の本屋だが、子どもと大人の詩の本を豊富に揃えていて、その他の大人向け書籍も置いている。近くには、ピクニックにぴったりのシェフィールド植物園がある。19エーカー（約7万7000平方メートル）の敷地には、1851年ロンドン万国博覧会のクリスタルパレスを生み出したジョウゼフ・パクストン設計のガラスのパビリオン、それぞれ異なる地理／植物テーマに基いた18のミニ庭園、そしてミニ庭園に続く歩道がある（注：シェフィールドに滞在するか、シェフィールド市内中心部を訪れるつもりなら、小さな独立系書店〈ラ・ビブリオテカ〉があるので、章末の本屋情報欄の「シェフィールド市内中心部」の項目を参照のこと。行く価値ありの本屋なので、営業日を確認しておこう）。

この後は、ここから北に10マイル（16キロ）のあたりにある生活史センター、エルセカー・ヘリテージセンターにぜひ行ってみよう。産業

革命の時代、エルセカーは数カ所の採掘場、製鉄工場1軒、蒸留製造所1軒で構成される炭鉱村として栄え、その後その隆盛は衰えて1980年代に最後の採掘場が閉鎖された。ここでは炭鉱操業当時の作業場、1923年まで地元の炭坑から水を汲み出すのに使われた珍しいニューカメン機関などを見ることができる。このヘリテージセンターは、当時炭鉱のあった場所にそのまま保たれているのが見られる唯一の施設だ。村の古い倉庫群は、手工芸の作業場やアーティストのスタジオ、アンティークセンターなどに改装された。

ここからバーンズリーを経由して北に向かうと、〈ザ・ブック・ボールト〉**2**という素晴らしい本屋がある。手頃な価格でフィクションとノンフィクションを幅広く揃えており、小さなテーブルと椅子をいくつか置いた可愛らしい子どもエリアがある。次は一路ウェイクフィールドに向かおう。ウェイクフィールドとその周辺は長らく羊毛を紡いだり、織物を生産したりといった家内手工業の中心地であった地域だが、こうした家内手工業は産業革命の流れを受けて機械化が進み、この地方の大きな繊維工場では大抵、機械を動かすのに蒸気機関を導入した。ウェイクフィールドは、カーテンに使われる薄いウールの毛織物の生産で知られていた。織物に使う羊毛はリンカンシャーやレスターシャーから運河を通ってウェイクフィールドのタミー・ホールで売られた。時間が許すなら、時代ごとの生活についての展示があるウェイクフィールドの博物館に行ってみるとよいだろう。

〈ダーリン・リーズ〉**3**はウェイクフィールド郊外のホーベリーにある掘り出し物のような素敵な本屋だ。新本と小さいながら選りすぐった古本および稀覯書の棚、そして素晴らしい児童書の棚がある。オープンは割と最近のことなのだが、アシャー・ダーリン（旧姓）とローラ・リード（旧姓）という名の友人どうしがこの本屋を始めた。苗字がダーリンとリードの2人だから、店名はたちまち〈ダーリン・リーズ〉に決まったのだった！ アシャーは以前ヨークシャーの歴史と『アラビアのロレンス』のモデルとして知られるT・E・ロレンスに関する稀覯書が専門のRickaro Booksという本屋で働いていて、この本屋は今も続いているのでオンラインで探してみるとよい。

近隣の国立炭鉱博物館はオーヴァトンのカップハウス炭鉱にあり、この非常に興味深い博物館は200年以上もの間石炭を産出した古い炭鉱を土台にして作られた。訪れる人が採掘について学び、時代ごとの炭鉱の様子を体験できるようになっており、地下140メートルの炭坑ツアーではヘッドランプ付きの固いヘルメットを被らなくてはいけない。ここからは北西に2、3マイル（3〜5キロ）ジグザグと進んでマーフィールドに向かい、小さいけれどとても素敵な児童書＆YA書店〈スルー・ザ・ワードローブ〉**4**に行こう。ここは営業時間が短めの日もあるので、ツアーの計画を立てる前にウェブサイトで確認しておくことをお勧めする。

Huddersfield, Halifax
／ハダーズフィールド、ハリファクス

次の目的地は西に2、3マイル（3〜5キロ）行った、ハダーズフィールドの少し先にある〈チルドレンズ・ブックショップ〉**5**という本屋で、50年近く続いている。子どもたちに読書に興味を持ってもらうのにピッタリの面白そうな本が山のようにあり、知識と経験が豊富なスタッフがいる。そしてハリファクスに向かう途中には、とても興味をそそる新しい本屋〈ソートフル・スポット〉**6**がある。2020年の年末にオープンしたのだが、まったく大変な時期に開店が重なってしまったものだ*1！ぜひこの本屋を訪れて本を買って応援してほしい。

さて、次は思いもよらない素敵なものが待ち

　＊1 …イギリスの第2回ロックダウン終了が2020年11月末、第3回ロックダウンが宣言されたのが2021年1月4日。

RHYME & REASON

THE BOOK VAULT

THE BOOK VAULT

DARLING READS

DARLING READS

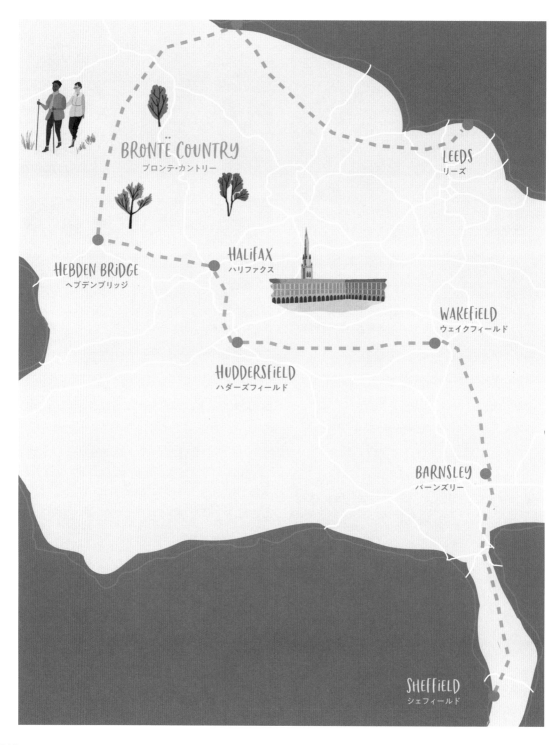

BRONTË COUNTRY
ブロンテ・カントリー

LEEDS
リーズ

HEBDEN BRIDGE
ヘブデンブリッジ

HALIFAX
ハリファクス

WAKEFIELD
ウェイクフィールド

HUDDERSFIELD
ハダーズフィールド

BARNSLEY
バーンズリー

SHEFFIELD
シェフィールド

受けるハリファクスの中心部へ向かおう。高い壁にぐるりと囲まれているためまるで町の中心地に隠れひそんでいるかのような、存在に気がつかず通り過ぎてしまいそうなその「素敵なもの」とは、壁の内側に入ってしまえば実に壮観な景色が広がるピース・ホールだ。1779年に織物の取引センターとして建てられたピース・ホールは中央の中庭を囲む新古典主義の建築で、当時の商人たちが毛織物やウール製品の売買に使っていた小売りスペースの小さな部屋が何百もある。現在このスペースには個人経営のお店やブティック、カフェなどが入り、ヘリテージセンターにも訪れることができる。ピース・ホールについての動画や南入口の装飾を凝らしたドアのほか、オリジナルのままに保たれた1区画もあるので、お見逃しなく。

〈ザ・ブックコーナー〉**7** はピース・ホールの一角にひっそりとたたずんでいる。中は素敵な店内に店員チームが選りすぐったタイトル（特にフィクション）の本、そしてアート作品など本好きのための贈り物が並んでいる。〈ザ・ブックコーナー〉はハリファクス・フェスティバル・オブ・ワーズも主催していて、このイベントは通常10月初旬に行われる。

Hebden Bridge, Haworth, Ilkley
／ヘブデンブリッジ、ハワース、イルクリー

ここから西に2、3マイル（3〜5キロ）のところにあるのがヘブデンブリッジで、ブロンテ姉妹にゆかりの深い通称「ブロンテ・カントリー」の入口である。ヘブデンブリッジは絵のように美しい町で、この町の本屋〈ザ・ブックケース〉**8** もまた同じく美しい。フィクションと児童書の品揃えが豊富で、文房具とメッセージカードも置いている。ヘブデンブリッジはハイキングを楽しむ旅の拠点にぴったりの町で、周辺にはムーア（荒野）、ハワースなどの村々を通る環状ハイキングルートがたくさんある。

シャーロット、エミリー、アンのブロンテ姉妹は、それぞれイギリス文学の中でも最も愛される古典作品を書き、（いくつかの作品は元々男性名のペンネームで）世に送り出した人々で、ブラッドフォード郊外のソーントンで生まれた。母親が亡くなった後も、ブロンテ姉妹は堕落した兄のブランウェルと共に人生のほとんどをハワースで暮らした。産業革命の影響で三姉妹自身が貧困に苦しみ、身近な人々が苦しんだことは3人の著作に大きな影響を与えた。またハワースの田園風景——人里離れた荒野は本質的にブロンテ姉妹の作品と結びついていて、姉妹はこの風景に作品の着想を得てきた。ハワースでは、現在ブロンテ博物館になっているブロンテ姉妹の家を訪れ、トップ・ウィゼンズまで散策することができる。トップ・ウィゼンズにはエミリー・ブロンテ作『嵐が丘』に登場する屋敷「嵐が丘」のモデルである農家跡が見られる。

ハワースの北には市場町のイルクリーがある。私がこの町を訪れた時、イルクリー・ムーアを見て思わず犬を散歩に連れて行かずにはいられなかった。このムーア（荒野）は『On Ilka Moor Baht' at（帽子を被らずイルクリー・ムーアへ）』というユーモアたっぷりの民謡が有名で、この歌はヨークシャー訛りをうんと強く利かせて大声で歌うのがお決まりになっている。歌の題名の「Baht'at」は「Without hat（帽子なしに）」という意味で、歌詞は帽子も被らずにムーアで女性に求愛などすると、最後には死んで埋められて虫に食われる羽目になるぞと脅している。歌詞は以下のように締めくくられる。

それからアヒルがきて虫を全部食べちまう
それから俺たちが行ってアヒルを全部食べちまう
それから俺たちがお前を全部食べちまうんだ
そうして俺たちゃ自身を取り戻すんだ！

> ペニストン岩のすとんと落ちている絶壁が、とりわけそれと嵐が丘のてっぺんが
> 沈む夕日に照らされているときの風景に、キャシーは魅せられたのです。
> しかも周囲の風景は闇に沈んでいたのですから。
> あたくしは、あの辺は裸の石の塊ばかりで満足な土もありませんから、
> 隙間から生えている痩せた木一本もないのですと教えました。
>
> —— エミリー・ブロンテ『嵐が丘』（小野寺健訳、光文社古典新訳文庫）

> *The abrupt descent of Penistone Crags particularly attracted her notice;*
> *especially when the setting sun shone on it and the topmost heights,*
> *and the whole extent of landscape besides lay in shadow.*
> *I explained that they were bare masses of stone,*
> *with hardly enough earth in their clefts to nourish a stunted tree.*
> *–Wuthering Heights, Emily Brontë*

イルクリーにある〈ザ・グローブ・ブックショップ〉 **9** は広くて昔ながらの本屋らしいたたずまいで、大きな曲面ガラスの窓の内側はダークウッドの素敵な本棚が並ぶ古い書斎風の内装になっている。非常にたくさんの本があり、ゆっくり本が見られるようにテーブルも多く置いている居心地のよい本屋で、気がついたらまたたく間に1、2時間過ぎていたなんてこともあるかもしれない。私の場合は実際そうだった。下の階には地球儀と地図、そしてなかなかのサイズの楽譜売り場があるが、こうした楽譜売り場は最近ではとても貴重な存在だ。以前は広い楽譜売り場のあった楽器店で楽譜を探そうとすると、必ず「近頃はみんな YouTube で曲を覚えちゃいますからね」と言われてしまうのだが、私の場合はそうはいかないのである。私は紙に印刷された楽譜が好きだ。紙だったら、該当する小節に矢印をつけて「まともに弾けるようになるまでここをもう少し練習するように」とか、自分に向けて皮肉たっぷりの注意事項を書き込んでおけるではないか。私が子どもの頃のピアノの先生はかなり厳しい人だったなと思うのだが、「やさしいベートーベン」みたいな類の曲を弾いていると、どうもいまだにあの先生が気難しい顔をして私の肩越しに覗いているような気がしてしまう。次の目的地はこれまた素晴らしい〈ソルツ・ミル〉 **10** を訪れる。本章の始めでも述べたように、ソルツ・ミルの建物は世界遺産に指定されている。この見事な大建築を建てたのは実業家のタイタス・ソルトで、繊維工場の労働者たちがひどい労働環境に苦しみ搾取されているのを目の当たりにして、ソルト自身が雇用する労働者たちの労働条件を向上させたいと願ったのだった。現在この建物は展示会やアートギャラリー、素敵な本屋などの集まる文化センターになっている。

the North side of Leeds, Lytham St Annes, Kirkham
／リーズ北部、リザム・セント・アンズ、カーカム

このエリアでの本屋めぐりを締めくくるべくリーズ北部に向かい、〈フィリップ・ハワード・ブックス〉 **11** へ行ってみよう。特にイングランド北部に関連した本の品揃えが豊富な独立系書店で、家に持ち帰ってゆっくり読みたい本を選

ILKLEY MOOR

CHILDREN'S BOOKSHOP

THE BOOK CORNER

BOOK BEAN & ICE CREAM

THE GROVE BOOKSHOP

ぶことができる。今でも都市部にある数少ない独立系書店の一つで、1999年に開店した時は他にいくつも独立書店があったもののもう長い間〈フィリップ・ハワード・ブックス〉のみになっていた。しかし、現在では小説、児童書、YA、伝記、ノンフィクション、グラフィックノベルなどLGBTQIA+文学の本を販売する〈ザ・ブッキッシュ・タイプ〉 **12**、そして2021年の夏にオープンした新しい独立系書店の〈トゥルーマン・ブックス〉 **13** がある。

　次のツアーでは引き続き綿取引の産業遺産ルートをたどってリヴァプールに向かう。本章のツアーと次章のツアーではマンチェスターの南に位置する本屋が多く登場するので、この後すぐ次のツアーに進みたいけれど中間地点で一息入れたい……という場合は「まだまだあります、独立系書店一覧」のイングランド北部の項目を参照してほしい。ちょっと足を延ばしてマン島にも行ってみようというのであれば、マン島にもたくさんの本屋があるのでお勧めだ。これらの本屋は一般書はもちろん、マン島関連の書籍も揃えているし、ポート・エリンやラムジーの本屋なら画材や楽譜、レコードなどもある。

　あるいは海岸沿いに移動してプレジャービー

チで有名なブラックプールに立ち寄り、今回の産業遺産ツアーを締めくくるのもいいかもしれない。1894年に建てられたブラックプールのタワーには、映画館やサーカスなどのモダンな娯楽施設のほか、ガラス張りの展望台と有名なブラックプール・タワー舞踏場がある。この辺りには3つの本屋があり、どれも子どもにとって素晴らしいところだ。母＆娘のチームが経営するリザム・セント・アンズの美しい児童書専門店〈ストーリーテラーズ・インク〉 **14**、アラジンの洞窟に本とおもちゃを詰め込んだような〈プラキット＆ブース・ブックセラーズ〉 **15**、近隣の市場町カーカムでアイスクリームと児童書を売るカフェ〈ブックビーン＆アイスクリーム〉 **16** がある。〈ブックビーン＆アイスクリーム〉の児童書にはサイン入りの本も並んでいる。

Useful websites ／お役立ちサイト

Elsecar Heritage Centre
［エルセカー・ヘリテージセンター］
http://www.elsecar-heritage.com

National Coal Mining Museum
［国立炭鉱博物館］
https://www.ncm.org.uk

The Piece Hall Halifax
［ピース・ホール］
https://www.thepiecehall.co.uk

Brontë Parsonage Museum
［ブロンテ博物館］
https://www.bronte.org.uk

BRIDGE BOOKSHOP (RAMSEY)

THE THOUGHTFUL SPOT BOOKSHOP

ANGELA AND HARRY PICKARD OF
BRIDGE BOOKSHOP (PORT ERIN)

SALTS MILL

左上／〈ブリッジ・ブックショップ〉（ラムジー）、
右上／〈ブリッジ・ブックショップ〉（ポート・エリン）のアンジェラ＆ハリー・ピカード

Bookshop Information ／本屋情報

1 Rhyme and Reason
［ライム・アンド・リーズン］
681 Ecclesall Road, Sheffield, S11 8TG
https://rhymeandreasonbooks.
wordpress.com

2 The Book Vault
［ザ・ブック・ボールト］
7 Market Street, Barnsley, S70 1SL

3 Darling Reads
［ダーリン・リーズ］
17 High Street, Horbury, WF4 5AB
https://www.darlingreads.co.uk

4 Through the Wardrobe Books
［スルー・ザ・ワードローブ］
2 Nettleton Road, Mirfield, West
Yorkshire, WF14 9AA
https://www.throughthewardrobebooks.
co.uk

5 Children's Bookshop
［チルドレンズ・ブックショップ］
37–39 Lidget Street, Huddersfield,
HD3 3JF
http://www.childrensbookshuddersfield.
co.uk

6 The Thoughtful Spot Bookshop
［ソートフル・スポット］
334 Skircoat Green Road, Halifax,
HX3 0LX
https://www.thethoughtfulspotbooks.com

7 The Book Corner
［ザ・ブックコーナー］
23–24 Rustic Level, The Piece Hall,
Halifax, HX1 1RE
https://bookcornerhalifax.com

8 The Book Case
［ザ・ブックケース］
29 Market Street, Hebden Bridge,
HX7 6EU
https://bookcasehebden.wordpress.com

9 The Grove Bookshop
［ザ・グローブ・ブックショップ］
10 The Grove, Ilkley, LS29 9EG
https://www.grovebookshop.com

10 Salts Mill
［ソルツ・ミル］
Victoria Road, Saltaire, Shipley, BD18 3LA
http://www.saltsmill.org.uk/

11 Philip Howard Books
［フィリップ・ハワード・ブックス］
47 Street Lane, Leeds, LS8 1AP

12 The Bookish Type
［ザ・ブッキッシュ・タイプ］
58 Merrion Centre, Leeds, LS2 8NG

13 Truman Books
［トゥルーマン・ブックス］
95 Town Street, Farsley, Pudsey, LS28 5HX

14 Storytellers, Inc.
［ストーリーテラーズ・インク］
7 The Crescent, St Anne's-on-Sea,
Lytham St Anne's, FY8 1SN
https://storytellersinc.co.uk

15 Plackitt & Booth Booksellers
［プラキット&ブース・ブックセラーズ］
87c Clifton Street, Lytham St Anne's,
FY8 5ER
http://www.plackittandbooth.co.uk

16 Book Bean & Ice Cream
［ブックビーン&アイスクリーム］
61 Poulton Street, Kirkham, PR4 2AJ
https://bookbeanandicecream.co.uk

▊ Sheffield City Centre
シェフィールド市内中心部

1. La Biblioteka
［ラ・ビブリオテカ］
Kommune, Castle House
Sheffield, S3 8LN
https://labiblioteka.co/

▊ Bookshops around Manchester
マンチェスター周辺

1. E J Morten Booksellers
［EJモーテン・ブックセラーズ］
6 Warburton Street, Didsbury, M20
6WA
https://www.booksmanchester.com

2. The Bookshop (Marple)
［ザ・ブックショップ（マープル）］
70 Stockport Road, Marple, SK6 6AB
https://thebookshopmarple.co.uk

3. Simply Books
［シンプリー・ブックス］
228 Moss Lane, Bramhall, SK7 1BD
http://www.simplybooks.info

4. Vinyl Fiction
［ヴァイナル・フィクション］
103 Manchester Road, Chorlton, M21
9GA

5. Chorlton Bookshop
［チョールトン・ブックショップ］
506 Wilbraham Road, Chorlton-cum-
Hardy, M21 9AW

6. Urmston Bookshop
［アームストン・ブックショップ］
72 Flixton Road, Flixton, Manchester,
M41 5AB
https://www.urmston-bookshop.co.uk

7. Abacus Books
［アバカス・ブックス］
24 Regent Road, Altrincham, WA14 1RP

8. Forget-Me-Not Toys and Books
［フォゲット・ミー・ノット・トイズ・アンド・ブックス］
Unit 7, CPS Centre, Culcheth, WA3 4EH
https://www.forgetmenottoysandbooks.
co.uk

9. Tell Tales Books
［テル・テールズ・ブックス］
Unit 4, Longbarn Local Centre, Pasture
Lane, Padgate, Warrington, WA2 0QQ

▊ Bookshops on the Isle of Man
マン島

1. Bridge Bookshop
［ブリッジ・ブックショップ］
Shore Road, Port Erin, IM9 6HL
https://www.bridge-bookshop.com

2. Lexicon Bookshop
［レキシコン・ブックショップ］
63 Strand Street, Douglas, IM1 2RL
https://www.lexiconbookshop.co.im

STEVE PRITCHARD OF PRITCHARDS BOOKSHOP

ENGLAND'S INDUSTRIAL HEARTLAND TOUR II

Community, History and Art

イングランドの産業中心地ツアー2
──── コミュニティ、歴史、アート ────

　イングランドの産業中心地をめぐる章の最後、西のリヴァプールに向かおう。リヴァプールはビートルズの誕生した町として世界中で知られている。しかし、「海商都市リヴァプール」が世界遺産に登録されている事実はあまり広く知られていない。世界遺産への登録により、リヴァプールの歴史ある波止場やピア・ヘッド、市内の文化や商業が栄えた地域を含むいくつかのエリアの保存・修復が保証された[*1]。1974年の開業以来、非営利協同組合の急進的本屋として運営されてきたアイコニックな〈ニュース・フロム・ノーウェア〉に行くために、私はリヴァプールを訪れた。そしてこの素晴らしくユニークな本屋だけでなく、リヴァプールという都市の活気、地元の人々が産業と多文化の歴史に対して持っているプライドに感銘を受けたのだった。

　19世紀の始めからリヴァプールはその富と規模を増大させ、豊かさでは時にロンドンをも凌ぐほどだった。ロイヤル・アルバート・ドックが建設された1846年頃には、リヴァプールで綿、茶、絹、砂糖、象牙、タバコの積荷が降ろされ、マージー川やイギリスで初の都市間鉄道を経由してイギリス各地にそれらの製品が運ばれていった。こうした富の多くが奴隷貿易と結び付いていたが、リヴァプールは同時にウィ

リアム・ロスコーやウィリアム・ラスボーンなど、イギリスで最初の奴隷制廃止論者たちを輩出した都市でもある。リヴァプールは多文化共生の長い歴史を持っており、その急速な成長は世界中からの移民を引き寄せることになった。アイルランドの大飢饉の際には何十万人もの人々がやって来て、その多くがそのままリヴァプールから大西洋を越えてニューヨークへ渡った。

　リヴァプールの本屋めぐりツアーには2、3日かけるくらいがちょうど良いのではないだろうか。それくらいの時間があれば、本屋〈ニュース・フロム・ノーウェア〉、市内の歴史的エリアや博物館を見て回るだけでなく、クロスビーにある有名なゴームリーの彫像を見に日帰り旅行をしたり、ヘズウォールの本屋で著者イベントに参加したりすることもできるだろう。

Runcorn, Heswall
／ランコーン、ヘズウォール

　今回のツアーはリヴァプールから東に2、3マイル（3〜5キロ）のランコーンを経由するのがお勧めだ。ランコーンは産業の町としては重要な位置を占めているわけではないが、ここの本屋〈キュオリオシティ・ブックショップ〉**1** は素

晴らしい。リズとクリスという母&息子のチームが経営する大きな店は地元コミュニティに愛用されており、特に船舶輸送に関する郷土史本の品揃えが素晴らしいので行く価値ありだ。〈キュオリオシティ・ブックショップ〉にある郷土史書籍の多くは、地元の作家によって書かれている。そしてこの店の好運の試金石はぜひ見ておこう。氷河時代の石が、通り過ぎる荷馬車の車輪からコテージの一角を守るために1840年からブラック・ハイストリートのかどに立てられていたのだが、今ではこの本屋の一部になっている。

サッカーファンにとって嬉しいことに、〈キュオリオシティ・ブックショップ〉ではリヴァプールとマンチェスターのサッカー選手のサイン入り本を仕入れている。車で行く場合は、店のすぐ裏にある広い駐車場を利用できる。

マージー川の南、ヘズウォールには〈リンガムズ〉 **2** という本屋がある。ここは品揃え豊富で中央にカフェがある大型書店だが、ツアーの計画を立てる前にウェブサイトを確認しておくことをお勧めする。〈リンガムズ〉では頻繁に定期イベントや著者のトークセッションなどを行っていて、イギリスで最も有名な作家らも訪れている。そうした大イベントの時は、たくさんの参加者数に対応可能な地元の公会堂などに場所を移している。

リヴァプール中心部の〈ニュース・フロム・ノーウェア〉 **3** は地域コミュニティに根差した急進的本屋だ。個人的には「急進的本屋」という言葉に少々シリアスすぎる店を想像していたのだが、この考えはこれ以上ないというくらい大間違いだった。黒人とアジア人コミュニティの歴史（リヴァプールにはイギリス最古の黒人コミュニティがある）、社会主義、無政府主義、公民権運動に至るまで様々なジャンルの本が揃っている。女性やLGBTQ+の作家の作品は全ての棚で強い存在感を放っており、ZINEや左派Tシャツ、フェアトレードの工芸品など

もたくさんある。私は本好きのためのピンバッジやボタンがとても気に入って、どっさり買い込んでしまった。

〈ニュース・フロム・ノーウェア〉はボールド・ストリートにある。ちょうど標準測度の長さであるこの道路は売り物にするロープの長さを測るのに使われていたため、かつては「ロープウォーク」と呼ばれていた。本屋が位置するボールド・ストリートの端は第二次大戦で爆撃された教会セント・ルーク（現在は地元アートイベントの中心的存在）に近く、個人経営の店やカフェが数多くある。ここから徒歩15分の世界博物館ではリヴァプールの港湾の歴史とこの町の人々の多様なストーリーを知ることができ、また博物館からさらに徒歩20分のピア・ヘッドまで行けばロイヤル・アルバート・ドックスを見ることができる。ドックスに向かう途中に北西イングランドで最大の児童書売り場をもつ〈ウォーターストーンズ〉 **4** があり、この支店はビートルズ関連の本も豊富に揃えている。

他にもリヴァプールの貿易史に関わるたくさんの歴史的建物を訪れることができる。リヴァプールの世界遺産ウェブサイトでは、そうした建物について詳しく説明している。

Crosby, Crosby Beach, Waterloo
／クロスビー、クロスビービーチ、ウォータールー

ここからブートルを過ぎてリヴァプール北部のクロスビーへ向かおう。ゴームリーによる鋳鉄でできた100体の彫像が海に立つ姿を見るだけでなく、グレート・クロスビーの中心部にあるとてもフレンドリーな本屋〈プリチャーズ〉 **5** にも行けるので、このエリアはぜひ訪れたい。厳密に言うと、クロスビーは本屋（とそこから徒歩で2、3分先の素敵なインディーカフェ「ストーリーハウス」）があるクロスビー村、海辺の高級住宅街ブランデルサンズ、ウォータールーと呼ばれるエリアに近接するクロスビー

LINGHAMS

NEWS FROM NOWHERE

NEWS FROM NOWHERE

WRITE BLEND

WRITE BLEND

CURIOSITY BOOKSHOP

BROADHURSTS BOOKSHOP

Useful websites ／お役立ちサイト

Liverpool World Heritage
[リヴァプール世界遺産]
https://www.liverpoolworldheritage.com

Royal Albert Docks
[ロイヤル・アルバート・ドックス]
https://www.albertdock.com

World Museum Liverpool Heritage Collection
[リヴァプール世界博物館・ヘリテージコレクション]
https://www.liverpoolmuseums.org.uk/
collections/world-museum/world-
museum-collections

Another Place
[アナザー・プレイス]
http://www.antonygormley.com/
projects/item-view/id/230

Bookshop Information ／本屋情報

1 Curiosity Bookshop
[キュオリオシティ・ブックショップ]
52 High Street, Runcorn, WA7 1AW
http://www.curiositybookshop.com

2 Linghams
[リンガムズ]
248 Telegraph Road, Heswall, Wirral,
CH60 7SG
https://www.linghams.co.uk

3 News From Nowhere
[ニュース・フロム・ノーウェア]
96 Bold Street, Liverpool, L1 4HY
http://www.newsfromnowhere.org.uk

4 Waterstones
[ウォーターストーンズ]
12 College Lane, Liverpool, L1 3DL
https://www.waterstones.com/
bookshops/liverpool-one

5 Pritchards
[プリチャーズ]
13 Moor Lane, Crosby, L23 2SE
https://pritchardscrosby16.wixsite.com/
pritchardscrosby

6 Write Blend
[ライト・ブレンド]
124 South Road, Waterloo, Liverpool,
L22 0ND
https://www.writeblend.co.uk

7 Broadhursts Bookshop
[ブロードハースツ・ブックショップ]
5-7 Market Street, Southport,
Merseyside PR8 1HD
http://www.ckbroadhurst.co.uk

ビーチの3地区から成る郊外地区のことだ。クロスビーにはリヴァプール市内から車で高速A565線を通って北上するか、市内中心部からブランデルサンズ行きの電車に乗って行くことができる。45年にわたり村の本屋さんであり続ける〈プリチャーズ〉は、フィクション＆ノンフィクションの本をハードバック版とペーパーバック版で豊富に揃えている。〈プリチャーズ〉で私は本当に温かく迎えてもらったのだが、そこで何が今回の旅を特別なものにしているのかに気がついた。リヴァプールでは、どこへ行っても温かく迎えてくれるのだ。

ここから駅を通り過ぎてクロスビービーチでゴームリーの「アナザー・プレイス（もうひとつの場所）」という作品を見に行こう。私はモダンアートをあまり好まない「これくらい自分でもできるクラブ」の会員なので、大抵の作品に対して厳しい感想を下してしまいがちだ。しかし、ゴームリーの彫像のあの素晴らしさを目にしては感銘を受けずにはいられまい。ゴームリーの彫像は元々大陸ヨーロッパで展示された後にリヴァプールに常設されることになったので、リヴァプールの精神を宿しているとは思わないが、それでもこの都市と息のあった共鳴を

見せているようだ。100体の彫像はそれぞれ、何を積んでいるかは定かでない船をじっと見つめている。波に逆らいながら立ち、じっと佇んでいながら旅路にあり、孤独でありながら一人ぼっちではないのだ。

ここからビーチ沿いに南に歩くか、車で海岸沿いを少し進むと最後の目的地、ウォータールー地区に着く。〈ライト・ブレンド〉**6** という本屋がウォータールー駅（もう一つのウォータールー駅と違ってこちらはそれほど有名ではない）の近くにあり、駅から電車で市内中心部に戻ることもできる。〈ライト・ブレンド〉は上の階にコーヒーショップがあり、本を選んでランチがてら休憩することもできるし、子どものプレイエリアもあるので小さい子どもづれでも利用しやすい。

このツアーの後に南に向かって帰路につくのであれば、最後にサウスポートの〈ブロードハースツ・ブックショップ〉**7** に寄っていくのがお勧めだ。この大きな本のデパートは4つのフロアがあり、1階は新本、上の階は稀観書の部屋が2室、古本の部屋が8室、そして広い児童書売り場がある。行くならぜひ、たっぷり時間をかけて！

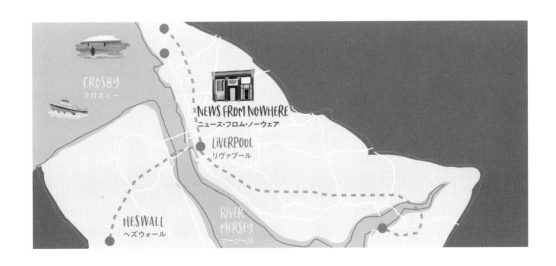

YORKSHIRE DALES

YORKSHIRE DALES TOUR

Hiking, Tea and Cake

ヨークシャーデールズツアー

── ハイキング、そしてお茶&ケーキ ──

ヨークシャーデールズは私にとってイギリス最高のウォーキング・スポットだ。なにしろ、人里離れたところまではるばる出かけなくても歩き甲斐が十分ある。素晴らしい大地の造形や起伏の激しい荒野など壮大な景色を楽しみつつ、ちゃんと計画しておけばその日の夜には宿について快適なベッドでぐっすり眠ることもできるのだ。大勢で湖に押し寄せては団体バスから眠たげにぞろぞろ出てきて土産を買うような観光客にとっては魅力的な所ではないが、この地方の人々はウォーキング愛好者たちの扱いには慣れていて、歩き疲れた旅人たちのお腹を満たしてくれる食事処もある。たとえば、有名な湖水地方にはそれは見事な景色が広がっているけれど、ヨークシャーデールズの与えてくれる心の安らぎは湖水地方ではなかなか得られない。この地方では山頂の三角点を目指して登っている時でさえ心が穏やかになっていくのを感じられるのだ。

今回のツアーでは、この地方の本屋をめぐりながら輪を描くようなルートをたどる。しかし実際にツアーを決行する時は、どこで宿を取るか、日帰りの環状ウォーキングコースを歩くか、あるいは荷物を運送会社に運んでもらって長距離ウォーキングコースに挑戦するかなど、何を選択するかによってルートは変わることにな

る。この辺りはコースト・トゥ・コーストウォークの一部になっているヨークシャー3ピークスなど、なかなかの難関ハイキングコースがあり、こういう難しいコースに挑戦する人たちはやはり事前の準備もしっかりしているので、宿の予約が既にいっぱいということもある。そういうわけで計画は早めに立てた方がよいが、この地方にはいくつも素敵な老舗の宿がある。リッツみたいな高級ホテルに泊まるのではないのだから豪華絢爛とはいかないが、こうした老舗の宿はウォーキング愛好者たちに食事を提供することにかけてはベテランで、じめじめとした湿気のないカラっとした客室と寝心地のよいベッド、火が赤々と燃える暖炉があって犬連れもOKなラウンジがあり、お腹がいっぱいになるほどの食事を提供してくれる。またほとんどの宿では、夕食の時に申し込んでおけば翌日のウォーキングに合わせて弁当を用意してくれる。

今回のツアーは大聖堂のある古い町リポンから始まり、ぐるりと円を描くように進みながらヨークシャーデールズを旅して、最後にハロゲートやネアズバラでお茶とケーキを楽しんで締めくくる。

Ripon ／リポン

リポンは人口わずか1万7千人のイギリスで3番目に小さい都市で、見事なゴシック建築の大聖堂が有名だ。この大聖堂のオリジナルの部分は660年頃に建設されたものだが、現在の形になったのは16世紀より少し前のことだ。町の本屋〈ザ・リトル・リポン・ブックショップ〉■1 は素敵な楽しい小さな店で、児童書の売り場が特に素晴らしい。通常時なら著名な作家が訪れるイベントを定期的に開催しているので、デールズ周辺をめぐるときにイベントがあるかどうか事前に確認しておこう。

リポンの町から西に3マイル（4.8キロ）のところに、ナショナルトラスト管轄の施設で世界遺産にも指定されているスタッドリー王立ウォーターガーデンがある。イギリスで最も大きな修道院跡の一つ、12世紀に建てられたファウンテンズ修道院を18世紀のウォーターガーデンが囲んでいる。1132年に建てられたファウンテンズ修道院は、イングランドのヘンリー8世が1540年に小修道院解散法の一環として解散させるまではイギリスで最も栄えた修道院の一つだった。

Richmond, Kirkby Stephen ／リッチモンド、カービー・スティーブン

ここからツアーはリッチモンドの町に向かう。リッチモンド〜カービー・スティーブン間でコースト・トゥ・コーストの道しるべに沿ってウォーキングを楽しんでみたいなら、リッチモンドの町を訪れるのがよい。この町の本屋は〈キャッスルヒル・ブックショップ〉■2 といって、本と一緒に楽譜やメッセージカードも販売している。リッチモンドには、庭園やアンティークが好きな人にぜひお勧めしたいB & Bのミルゲートハウス＆ガーデンがある。建物内はアンティークでいっぱいなのに犬も大歓迎という風変わりな宿で、宿泊客はナショナル・ガーデン・プライズを受賞した庭園を散策できる。

コースト・トゥ・コーストのウォーキングルートでは、リッチモンドでヨークシャーデールズに入る、またはヨークシャーデールズから出ることになる（どっち方向に向かって歩くかによる）。コースト・トゥ・コーストは標識付きの長距離歩道で、田舎のフェルウォーク（特にイングランド北西の丘や高地でのウォーキングのこと）に関する著作ではおそらくイギリスで最も多くの人に読まれている作家、アルフレッド・ウェインライトによって作られた。この長距離歩道ではセント・ビーズからロビンフッド・ベイまでグレートブリテン島を東西（あるいは西東）に横断し、湖水地方、ヨークシャーデールズ、ノース・ヨークムーアの3つの国立公園を通る（本書のツアーではこの3つの国立公園すべてを網羅している）。1日の歩行距離次第で全行程を歩くのには2〜3週間かかり、起伏が激しく沼地もある土地のため場所によってはかなりタフな道のりになる。

リッチモンドからカービー・スティーブン（Kirkby Stephen、2番目のkは黙字）までの道のりは起伏の激しい高原と泥炭の多い荒野を横切っていくことになるので、通常1、2泊しながら歩くことになる。このルートは訪れる人が多いためにところどころで歩道が摩耗しつつあり、国立公園では特定のいくつかのルートに季節ごとの代替コースを設定している。これについては国立公園ウェブサイトで確認しておくとよいが、このエリアの本屋でもガイド本や地図で情報を得ることができる。この地域にはイギリスで最も高い海抜1732フィート（527.9メートル）に位置するパブ、タンヒル・インもある。

カービー・スティーブンの町の〈ザ・ブックショップ〉■3 はとても可愛らしい本屋で、町の中心にある小さな一般住宅のような建物の1階に位置している。すぐ近くのマーケットスクエ

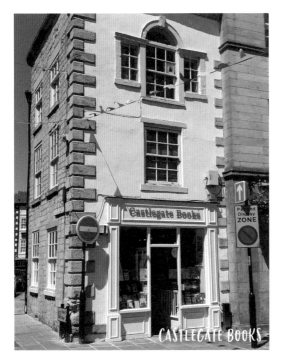

CASTLEGATE BOOKS

IMAGINED THINGS

THE LITTLE RIPON BOOKSHOP

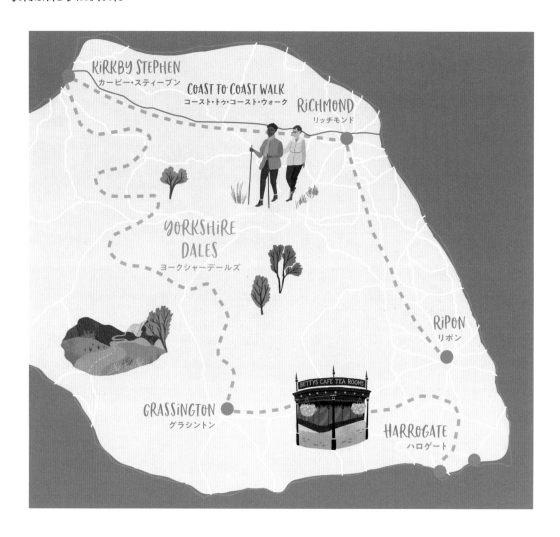

アには、1810年に建てられた回廊がある。本屋の店内はあまり大きくないもののスペースを最大限に活用しているし、店員はとてもフレンドリーだ。

　カービー・スティーブンの南にあるハウズの町あたりで宿泊場所を見つけるとしよう。ハウズとグラシントンの間にある国立公園の西には有名な3つの山頂、ペニゲント（694メートル）、ワーンサイド（736メートル）、イニグルバラ（723メートル）がある。これら3つの山頂は目の粗い砂岩に覆われて浸食から守られているためなだらかな台地になっており、周囲の起伏の激しい高原とは対照的で際立っている。山頂までのルートはいくつもあるので、まずまずのレベルのハイキングを楽しんでもよいし、上級者なら3つの山頂を12時間で制覇する「スリー・ピークス・チャレンジ」に挑戦するのもよいだろう。多くの人はペニゲント・カフェを出発・終着点にしており、ここでタイムレコーダーに時間を記録できる。

Grassington ／グラシントン

次なる本屋の町グラシントンに1、2泊するなら、白い岩壁が見事なマラム・コーブが見られるルートを歩いてみるのもお勧めだ。マラム村のすぐ北にあるマラム・コーブは高さ260フィート（約80メートル）にもおよぶ石灰岩の岩壁が壮大な円形劇場を形作っている。歩道の階段を歩いて岩壁の頂上までたどり着くと、そこには自然の力によって舗装された平らな面が広がっている。デールズの素晴らしい眺めを楽しめるだけでなく、はやぶさに遭遇するチャンスもある。

グラシントンはヨークシャーデールズの中心に位置する可愛らしい村で、丸石が敷き詰められた石畳のマーケットスクエアや私のお気に入りの本屋の一つ、〈ストライピー・バジャー・ブックショップ〉 **4** がある。〈ストライピー・バジャー〉はリンダとジェームズという母と息子のチームが始めた店だ。建物の半分は選び抜かれた本がたくさん並ぶとても美しい本屋で、もう半分はジェームズの叔母のジャッキーが経営するカフェになっている。カフェでは手作りされたヨークシャーの郷土菓子が提供されており、もちろんスコーンもある。インスタグラマーには堪らない魅力がいっぱいだ。

Harrogate, Knaresborough
／ハロゲート、ネアズバラ

ここからツアーはヨークシャーデールズを抜け、ハロゲートやネアズバラの町に向かう。この二つの町のどちらにも独立系書店がある。デールズであれだけ本格的なハイキングをやったのだから、そろそろお土産を買ったりお茶とケーキで一息ついたりなどして、ゆるゆると旅したくもなるだろう。ハロゲートとネアズバラはそんな気分にぴったりの町だ。

ネアズバラは中世の路地や通りが残る市場町だ。私が到着したのは市場が開かれる日だったので市場も本屋もとても賑わっていて、その光景を見ていると私も嬉しかった。〈キャッスルゲート・ブックス〉 **5** はマーケットスクエアの一角に位置している。小さいながらスペースを有効活用した店内には、とてもフレンドリーで親切な店主のギャリー・クーパーが選りすぐった本が並んでいる。

ジョージ王朝時代にはハロゲートはイングリッシュ・スパと呼ばれ、その後100年にわたって鉄分の豊富な水の治癒力を求めてやって来るヨーロッパ中の貴族や富裕層を惹きつけた。町の立派な石造りの建物や幅の広い大通り、公園などにその時代の名残を見ることができる。ハロゲートの本屋〈イマジンド・シングズ〉 **6** はそうした美しい建物の一つに隠れひそむように存在している。2017年に元レントゲン写真技師のジョージアが開いたこのキラキラした宝石のような本屋にはフレンドリーな店員がいて、厳選された本がずらりと並んでいる。〈イマジンド・シングズ〉は、パーラメント・ストリートの歴史あるウエストミンスター・アーケードに位置している（2021年に同じ町のモンペリエ・パレードに移転）。

そうそう、〈イマジンド・シングズ〉を出てパーラメント・ストリートを2分ほど歩くと今回のツアーの最終目的地、アイコニックなベティーズ・ティールームがある。ヨークシャー生まれのベティーズ・ティールーム・グループは、1919年にスイス人の菓子職人フレデリック・ベルモントが設立した会社で、ベルモントの故郷スイスの菓子作りとヨークシャーの伝統的なケーキを融合させた菓子は今日にいたるまで長年にわたって大変な人気を得ている。今回のツアーでは歩きに歩いたのだから、お茶とケーキと本をお供にゆったり過ごすのは旅の締めくくりとして最高ではないだろうか。

THE STRIPEY BADGER

THE STRIPEY BADGER

SIMON OF THE LITTLE RIPON BOOKSHOP

Useful websites ／お役立ちサイト

Yorkshire Dales
[ヨークシャーデールズ]
https://www.yorkshiredales.org.uk

Ripon Fountains Abbey
[リポンのファウンテンズ修道院]
https://www.nationaltrust.org.uk/
fountains-abbey-and-studley-royal-
water-garden

Three Peaks Challenge
[スリー・ピークス・チャレンジ]
https://www.threepeakschallenge.uk/
yorkshire-three-peaks-challenge
https://www.thinkadventure.co.uk/
yorkshire-three-peaks-challenge/
pen-y-ghent-cafe

Malham Cove
[マラム・コーブ]
https://www.malhamdale.com/
malhamcove

Bettys Tea Rooms, Harrogate
[ベティーズ・ティールーム　ハロゲート店]
https://www.bettys.co.uk/cafe-tea-
rooms/our-locations/bettys-harrogate

Bookshop Information ／本屋情報

1 The Little Ripon Bookshop
[ザ・リトル・リポン・ブックショップ]
13 Westgate, Ripon, HG4 2AT
http://www.littleriponbookshop.co.uk

2 Castle Hill Bookshop
[キャッスルヒル・ブックショップ]
1B Castle Hill, Richmond, DL10 4QP
http://www.castlehillbookshop.co.uk

3 The Bookshop
[ザ・ブックショップ]
Bank House, 22 Market Street, Kirkby
Stephen, CA17 4QT

4 The Stripey Badger Bookshop
[ストライピー・バジャー・ブックショップ]
7 The Square, Grassington, BD23 5AQ
https://thestripeybadger.co.uk

5 Castlegate Books
[キャッスルゲート・ブックショップ]
Unit 3, 13 Market Place,
Knaresborough, HG5 8AL
https://www.castlegatebooks.com

6 Imagined Things
[イマジンド・シングズ]
Unit 4, Westminster Arcade,
Harrogate, HG1 2RN
https://imaginedthings.co.uk

THE HEDGEHOG BOOKSHOP

NORTH-WEST OF ENGLAND TOUR

Lakes, Mountains and Poets

イングランド北西部ツアー
—— 湖、山々、詩人たち ——

湖水地方はわざわざ紹介する必要もないほどイギリスで最も人気の高い国立公園の一つで、山とリボン状の細長い氷河湖があり、スレート石の町は夏の間観光客で賑わっている。また、イングランド最高峰のスカーフェル・パイクに登ろうとハイキング客たちが息巻く姿は、一年を通して見られる光景だ。一方でレイクランド（イングランド最高峰の山や最大の湖を含むイギリス北西部エリアのこと）の湖畔を散策したり、湖のクルージングを楽しんだりして、のんびり過ごすためにやって来る人々もいる。

今回のイングランド北西部ツアーは、イングランド南部から始まって湖水地方の中心部に入り、海岸に少しばかり遠回りをしながら北へ東へと旅してニューカッスル方面に向かう。しかし、もちろんこのツアーを逆向きに北東から南西へと旅することも可能だ。

ロンドンやイングランド南西部から来る場合は、ほぼ確実に大勢の先達がたどった道に続くことになる。そう、人々から生気を吸い取ってしまうあの退屈きわまりない高速道路M6を進む旅だ。湖水地方までひたすらM6を進むのはあんまりだから、このツアーでは、南からやって来て湖水地方にたどり着くよりもずっと前に位置するチョーリーの町で本屋めぐりを始めることにした。M6から近くて駐車場もすぐ見つかるし、個人経営の店やカフェがたくさんある。サンドバッチあたりで何の変哲もないサービスエリアに入るよりはずっといいだろう。

Chorley, Carnforth, Kirkby Lonsdale, Sedbergh
／チョーリー、 カーンフォース、 カービー・ロンズデール、 セドバー

チョーリーは「トータリー・ローカリー（全部地元産で）」という地元製品を売る個人経営の店が多い町を応援するキャンペーンに参加しており、チョーリーの本屋〈エブ＆フロー・ブックショップ〉**1** に行けば家族経営の小規模パブやペットショップ、肉屋、アイスクリーム屋、複数のカフェなどが記載された地元商店の地図リーフレットがもらえる。この本屋はゆったりとした明るい店内に子どもが好きそうな楽しい物がいっぱいに並べられており、私が行った時は大きな牛の絵を切り抜いたものや厚紙で作った動物たち、『ウォーリーをさがせ！』のウォーリー（北米版はウォルド）が隅っこからひょっこり顔をのぞかせていた。様々なジャンルの本があり、フィクションがとても充実しているので、湖水地方に着く前にこの旅で読む最初の本をここで選ぶとよいだろう。

ALL THE BOOK LOUNGE

EBB & FLO BOOKSHOP

DIANE GUNNING OF EBB & FLO

WESTWOOD BOOKS

国立公園に行く前に、カーンフォースの町に寄って行くのもよいだろう。この町は映画『逢びき』の撮影に使われた駅があることで知られている。駅のプラットフォームには今もあの大きな時計があり、映画に登場するティールームとそっくりに作られたカフェでは飲み物や軽食を購入できる。この町の本屋〈カーンフォース・ブックショップ〉 **2** は３つのフロアがあり、古本、文房具、贈り物も販売している。

もう一つの寄り道案は、東に２、３マイル（３〜５キロ）の古い市場町カービー・ロンズデールにある〈ザ・ブックラウンジ〉 **3** だ。この小さな独立系書店では新本と古本だけでなく、本好きの心をくすぐる様々な贈り物も販売している。座って淹れ立てのコーヒーと手作りケーキを楽しめるスペースがあり、時間をかけてゆっくり本を吟味することができる。〈ザ・ブックラウンジ〉は毎週木曜に開かれる市場、カービー・ロンズデール・チャーターマーケットで新品のジグソーパズルや古本を売る「ジグソー取引所」を出店している。

湖に着く前にもう一つ、寄り道本屋めぐりとしてイングランドの〝本の町〟と言われるセドバーに行こう。ここではイタリアンレストラン、手芸用品店、チャリティショップ、服屋、たくさんのブックカフェなど、町中の店が本来の売り物とは別に書籍も販売しているのだ。また、〈ウエストウッド・ブックス〉 **4** という大型の古書店があり、２つのフロアにわたって７万冊を超える書籍を扱っている。章末にリンクが掲載されている〝本の町〟セドバーのウェブサイトに町の全書店のリストがあり、地図をダウンロードできる。

アクセスしやすく美しい湖水地方はこれまで多くの作家たちを魅了してきたエリアで、ジョン・キーツやパーシー・ビッシュ・シェリー、ウィリアム・ワーズワースとドロシー・ワーズワース、サミュエル・テイラー・コールリッジ、アン・ブロンテ、その他にもイギリス文学史に残る数多くの作家とゆかりがある。

Ambleside, Grasmere
／アンブルサイド、グラスミア

湖水地方で最初に目にする大きな湖、ウィンダミア湖といえばもちろん、多くの人に愛される1930年代の児童書『ツバメ号とアマゾン号』の舞台だ。著者アーサー・ランサムも毎年のように湖水地方で休暇をとったのだろう。この本のシリーズはランサムがヨットを走らせ、自分や友人の子どもたちにヨットの操縦を教えたりして湖で過ごした時間が元になっている。

ウィンダミア湖の北端の向こうにあるのがアンブルサイドの町だ。本書で私は「可愛らしい」とか「美しい」とかいう言葉を何度も使っているけれど、アンブルサイドは本当に本当に可愛らしい小さな村で、ウォーキングで訪れる人にとってこれ以上可愛い村に滞在を望めようかと言うくらいに可愛らしい。本当に大好きなのだ。山歩きをする時に何度も滞在したが、パブの暖炉の暖かさ、ドアの脇に脱ぎ捨てられたブーツ、たっぷりの食事、そして一日歩きに歩いた後に飲む１、２杯のお酒……これに勝るものなどない。ある夜は確か、１、２杯のお酒が３杯、あるいは４杯になり、気がつくとスポーティーズというナイトクラブで踊り狂っていて、足はぐだぐだに疲れ果てるわ、次の日の登山の予定などすっかり忘れるわで――いやしかし、その話はこの辺でやめておくとしよう。

アンブルサイドの本屋〈フレッズ・アンブルサイド・ブックショップ〉 **5** は、これぞ私好みという店だ。1956年開業（ランサムは常連だった）で、ダークウッドの鏡板張りの古めかしい内装の店にはフロア２つの売り場と上の階へとつづく屈曲した階段がある。１階はウォーキング愛好者のための地図が豊富で、休暇中の読書にぴったりの本も揃っている。２階には児童書、詩、歴史書の売り場がある。書店名になっ

SAM READ BOOKSELLER

BUTTERMERE IN THE LAKE DISTRICT

ALL - FRED'S AMBLESIDE BOOKSHOP

> 僕は1人さびしく、谷または谷、山または山の上高く浮かぶ一切れの雲のようにさまよった。
> その時俄かに僕は、たくさんの、大群のラッパ水仙の花花を見た。
> 湖のほとりで、樹木の下で和風に吹かれて花びらがひらひら散っているのを、
> また心地よく踊っているのを見た。
> ──ウィリアム・ワーズワース『僕は1人さびしく一切れの雲のようにさまよった』
> （奥田喜八郎 奈良教育大学紀要 1998）
>
> *I wandered lonely as a cloud That floats on high o'er vales and hills,*
> *When all at once I saw a crowd,*
> *A host, of golden daffodils; Beside the lake, beneath the trees,*
> *Fluttering and dancing in the breeze.*
> *–'I Wandered Lonely as a Cloud', William Wordsworth*

ているフレッドことフレッド・ホールズワースがこの店を始めたが、現在では有能な後継者スティーブ・バスカヴィルが本屋を切り盛りしており、定番のベストセラー本だけでなく様々なジャンルを揃えるように心がけている。

　2、3マイル（3〜5キロ）北にはグラスミアの〈サム・リード・ブックセラー〉**6** がある。グラスミアはウィリアム・ワーズワースと妹のドロシーが暮らしていたところだ。兄妹の住んだ家ダブ・コテージはサミュエル・テイラー・コールリッジやウォルター・スコットがよく訪れて彼らの作家活動の中心となった場所で、この家は通常一般公開されている。〈サム・リード・ブックセラー〉は村の中心部にあり、常に観光客とウォーキング愛好者たちで賑わっている。この辺りには暗色系の火打ち石の建物が並んでおり、この本屋の美しい外観もその一つだ。店内には選り抜きの本が並び、フィクションもノンフィクションも充実している。

Keswick, Cockermouth, Penrith
／ケズィック、コッカーマス、ペンリス

　ヘルベリンの山頂とサールミア湖を越える

と、北にあるのがダーウェントウォーターのケズィックだ。ケズィックでは湖の周辺で途中での乗り降りが自由なツアーを提供する人気のボートサービスを利用できる。アンブルサイドよりも大きな町で、この町を拠点にしているウォーキング客が必要とする装備ならなんでも売っている店がたくさんある。この町の本屋、〈ブックエンズ・オブ・ケズィック〉**7** は湖水地方の地図と関連本が豊富に揃う店で、3月に行われる地元の文学祭「ワーズ・オン・ザ・ウォーター」も支援している。

　バッセンスウェイト湖をジグザグ過ぎて国立公園の西端まで行くと、コッカーマスのとても素敵な本屋〈ザ・ニュー・ブックショップ〉**8** がある。充実した児童書売り場とカフェがあり、様々なメッセージカードも販売している。小さな本屋だが著名な作家が訪れ、近隣の会場でイベントを開催したりもしているので、ウェブサイトでイベント情報をチェックしておくとよい。ケズィックの東のペンリスまで戻ると、なんとも可愛らしい名前の〈ザ・ヘッジホッグ・ブックショップ〉**9** がある。児童書がメインだが大人向けの本もなかなかの品揃えで、文房具やメッセージカードも販売している。また、地

元関連の本が豊富なことも人気の理由だ。

　ペンリスの東にあるのがノース・ペナインズだ。ここは特別自然美観地域ではあるが、そこに広がる風景がヘザーに覆われた荒野と泥炭地とあっては、近隣の有名観光スポットほどの集客力は見込めない。しかしこの地域にはまるで世界から切り離された場所に降り立ったような壮大な美しさがあり、海抜の高いノース・ペナインズには海岸から海岸までを歩く二つの長距離ウォーキングルート（例えば美観地域の西から東へ行くルート、あるいはその逆で西から東へ行くルート）が通っている。ここを歩くつもりなら、準備はぬかりなく行こう。開けた荒野はなかなか難しいコースだし、この辺の村や町の間隔は遠く離れている。私の友人デーブはランズエンドからジョン・オ・グロートまでのイギリス縦断ルートを3度制覇した人だが、その彼が、イギリスのてっぺんからつま先までを旅するサウス・コースト・ウエスト・パスを踏破するほどクレイジーな人でもない限り、ノース・ペナインズのルートは最高難度のウォーキングになると言ったほどだ。

　この地域の中心にある市場町アルストンは海抜1000フィート（305メートル）で、隣町からは20マイル（32キロ）離れている。近隣に55フィート（約17メートル）を流れ落ちるアシュギル・フォースの滝がある。ペナインズのずっと南にあるティーズ川の滝、ハイ・フォースの方が有名で、アシュギル・フォースは混雑が無く落ち着いているのでお勧めだ。

　次の本屋は〈ブックエンズ・オブ・ケズィック〉の姉妹店、〈ブックエンズ・オブ・カーライル〉10だ。素晴らしい本屋だから、行くなら時間はたっぷり必要になる。私は閉店10分前に到着してしまい、この店が宝の山であるのが分かっただけに口惜しさに声をあげそうになった。少々取っ散らかっている建物内には複数のフロアといくつもの部屋があって、新本の売り場と広大な古本の売り場、広いカフェがある。

また月に1回、飛び入りで音楽や詩を披露するお客に店のマイクを開放するオープンミック・ナイトを開催している（開催日を事前に確認のこと）。湖水地方にいる間に詩の一節や二節ひねり出せたのなら、寛容な一般客を相手に作品への反応が見られるこのイベントは好機というもの！

Hexham, Corbridge, Newcastle upon Tyne, Whitley Bay
／ヘクサム、コーブリッジ、ニューカッスル・アポン・タイン、ウィットリーベイ

　ここからニューカッスル・アポン・タイン方面へ向けて東に進むと、二軒の素敵な本屋がある。ヘクサムの〈コギト・ブックス〉11とコーブリッジの〈フォーラム・ブックス〉12だ。ヘクサムは本屋のためだけにでも訪れる価値のある市場町だが、674年に建てられた寺院も見ごたえがある。〈コギト・ブックス〉は17年前にオープンした本屋で、現在は創設者の娘である有能なクレアが経営している。クレアの作る本屋はゆったりくつろげる雰囲気なのに、それでいて店内は活気に満ちている。私が訪れた時はたくさんの人がクレアに本のアドバイスを求めたり、注文した本を受け取りに来たりしたので、私が彼女と話したくてもお客はクレアを5分と放っておかなかった。美しい店内には本をじっくり見られるようテーブルが置いてあり、児童書売り場も広々としている。

　コーブリッジの町はヘクサムに比べると小さく静かだけれど、町全体の散策はぜひともお勧めしたいし、明るくモダンで毎年のように何か受賞している本屋〈フォーラム・ブックス〉がある。かつて礼拝堂だった建物を利用しており、本をじっくり見られるようにテーブルがいくつも置かれ、売れ筋だけでなく様々な分野のちょっと風変わりで興味をそそる書籍も揃っている。〈フォーラム・ブックス〉では週末に「サ

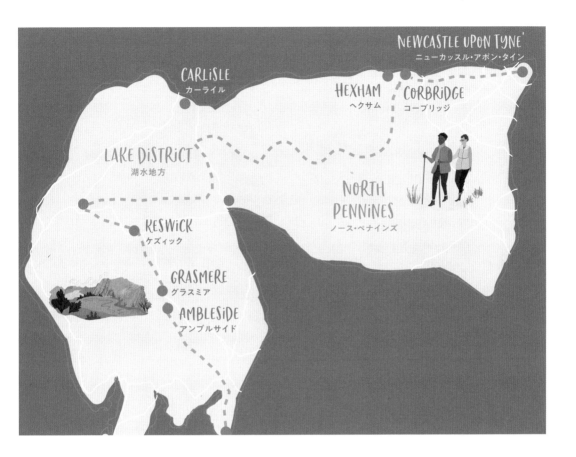

イレント・ブックディスコ」なる楽し気なイベントも開催しており（これについては実際に行って尋ねないと！）、礼拝堂の説教壇だったところに読書コーナーがある。〈フォーラム・ブックス〉は2020年、他の3つの独立系書店と一緒にイベントチーム「アット・ホーム・ウィズ……4インディーズ」を立ち上げたので、そちらのフェイスブックページもチェックしてみてほしい。オンラインの文学ライブイベントを開催し、著名な作家たちを招いている。

　小さな読書愛好家を道連れに旅する人は、今回のツアーを〈セブン・ストーリーズ〉 13 で締めくくってはいかがだろうか。〈セブン・ストーリーズ〉はニューカッスル・アポン・タインに

ある国立児童書センターで、物語や有名な本のキャラクターについて展示している。ニューカッスルにはオックスフォードの素晴らしい書店〈ブラックウェルズ〉 14 の支店もあり、学術書が充実しているだけでなく、風変わりで面白そうなタイトルも揃えて小規模出版社を積極的に応援している。最後にウィットリーベイに新しくオープンしたお洒落で明るい独立系書店〈ザ・バウンド〉 15 に寄って、海岸から海岸へと旅する今回のツアーを締めくくるとしよう。

CLAIRE GRINTS OF COGITO BOOKS

COGITO BOOKS

FORUM BOOKS

FORUM BOOKS

Useful websites ／お役立ちサイト

Totally Local Chorley
[トータリー・ローカル・チョーリー]
https://www.totallylocallychorley.co.uk

Carnforth Railway Station
[カーンフォース鉄道駅]
https://carnforthstation.co.uk

Sedbergh Book Town
[本の町セドバー]
https://www.sedbergh.org.uk/book-town/

Dove Cottage, William and Dorothy Wordsworth
[ウィリアム&ドロシー・ワーズワースの家 ダブ・コテージ]
https://wordsworth.org.uk/about-the-wordsworth-trust

Keswick Literary Festival
[ケズィック文学祭]
https://www.theatrebythelake.com/words-by-the-water-festival

Bookshop Information ／本屋情報

1 ebb & flo bookshop
[エブ&フロー・ブックショップ]
12 Gillibrand Street, Chorley, PR7 2EJ
https://ebbandflobookshop.co.uk

2 Carnforth Bookshop
[カーンフォース・ブックショップ]
38–42 Market Street, Carnforth, LA5 9JX
http://www.carnforthbooks.co.uk

3 The Book Lounge
[ザ・ブックラウンジ]
12 Main Street, Kirkby Lonsdale, LA6 2AE
https://thebooklounge.shop

4 Westwood Books
[ウエストウッド・ブックス]
Long Lane, Sedbergh, LA10 5AH
https://www.westwoodbooks.co.uk

5 Fred's Ambleside Bookshop
[フレッズ・アンブルサイド・ブックショップ]
Central Buildings, Ambleside, LA22 9BS
https://fredsamblesidebookshop.co.uk

6 Sam Read Bookseller
[サム・リード・ブックセラー]
Broadgate House, Grasmere, LA22 9SY
http://www.samreadbooks.co.uk

7 Bookends of Keswick
[ブックエンズ・オブ・ケズィック]
66 Main Street, Keswick, CA12 5DX
https://www.bookscumbria.com

8 The New Bookshop
[ザ・ニュー・ブックショップ]
42–44 Main Street, Cockermouth, CA13 9LQ
http://www.newbookshop.co.uk

9 The Hedgehog Bookshop
[ザ・ヘッジホッグ・ブックショップ]
19 Little Dockray, Penrith, CA11 7HL
http://thehedgehogbookshop.co.uk

10 Bookends of Carlisle
[ブックエンズ・オブ・カーライル]
17–19 Castle Street, Carlisle, CA3 8SY
https://www.bookscumbria.com

11 Cogito Books
[コギト・ブックス]
5 St Mary's Chare, Hexham, NE46 1NQ
https://www.cogitobooks.com

12 Forum Books
[フォーラム・ブックス]
The Chapel, Market Place, Corbridge, NE45 5AW
https://www.forumbooksshop.com

13 Seven Stories
[セブン・ストーリーズ]
30 Lime Street, Ouseburn Valley, Newcastle upon Tyne, NE1 2PQ
https://www.sevenstories.org.uk

14 Blackwell's
[ブラックウェルズ]
141 Percy Street, Newcastle upon Tyne, NE1 7RS
https://blackwells.co.uk

15 The Bound
[ザ・バウンド]
82 Park View, Whitley Bay, NE26 2TH

SCOTLAND TOUR

Cities of Culture, Scenic Highlands and Whisky Trails

スコットランドツアー
—— 文化にあふれる街、風光明媚なハイランド、ウイスキー街道 ——

スコットランドツアーは巨大な円を描くようにぐるっと一周する。スコットランドの二大都市をめぐり、ハイランドを旅して比類なき美を誇るグレンコーと西海岸を通ってイギリス最北端の本屋があるオークニー諸島まで行き、それから東海岸沿いを南下し内陸部をジグザグに進みながら、時折本屋に寄っていく。

私は父方も母方もスコットランド系で、家族に伝わるあれやこれやの昔話はスコットランドとつながりのあるものが多い。うちの家はロビー・バーンズ（詩人ロバート・バーンズのこと）の隠し子の子孫筋にあたるのだとか、父の祖先は羊を盗んだかどでスコットランドを追放されただとか、嘘だか本当だか定かでないものもある。私自身はスコットランドに住んだことがなく、本屋めぐりを始めるまではスコットランドのあちこちを旅行してまわったことすらなかったのだが、ダンディーの町で子供時代を過ごした祖母の話を聞いているとスコットランドと強い絆で結ばれているような気がする。

スコットランドツアーのハイライトといえば、対照的な二大都市、壮大なハイランドの景色、どこへ行っても受ける温かい歓迎、そしてウィー・ドラム（1杯のスコッチ）が大好きな人には道中のウイスキー蒸留所めぐりも外せない。

私がスコットランドツアーを10月にやった時は車で2週間だったが、一部を自転車でやってもいいし、上級のサイクリストで時間に余裕があるならツアーの全行程を自転車でめぐってもきっと楽しいだろう。スコットランドには思わず散策してみたくなるところがたくさんあり、特に峡谷は素晴らしい。長距離ハイキングを旅程に組み込む場合は、輸送会社に次の宿まで荷物を運んでくれるように頼めるし、歩き疲れたら山の麓からタクシーで公共交通機関まで移動するなどするとよい。しかしどの時期にツアーを決行するかは慎重に考えよう。ハイランドの冬は雪や悪天候に見舞われることがあり、山道や車道が時折閉鎖される。

Edinburgh／エディンバラ —— 文学祭

ツアーはスコットランドの首都、エディンバラから始まる。優雅で活気に満ちたこの街にはジョージ王朝時代の大きな建物が並び、その壁はいまだに産業革命時代の排煙でところどころ黒く煤けている。ロンドンなどイギリスの他の大都市ではこの煤を洗い落として元の黄色い石造りの建物に戻っているが、煤汚れの残る建物の外観のおかげでエディンバラは他都市とは異なるユニークな存在になっており、歴史がより

身近に感じられる。エディンバラではやりたいこと、見たいものがいっぱいだ。エディンバラ城、ホリルードハウス宮殿、プリンシーズ・ストリートでのショッピングにロイヤル・マイル散策──そしてこれら全ての背景には険しい崖のある絶景スポット、アーサーズ・シート（アーサー王の玉座）が鎮座している。

　エディンバラには2、3日は滞在することをお勧めする。有名な8月のフリンジフェスティバルに合わせてプランを練るのもいいし、愛書家ならもちろん8月後半に開かれる国際ブックフェスティバルの方に興味を惹かれるだろう。この街の文学祭はそれはもう大々的なイベントで、世界数十カ国から約900名の作家らを招待し、プリンシーズ・ストリートから徒歩数分のエディンバラ市内中心部に設置されたテント村で開催される。フェスティバルのテント村には折りたたみ椅子が並んだ中央広場があり、著者イベントからカフェへと移動し、太陽の下でしばしウトウトして、フェスティバルの特設書店をぶらついたらまた次のトークイベントへ行き、終わったらバーへ移動したり、サイン会に参加して作家たちと交流したり……といった過ごし方も可能だ。

Edinburgh／エディンバラ ── 書店①

　本屋のこととなると、エディンバラはまさに神の祝福を受けているような街だ。独立系書店がいくつもあり、そのどれもがまったく異なる性質をもっている。それに〈ウォーターストーンズ〉の旗艦店がプリンシーズ・ストリート、〈ブラックウェルズ〉が旧市街にある。本屋はエディンバラ市内全域に散らばっているので、あちこち見て回る旅のプランニングには少々計画性が必要になるだろうが、手間をかけて計画を練るだけの価値はある。他の全ての章の本屋めぐり同様、こうした本屋をめぐっていると、地元の人に人気の食べ物や観光客が行かないよ

うな場所を知ることができる。ここで紹介するのは大きく反時計回りにぐるっと回るルートで、歩くのが平気なら徒歩で回ることも可能だ。〈ゴールデン・ヘア・ブックス〉 **1** はストックブリッジに位置する本屋だ。ストックブリッジは村と言われることが多いが、プリンシーズ・ストリートから徒歩でわずか15分で、朝ごはんを食べるのによいエリアだ。自由奔放な雰囲気が漂っていて、個人経営のカフェやレストランがたくさんあり、日曜の朝には一見の価値がある蚤の市も開催される。また、エディンバラ王立植物園もある。〈ゴールデン・ヘア〉は本を愛する人のための本屋だ。と言っても、ペーパーバック本が好きでいつも読んでいるから本の背が折れ、日焼け止めがベタベタついて黄色く変色しページが抜け落ちてしまう……そんな類の「愛」ではない。コーヒーテーブルに置いて週に1度優しく手にとって清潔な手でパラパラとめくりたくなるような芸術作品だからこそ恋に落ちてしまう本、あるいはあまりに素敵で同じように気に入るだろう人の顔が大勢目に浮かぶけれど、誰にも絶対貸したくないと思う本に出会う場所なのだ。ブリティッシュ・ブックアウォードで2019年の最優秀独立書店賞（イギリスおよびアイルランド）を受賞したのも伊達ではない。内装はデザインチームによるオーダーメイドで大胆な色が使われ、知識豊富な書籍販売チームが常駐している。本は何気なく並べられているようでいて、実は熟慮に熟慮を重ねて選び抜かれている。〈ゴールデン・ヘア〉に行く前にこの店のイベント情報を確認しておこう（夏のフェスティバル開催中は文学フリンジのイベントも主催している）。それから、美しいデザインの本の定期購読パッケージも見逃せない。ストックブリッジには新しく開店した〈ジンジャー・アンド・ピクルズ・チルドレンズ・ブックショップ〉 **2** がある。私はまだ行ったことがないのだが、もちろん訪れるべき本屋リストに入れている。

MARiE MOSER OF THE EDiNBURGH BOOKSHOP

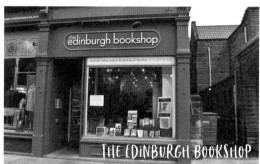

THE EDiNBURGH BOOKSHOP

PORTOBELLO BOOKSHOP

PORTOBELLO BOOKSHOP

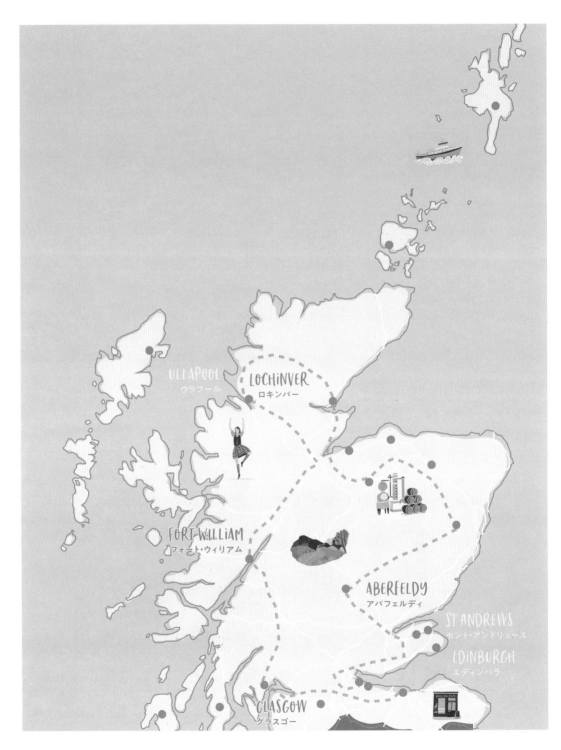

ULLAPOOL
ウラプール

LOCHINVER
ロキンバー

FORT WILLIAM
フォート・ウィリアム

ABERFELDY
アバフェルディ

ST ANDREWS
セント・アンドリュース

EDINBURGH
エディンバラ

GLASGOW
グラスゴー

Edinburgh ／エディンバラ —— 書店②

プリンシーズ・ストリートにある〈ウォーターストーンズ〉**3** は大型の旗艦店で、このチェーン店はイギリスの大通りにあるタイプの中では最も成功しているショップの一つだ。どこの支店でも同様に本に情熱をもった書店員が常駐しており、あまりにもたくさんの本があって選べない時にはお勧めもしてくれる。エディンバラの〈ウォーターストーンズ〉ではぜひ3階で軽食や飲み物を提供しているカフェに寄って行ってほしい。私に言わせれば、エディンバラ城を眺めるのにここより素晴らしい場所は市内どこを探したって見つからない。

子どもづれで本屋めぐりをするなら、2018年にスコットランドの最優秀独立書店に選ばれた〈ザ・エディンバラ・ブックショップ〉**4** へ行こう。エディンバラの緑豊かな高級エリア、ブランツフィールドを拠点とする本屋で、周辺にはランチによさそうなお店がたくさんある。ここには楽し気な児童書エリアがあり、通常は読み聞かせイベントも行っている。また本を読むのが苦手な子どもたちが読みやすい本を見つけられるようサポートしており、識字能力向上のためのチャリティ団体リテラシー・トラストにも協力している。天井まで届く本棚に大人向けの本が豊富に並んでおり、私は本屋でこうした光景を見るのが本当に好きだ。ついでに言うと『ミス・ブロウディの青春』の作者ミュリエル・スパークはこの本屋と同じ通りに住み、マーシア・ブレイン女子校のモデルになったジェームズ・ギルスピー女子高等学校に通っていた。

Edinburgh ／エディンバラ —— 書店③

ここから東の旧市街へ入ると、またも受賞歴のある本屋〈ライトハウス〉**5** がある（先ほど言った通り、エディンバラは本屋の神の祝福を受けている街なのだ！）。この本屋では急進的左翼、フェミニスト、LGBTQ+関連の本が揃っていて、マイノリティの声をサポートするコミュニティスペースを提供している。通常なら様々なイベントプログラムを用意しており、夏のフェスティバル関連でもイベントを開催しているので、エディンバラツアーを計画する前にイベントの予定を確認しておこう。

街の中心部方面に歩いて戻りつつ、オックスフォードの有名書店〈ブラックウェルズ〉**6** のエディンバラ支店にも寄って行こう。〈ブラックウェルズ〉のチェーンは大学町との書籍販売取引を専門にしているため学術書の品揃えが非常に豊富だが、その他の本も幅広く販売している。インディー出版や非主流系の出版社から仕入れることを大切にしているため、〈ブラックウェルズ〉の店舗にはいつも思わず手が伸びてしまうちょっと変わった本があるのだ。

〈トッピング＆カンパニー〉**7** は素晴らしい小規模チェーンの独立系書店で、エディンバラ、バース、イーリー、セント・アンドリュースに店舗がある。どの店舗でも選りすぐりの本が豊富に揃っている美しい本屋で、昔ながらの本屋の雰囲気をモダンにアレンジしている。エディンバラ店はクイーンストリートの東端から少し歩いたところにあり、通常は有名作家が来ることもあるトークイベントを定期的に開催しているので、旅の計画前にはウェブサイトをチェックしておこう。そうそう、〈トッピング＆カンパニー〉はフィクションおよびノンフィクションのベストセラーが出版されるとサイン入り版を豊富に仕入れる本屋でもある。

Portobello, Linlithgow, Bo'ness
／ポートベロー、リンリスゴー、ボーネス

エディンバラの東に行くと、海岸沿いの郊外の町ポートベローに新しくオープンした〈ポートベロー・ブックショップ〉**8** がある。19世紀末および20世紀初頭には、ポートベロー・サ

ンズはエディンバラやグラスゴーからも観光客がやって来る人気スポットだった。桟橋と屋外プールがあったが、どちらも今は取り壊されて久しい。現在ポートベローは人気の住宅街になっていて、長いビーチと賑やかな遊歩道は今もこのエリアの目玉だ。〈ポートベロー・ブックショップ〉は大きな店で、明るく風通しのよい店内には幅広いジャンルから選りすぐった書籍が並んでいる。店の周辺には個人経営のカフェがたくさんあるので、コーヒーをテイクアウトして購入したばかりの本を手にビーチでリラックスした時間を過ごすのもいい。

エディンバラの東に15マイル（24キロ）ほど行ったところに位置するのがリンリスゴーとボーネスの町だ。リンリスゴーにはエディンバラ発グラスゴー行き路線の駅があり、ボーネスはフォース湾の南岸で港あるいは船舶の解体センターとしての役割を果たした産業の歴史を持つ。

リンリスゴーはとても気品のある小さな町で、歴史ある指定建造物がずらりと並ぶ大通りには、個人経営のカフェやショップがたくさんある。〈ファー・フロム・マディング・クラウド〉 **9** はいくつものフロアがある宝物のような本屋で、あらゆるジャンルの本が揃っているだけでなく様々な文房具や贈り物も販売している。1フロアがまるごと児童書にあてられており、子どもたちが自由に見て回れるように小さな子どもの背丈くらいの箱に本が入れられている。私が訪れた時は、裏庭で本屋の看板うさぎのBBに紹介してもらえてとても嬉しかった（私のスパニエル犬は2階で待機！）。本屋の看板動物であるうさぎとギニーピッグ（モルモット）は、通常土曜朝に行われる対話式の読み聞かせイベントにレギュラー出演している。

ボーネスは蒸気機関車が走る全長5マイル（8キロ）の保存鉄道があり、またスコットランドで最も古い映画館ヒポドローム・シネマがある町でもある。ヒポドロームは最近改装されたばかりだ。素敵な名前の本屋、〈インクスポット＆シルバーリーフ・ブックセラーズ〉 **10** は幅広いジャンルの本が揃っていて、特にペーパーバックの本が充実している。また、ユニークな文房具や地元アーティストが制作したメッセージカードなども販売している。

Glasgow／グラスゴー

グラスゴーは造船業の興味深い歴史をもつ都市で、現在はスコティッシュ・バレエ団、スコティッシュ・オペラ、スコットランド国立劇場などが拠点を置く文化の中心地にもなっている。このツアーではグラスゴーの二つの独立系書店を訪れる。一つめの〈カテゴリー・イズ・ブックス〉 **11** はグラスゴー市内南部にある文化的に多様なエリア、ガヴァンヒルに位置する本屋だ。つい2、3年前に妻＆妻の女性カップルチーム、フィとシャーロットが開いた店で、以前は車のガレージだったのをLGBTQIA+関連の本が並ぶ素敵なコミュニティスペースに変身させ、二人が共有する本への情熱とクィアの歴史への興味を本屋という一つの形にまとめあげた。二つめは郊外の町ハインドランドにある〈ハインドランド・ブックショップ〉 **12** で、このグラスゴー市内西部の住宅街にはエドワード王朝時代の赤色砂岩のアパートメントが並んでいる。本屋はよいデリカテッセンやカフェが多いハインドランド・ロードにあり、良書が手にとって読みやすいように配置されている。

Highlands——Dunoon
／ハイランド —— ダヌーン

スコットランドの二大都市をコンプリートしたら、今度はハイランドの魔法が待っている。私がツアーをしていた時は船で出かける時間がなかったが、スコットランドの美しい島々や半島にもいくつもの本屋がある。章末に島および

TOPPING & COMPANY, EDINBURGH

GOLDEN HARE BOOKS

GOLDEN HARE BOOKS

FAR FROM THE MADDING CROWD

半島にある本屋リストも掲載しているので、スコットランド滞在をもう少し延ばせそうなら参考にしてほしい。私もツアー中はどうにかして海路に出たくてうずうずして、次なる本屋を訪ねるべくフェリーで海峡を渡ってダヌーンまで足をのばしたらその衝動も少しは落ち着いた。車両用のフェリーはガーロックを過ぎてすぐのマキンロイズ・ポイントから出航しているが、ガーロック中心部から旅客用フェリーも出航している（ガーロックにはグラスゴーから電車で行くことができる）。

　1880年代から1960年代にかけて人々が豊かになって休暇を過ごす余裕もできた頃、ダヌーンはグラスゴーやラナークシャーの産業労働者が休暇に出かける場所になった。クライド川を航行するパドル・スチーマー（外輪船）に乗って到着した人々はダヌーン桟橋へとなだれ込み、こうした旅は「ドゥーン・ザ・ワッター」（Doon the Watter、つまり Down the Water のスコットランド訛りで「川下り」ということ）と呼ばれた。川も海も航行した世界で最後のパドル・スチーマー、ウェイヴァリーはクライド川沿いで建造され、ウォルター・スコット卿の最初の小説にちなんで命名された。ウェイバリーは今も運転可能で、月曜または金曜が公休日にあたる週末にクライド川を航行することがある。桟橋自体は2014年に修復された。長年の浸水で修復不可能になり、取り壊しが予定されていたが、ダヌーンでは町をあげて反対し保存を呼び掛けた。地元自治体はこの陳情を受け入れ、修復工事を請け負うことに合意した。桟橋は「ドア・オープンデイズ」の期間中に時折開放されている（章末の情報欄に掲載のウェブサイトを参照）。私が訪れた時、ダヌーンでは町の全盛期の頃の記録を展示していて、その中にはエドワード王朝時代の一張羅を身にまとった観光客らが桟橋を埋め尽くし、パドル・スチーマーにぞろぞろと押し寄せて乗船する写真などもあった。

　歴史に興味があるなら、ダヌーンの〈ブックポイント〉**13** はお勧めの本屋だ。輸送、船舶、郷土史の本が専門で、スコットランド中から関連書籍を求めて人がやって来る。ここはまさに宝の山で、昔ながらのダークウッドの展示棚があり、いくつもの迷宮のような部屋やうっかりしていると見逃してしまうような隅っこのスペースを潜り抜けていく——そんな私好みの本屋なのだ。店の真ん中は本棚とスペースを競い合うようにカフェのテーブルが並び、店内全体が地元の人々の声とカップ＆ソーサーがたてるカチャカチャという音、そしてお目当ての本を探し当てようとする人の熱気に満ちている。

Fort William, Ulapool
／フォート・ウィリアム、ウラプール

　ダヌーンから北上して次の本屋の町フォート・ウィリアムに向かって高速道路A815を進んで行くと、ベンモア植物園の近くを通過する。時期が合えばつつじが見事なのでお勧めだが、他にもスコットランドで最も高い木である150本のセコイアデンドロン、ヴィクトリア時代のシダ栽培ハウスもあり、展望台に登ればホーリー・ロッホの入江とこれまで旅してきた道のりを見渡すことができる。

　ダヌーンからフォート・ウィリアムへの旅は、本当に息をのむほど素晴らしい。高速道路A82を進み、「ボニー、ボニーバンクス」の歌詞で知られるロッホ・ローモンド（ローモンド湖）の端を通りながらトロサックス国立公園を旅し、ハイランドを縦断してグレンコーの壮大な景色を見に行く。グレンコーからリニ湾沿いに車を走らせると、すぐにフォート・ウィリアムの町に着く。あらゆるアウトドアアクティビティの拠点になっていると言っていい町で、大きな本屋〈ザ・ハイランド・ブックショップ〉**14** は周辺エリアでウォーキングを楽しむのに必要な地図やガイド本を買うのにぴったりだ。

2階をまるごとアウトドア関連本にあてていて、トークイベントなども行っているので、ツアーでフォート・ウィリアムに滞在する時にどんなイベントがあるか店のウェブサイトを確認しておくとよい。

フォート・ウィリアムから高速道路A82を進み、ネス湖沿いにドラムナドロヒットまでずっと移動していくので、謎の怪獣ネッシーを見つける可能性は大いにある。その後、北に進路を取り、二つの本屋があるウラプールに向かう。まず一つめの〈ウラプール・ブックショップ〉15は港(ここでストーナウェイ行きのフェリーに乗れる)の近くにあり、ハイランドや島についての書籍を専門にしているほか、児童書や地図の品揃えがよい大きく明るい店だ。ハイランドにいる間に釣りをやってみようと思っているなら、周辺エリアでの釣りガイドもここで見つけることができる。

二つめの本屋は〈ザ・ケイリー・プレイス〉16というホテル兼パブの中にある。このホテルはなかなか面白いところで、40年以上にわたって音楽ライブや芝居の上演を主催している。この本屋を訪れるのは今回のツアーの半ば頃になるので、ツアー中頃の予定をタイムテーブルに書き出しておくとよいかもしれない。そうすれば音楽ライブなどの日程に合わせてここに来られるよう計画を立てることができる。離れのバンクハウス(簡素な宿泊施設)には二段ベッドの安価な部屋もあるが、ちょっと贅沢をして本館の部屋に泊まると、テレビがない代わりに地元関連で選りすぐった書籍コレクションが用意されていて、宿泊者専用の居心地のよいラウンジとオネスティ・バー(飲んだ分の支払いを客の良心に委ねている無人バーのこと)、そして小さな図書室がある。

Dornoch／ドーノッフ

スコットランドの西海岸沿いを北上する旅も壮観だ。映画『ローカル・ヒーロー』でバート・ランカスター演じる石油業界の大物アメリカ人、フェリックス・ハッパーが野心的な若手社員にイギリスで石油コンビナート建設のために村を買収してこいと言って地図で指さすシーンがあるが、この辺りがまさにハッパーが指さしたエリアなのだ。『ローカル・ヒーロー』は面白おかしくも心温まる映画で、人間が進歩することと自然環境を大切にすることのバランスを取るのがいかに難しいかという大切なメッセージを伝えている。北西の海岸まで来たら、私と同じようにここから海に旅したい衝動にかられることだろう。しかし、ここでの選択肢は二つだ。一つはノース・コースト500沿いを進んでスコットランド北西端まで行ってから東海岸まで南下する。この美しいけれど長い道のりを選ぶなら、北部の島々に行ってオークニー諸島の二つの本屋を訪ねることができる。あるいは高速道路A837を進んでハイランドを横断し、寄り道せずに真っすぐ次の本屋の町ドーノッフへ向かう。その場合は途中でグレンモランジー蒸留所の近くを通過することになるが、ここは通常一般公開されている。ドーノッフの本屋〈ザ・ドーノッフ・ブックショップ〉17は明るく華やかで、特に釣りやアウトドア関連の本が豊富に揃っている。ドーノッフの町自体もとても感じがよい。私は町の中心部に駐車し、本屋を訪れた後は町の標識に従ってビーチまで散歩した。海岸は風の吹きすさぶ砂丘の向こうに真っ白な砂浜が長くつづいていて、辺りには人っ子一人いなかった。町にはゴルフコースと大きくて豪華なホテルもある。

Speyside, Grantown-on-Spey／スペイサイド、グランタウン・オン・スペイ

ドーノッフからは、インヴァネスとエディンバラの間の全ての本屋をまわるために何度かジグザグ進んでいく。この辺りはモルトウイス

CATEGORY IS BOOKS

HYNDLAND BOOKSHOP

INKSPOT & SILVERLEAF BOOKSELLERS

THE CEILIDH PLACE RESIDENTS' LOUNGE

ULLAPOOL BOOKSHOP

> " 我が心はハイランドにあり、我が心は此処にはあらず。
> わが心はハイランドにありて鹿を追う。野の鹿を追いつつ、
> 牡鹿に従いつつ、我が心はハイランドにあり、我何処へ行くも。
> ──ロバート・バーンズ『我が心はハイランドにあり』
> 中村為治訳、『バーンズ詩集』岩波文庫)
>
> *My heart's in the Highlands, my heart is not here,*
> *My heart's in the Highlands, a-chasing the deer; Chasing the wild-deer,*
> *and following the roe, My heart's in the Highlands, wherever I go.*
> *–'My Heart's in the Highlands', Robert Burns*

キーの国と称されるスペイサイドで、スコットランド中のどこよりも多くのウイスキー蒸留所がある。スペイ川は暖かく肥沃な田園地帯に位置し、ケアンゴームズの山々から流れる軟水が軽やかで洗練されたスコッチを作る。スペイ川沿いに位置するスペイサイド・モルトウイスキー街道は、次のツアー目的地である二つの本屋の間にある。一つ目の本屋はグランタウン・オン・スペイの〈ザ・ブックマーク〉18、もう一つは〈イードンズ・オブ・エルギン〉19だ。

　グランタウン・オン・スペイの〈ザ・ブックマーク〉は見逃せない。店主のマージョリーはお勧めを知りたいお客には誰でも本を見つけてあげられるだけでなく、彼女にかかればお客はみんないつの間にか言葉を交わして交流している。私が（入店してからずいぶん時間が経ってから）店を出る時には、マージョリーお勧めのスコットランドの作家が書いた本を何冊も抱え、たくさんの新しい友達ができた私の顔ににっこり笑顔が浮かんでいたのだった。床から天井まで本が積み上がっていて、店の奥には子ども用の小さな遊び場スペースもある。この本屋は全力でお勧めしたい！

　スペイサイド・モルトウイスキー街道を挟んで反対側にある〈イードンズ・オブ・エルギン〉

はエレガントな大型書店で、いくつもの部屋に様々なジャンルの本が並んでいる。イギリス中から様々な事を配慮して仕入れたノートや便箋、手帳や日記などの品揃えがとてもよく、またチェスのセットや地球儀、ヴィンテージ雑貨なども販売している。アバディーンから2、3マイル（3〜5キロ）のところに姉妹店の〈イードンズ・オブ・バンカリー〉20、新本と古本の児童書を取り扱う〈セカンド・ツリーハウス・オン・ザ・レフト〉21がある。

Nairn, Huntly, Ballater, Aberfeldy
／ネアン、ハントリー、バラター、アバフェルディ

エルギンからインヴァネスに向かう途中、ネアンの町に〈ザ・ネアン・ブックショップ〉22という素晴らしい本屋がある。歴史本が充実しており、大きな棚に選りすぐりのフィクションも揃っている（それにとっても可愛い看板犬もいる！）。また子ども向けも含むスコットランド・ゲール語の書籍も取り扱っている。

　エルギンからアバディーンに向かう途中には、〈オーブズ・コミュニティ・ブックショップ〉23がある。ここは地元ボランティアによって運営管理されている本屋で、収益は全て地元コ

ミュニティのプロジェクトに還元されている。新本、古本だけでなく古書や稀覯書も販売している。このエリアに2、3日滞在してサーモンやトラウト釣りを楽しむつもりなら、自然や釣り、地元関連の書籍、地図をこの店で見つけよう。スコットランド関連の書籍も揃っていて、大人向けと子ども向けにゲール語とドーリス方言の本もある。店にいたドーンの話では、小さな田舎町の学校に移動本屋として出張することもあるそうだ。〈オーブズ・コミュニティ・ブックショップ〉があるハントリーは、近代ファンタジーの父と呼ばれることも多いジョージ・マクドナルドの生まれた町だ。マクドナルドはルイス・キャロルを指導した人で、その作品はC・S・ルイスやJ・R・R・トールキンの作風に大きな影響を与えた。この店でマクドナルドの本も買うことができる。

ここから南下して美しいケアンゴームズ国立公園の端に沿って進み、ロイヤル・ディーサイドの村、バラターにある本屋〈ディーサイド・ブックス〉24へ行こう。絶版本や古書を扱っているほか、北東スコットランド関連の様々な本を販売（そして出版も！）している。また近隣エリアのガイド本や地図、児童書もある。この後はまた南へ20マイル（32キロ）ほど行くと、パースシャーに到着する。パースシャーの町アバフェルディに次の本屋がある。私が本屋めぐりをしていると言うと、多くの人から〈ザ・ウォータミル・ブックショップ〉25には絶対行けと言われた。使われなくなった水力製粉所の建物内に本屋、ギャラリー、カフェまである。すっかり荒廃していたこの水力製粉所を、店主のジェインとケヴィンが今の姿に新しく生まれ変わらせたのだ。この本屋に行くためにアバフェルディ行きを計画するなら、本屋のウェブサイトの「About us（当店について）」に目を通しておこう。宿泊や周辺エリアでの観光情報など役立つアドバイスが掲載されている。

Blairgowrie, Dundee, Cupar, Anstruther
／ブレアゴウリー、ダンディー、クーパー、アンストゥラザー

ここからツアーは出発点のエディンバラに戻る。熱心なゴルフファンはセント・アンドリュースまで遠回りをしたくなるだろうから、美しく品揃え最高の〈トッピング＆カンパニー〉26のもう一つの支店（エディンバラ店については本章前半を参照）に行ってみるのもよいし、そっち方面に遠回りするならさらに4つの本屋に行ける。ブレアゴウリーの新しい独立系書店〈アドベンチャー・イントゥ・ブックス〉27は、児童書とスコットランド人作家の書籍が充実している。ダンディーのブロティ・フェリーにある〈ザ・ブックハウス〉28は地域コミュニティに愛される家族経営の本屋で、クーパーにある美しい宝石のような本屋〈コートヤード・ブックス〉29は様々なジャンルの本が揃っていて特にフィクション＆ノンフィクションで選りすぐったタイトルが並んでいる。フォース湾の北側にいくつも並ぶ小さな漁村の一つ、アンストゥラザーには〈イースト・ニューク・ブックス〉30がある。その後は高速道路A92からM90へ進み、フォース・ブリッジを渡ってエディンバラに戻る。

ULLAPOOL

Useful websites ／お役立ちサイト

Car ferry to Dunoon
[ダヌーン行きの車両用フェリー]
https://www.western-ferries.co.uk

Passenger ferry to Dunoon
[ダヌーン行きの旅客用フェリー]
https://www.calmac.co.uk/destinations/
cowal-dunoon

Doors Open Days
[ドア・オープンデイズ（歴史的建築物の一般公開）]
https://www.doorsopendays.org.uk

Benmore Botanic Garden
[ベンモア植物園]
https://www.rbge.org.uk/visit/benmore-
botanic-garden

▌Baggage transfer companies
旅行荷物の輸送会社一覧：

Pitlochry Region:
[ピットロッカリー地方]
http://www.kingshousetravel.com/
baggage_transfers

Grantown-on-Spey:
[グランタウン・オン・スペイ]
https://www.acetaxismoray.co.uk/
luggage-transfer

Fort William and the West Highland Way:
[フォートウィリアムおよびウエスト・ハイランド・ウェイ]
https://www.baggagefreedom.com
https://www.travel-lite-uk.com
https://www.amsscotland.co.uk

Bo'ness Steam Railway
[ボーネス蒸気機関鉄道]
https://www.bkrailway.co.uk

North Coast 500 Route
[ノースコースト500のルート]
https://www.northcoast500.com

Speyside Malt Whisky Trail
[スペイサイド・モルトウイスキー街道]
http://www.maltwhiskytrail.com/malt-
whisky-country/distilleries

Bookshop Information ／本屋情報

1 Golden Hare Books
[ゴールデン・ヘア・ブックス]
68 St Stephen Street, Edinburgh, EH3 5AQ
https://goldenharebooks.com

2 Ginger and Pickles Children's Bookshop [ジンジャー・アンド・ピクルズ・チルドレンズ・ブックショップ]
51 St Stephen Street, Stockbridge, Edinburgh, EH3 5AH

3 Waterstones
[ウォーターストーンズ]
128 Princes Street, Edinburgh, EH2 4AD
https://www.waterstones.com

4 The Edinburgh Bookshop
[ザ・エディンバラ・ブックショップ]
219 Bruntsfield Place, Edinburgh, EH10 4DH
https://www.edinburghbookshop.com

5 Lighthouse
[ライトハウス]
43–45 West Nicolson Street, Edinburgh, EH8 9DB
https://www.lighthousebookshop.com

6 Blackwell's
[ブラックウェルズ]
53–62 South Bridge, Edinburgh, EH1 1YS

7 Topping & Company
[トッピング&カンパニー]
2 Blenheim Place, Edinburgh, EH7 5JH
https://www.toppingbooks.co.uk

8 Portobello Bookshop
[ポートベロー・ブックショップ]
46 Portobello High Street, Edinburgh, EH15 1DA
https://www.theportobellobookshop.com

9 Far From the Madding Crowd
[ファー・フロム・マディング・クラウド]
20 High Street, Linlithgow, EH49 7AE
https://www.maddingcrowdlinlithgow.com

10 Inkspot & Silverleaf Booksellers
[インクスポット&シルバーリーフ・ブックセラーズ]
76–78 South Street, Bo'ness, EH51 9HA
http://www.inkspotandsilverleaf.co.uk

11 Category Is Books
[カテゴリー・イズ・ブックス]
34 Allison Street, Glasgow, G42 8NN
https://www.categoryisbooks.com

12 Hyndland Bookshop
[ハインドランド・ブックショップ]
143 Hyndland Road, Glasgow, G12 9JA

13 Bookpoint
[ブックポイント]
2a Ferry Brae, Dunoon, PA23 7DJ
https://bookpointdunoon.com

14 The Highland Bookshop
[ザ・ハイランド・ブックショップ]
60 High Street, Fort William, PH33 6AH
https://www.highlandbookshop.com

15 Ullapool Bookshop
[ウラプール・ブックショップ]
Quay Street, Ullapool, IV26 2UE
https://www.ullapoolbookshop.co.uk

16 The Ceilidh Place Bookshop
[ザ・ケイリー・プレイス]
14 West Argyle Street, Ullapool, IV26 2TY
https://www.theceilidhplace.com/bookshop

17 The Dornoch Bookshop
[ザ・ドーノッフ・ブックショップ]
High Street, Dornoch, IV25 3SH

18 The Bookmark
[ザ・ブックマーク]
34 High Street, Grantown-on-Spey, PH26 3EH
http://www.thebookmark.co.uk

19 Yeadon's of Elgin
[イードンズ・オブ・エルギン]
32 Commerce Street, Elgin, IV30 1BS
http://www.yeadons.co.uk

20 Yeadon's of Banchory
[イードンズ・オブ・バンカリー]
20 Dee Street, Banchory, AB31 5ST
http://www.yeadons.co.uk

21 Second Treehouse on the Left
[セカンド・ツリーハウス・オン・ザ・レフト]
23 High Street, Laurencekirk, Aberdeenshire, Scotland, AB30 1AA

22 The Nairn Bookshop
[ザ・ネアン・ブックショップ]
94 High Street, Nairn, IV12 4DE
https://nairnbookshop.co.uk

23 Orb's Community Bookshop
[オーブズ・コミュニティ・ブックショップ]
33A Deveron Street, Huntly, AB54 8BY
https://www.orbsbookshop.co.uk

24 Deeside Books
[ディーサイド・ブックス]
18–20 Bridge Street, Ballater AB35 5QP
https://www.deesidebooks.com

25 The Watermill Bookshop
[ザ・ウォーターミル・ブックショップ]
The Watermill, Mill Street, Aberfeldy, PH15 2BG
https://www.aberfeldywatermill.com/books

26 Topping & Company
[トッピング&カンパニー]
7 Greyfriars Garden, Street Andrews, KY16 9HG
https://www.toppingbooks.co.uk

27 Adventure Into Books
[アドベンチャー・イントゥ・ブックス]
26 Wellmeadow, Blairgowrie, PH10 6AS

28 The Bookhouse
[ザ・ブックハウス]
41 Gray Street, Broughty Ferry, Dundee, DD5 2BJ
https://www.thebookhousebroughtyferry.co.uk

29 Courtyard Books
[コートヤード・ブックス]
21 Lady Wynd, Cupar, KY15 4DE

30 East Neuk Books
[イースト・ニューク・ブックス]
5–7 Rodger Street, Anstruther, KY10 3DU

Other Bookshops on the Scottish Islands and the Highlands ／その他の本屋

1. Stromness Books and Prints
［ストロムネス・ブックス・アンド・プリンツ］
1 Graham Place, Stromness,
Orkney, KW16 3BY
https://stromnessbooksandprints.
wordpress.com

2. The Orcadian Bookshop
［ザ・オーカディアン・ブックショップ］
50 Albert Street, Kirkwall, Orkney,
KW15 1HQ
https://www.orcadian.co.uk/shop

3. The Baltic Bookshop
［ザ・バルティック・ブックショップ］
8–10 Cromwell Street, Stornoway, Isle
of Lewis, HS1 2DA

4. The Celtic House
［ザ・ケルティック・ハウス］
Shore Street, Bowmore, Isle of Islay,
PA43 7LD
https://www.theceltichouse.co.uk

5. The Shetland Times Bookshop
［ザ・シェットランド・タイムズ・ブックショップ］
71–79 Commercial Street, Lerwick,
Shetland, ZE1 0AJ
https://shop.shetlandtimes.co.uk/

6. The Old Bookshelf
［ザ・オールド・ブックショップ］
8 Cross Street, Campbeltown,
Kintyre Peninsula, PA28 6HU

7. The Book Nook
［ザ・ブック・ヌック］
2 High Street, Stewarton, KA3 5AA

THE CELTIC HOUSE

THE CEILIDH PLACE

THE BOOKMARK

THE CELTIC HOUSE

MARJORY OF THE BOOKMARK

THE HIGHLAND BOOKSHOP

FAR FROM THE MADDING CROWD

FAR FROM THE MADDING CROWD

THE NAIRN BOOKSHOP

THE NAIRN BOOKSHOP

KANA OF THE NAIRN BOOKSHOP

COURTYARD BOOKS

ORB'S COMMUNITY BOOKSHOP'

ALL– THE WATERMILL BOOKSHOP

PAXTON HOUSE

SCOTTiSH BORDERS TOUR
Books and Historic Houses

スコティッシュ・ボーダーズツアー
—— 本と由緒ある大邸宅 ——

スコティッシュ・ボーダーズはよく「イギリスの知られざる美」と称されている。起伏の激しい丘と荒々しい海岸線があり、数多くの由緒ある大邸宅、廃墟となった城や修道院がこの地方の激動の歴史を物語っている。今回の本屋めぐりはエディンバラから始まって東海岸沿いを通り、スコティッシュ・ボーダーズを縦横にめぐりながら内陸部、そしてスコットランドの南西の端に向かう。道中は本屋と大邸宅に立ち寄り、この地方の豊かな文学的遺産を体験しよう。

Haddington, St Boswells
／ハディントン、セント・ボズウェルズ

エディンバラの南の海岸線は、岩だらけの崖と澄み切った青い海が見えるロマンチックで感動的な光景だ。エディンバラから高速道路A1を進み、スコティッシュ・ボーダーズの東海岸沿いにあるセント・アブズ・ヘッドに向かう。野生の美は一年を通して魅力に満ちているが、この辺りの自然保護区は5月から7月にかけて崖周辺がウミスズメやミツユビカモメ、オオハシウミガラスでいっぱいになり、愛鳥家たちは夢中になるのだ。セント・アブズへ行く途中にハディントンを通過するが、ここには今回のツアー最初の本屋〈ケズリーズ・ブックショップ〉

1 がある。フィクションとノンフィクションが幅広く揃っていて、その他にも画材やおもちゃ、ボードゲームやパズル、贈り物用の文具などの品揃えも豊富だ。

セント・アブズから内陸部に向かって進むと、アイマスと次の本屋の町セント・ボズウェルズの間に数多くの由緒ある大邸宅がある。過去2、3世紀の間、この辺りの裕福な地主たちがお互いの娘と息子を結婚させるべく舞踏会やパーティーを開き、さぞかし賑わっていただろうとつい想像してしまう私は、やはりジェーン・オースティンの読みすぎなのかもしれない。35マイル（約56キロ）ほどの距離に、密輸業者のために1753年に建てられたガンズグリーン、建築家ジョン・アダムが手掛けた屋敷で犬も歓迎の広い敷地があるパクストン・ハウス、エドワード王朝時代の準男爵のために現在の形で建てられたマンダーストン、18世紀スコットランドで最も偉大な建築家の二人、ウィリアム・アダムとその息子ロバートが手掛けたサールストン、フロアズ城とその庭園、ロシアン侯爵によって建てられたモンテヴィオットがある。建物に入館できなくても広大な敷地や整形式庭園が一般に開放されている場合が多く、中には宿泊施設を提供しているところもあるので、行ってみたい大邸宅のウェブサイトをあらかじめチェッ

> *茶色い荒野と不揃いな木々 山と川の国よ*
> *父や父の父らが生きた国よ！いかなる人間も*
> *私とこの荒野の国とを結ぶ親子の絆を*
> *切り離すことなどできぬ！*
>
> ──ウォルター・スコット卿「*最後の吟遊詩人の歌*」
>
> *Land of brown heath and shaggy wood, Land of the mountain and the flood,*
> *Land of my sires! what mortal hand Can e'er untie the filial band,*
> *That knits me to thy rugged strand!*
>
> – 'The Lay of the Last Minstrel', Sir Walter Scott

クしておくとよい。そうそう、特定の時間枠でチケットを予約しなければならない屋敷もあるので、事前に確認しておこう。

もしいくつか邸宅を訪れるなら、スコットランドで最も有名な作家、ウォルター・スコット卿の暮らした屋敷、アボッツフォードもぜひリストに入れておこう。文学ファンならやはり、ここは見ておきたい。

しかし、まずは「絶対に行くべき」本屋の一つ、セント・ボズウェルズの〈ザ・メインストリート・トレーディング・カンパニー〉 **2** だ。親が我が子の中でお気に入りを作るべきでないように、私は一部の本屋を特別にひいきをするべきではないと思っているのだが、どうしたって特定の本屋に惚れ込んでしまうことはあるものだ。選りすぐりの本が積まれたテーブルが並ぶ〈メインストリート〉の広々とした明るい店内も、可愛いウサギのロゴも、何もかもが私は好きなのだ。雑貨店だった二軒の建物を利用していて、最高品質の製品を個人経営の生産業者から仕入れており、食肉加工品やチーズ、クラフトビール、コーヒーを売るデリ部門や、同じく個人経営の仕入れ業者や国際的な協同組合、地元デザイナーなどから買い付けた製品が多い生活雑貨部門があるほか、本屋内にも地元産の材料を使

用した食事を提供するカフェを併設している。ここでは本屋＆カフェ、生活雑貨店、デリ、それぞれが相互作用を持ち、調和しているのだ。私が訪れた時、カフェのメニューはその時本屋で販売中だった最新レシピ本の内容を反映していて、生活雑貨部門でも同じレシピ本からインスピレーションを得た食器のディスプレイを行っていた。子どものための「本の小部屋」が二つあり、通常なら子どもたちがそこでオーディオブックを聞くことができる。カフェの壁は必見で、今までこの本屋を訪れた著名な作家たち全ての写真が見られる。

すでに述べたように、セント・ボズウェルズの西2、3マイル（3〜5キロ）にあるのが19世紀の作家ウォルター・スコット卿の美しい邸宅、アボッツフォードで、スコット卿は小説と詩で成功を収めたおかげでこの大きな屋敷を購入することができた。ここでは見事な屋敷内を見学しながらスコット卿が執筆した部屋を訪れたり、彼にまつわる数多くのコレクションを見ることができる。

6月にはメルローズの近くでボーダーズ・ブックフェスティバルが開かれるので、それに合わせてこのエリアを訪れる計画を立てるのもいいだろう。

DOUGLAS WHITIE

ABBOTSFORD

WHITIE'S BOOKS AND CRAFTS - DOUGLAS' GRANDMOTHER OUTSIDE THE FAMILY'S FIRST SHOP

左上／ダグラス・ホワイティー、右上／アボッツフォード、
下／〈ホワイティーズ・ブックス・アンド・クラフツ〉の店主ダグラスが祖母と移転前の店の前で撮った写真　**201**

TRAQUAIR HOUSE

THE MOFFAT BOOKSHOP

ATKINSON-PRYCE BOOKS

ATKINSON-PRYCE BOOKS

Peebles, Biggar／ピープルズ、ビガー

　セント・ボズウェルズからさらに西に約30マイル（48キロ）進むとピープルズの町に着く。ここには〈ホワイティーズ・ブックス・アンド・クラフツ〉**3**があり、現在まで書籍販売業として取引を行っている本屋としてはイギリスで最も古いと言っていい。英国本屋めぐりに真剣に取り組むつもりなら、ここは絶対に訪れるべきだ。〈ホワイティーズ〉は1791年創業で、1899年からずっと同じ一族が経営している。家族と共にこの本屋を所有しているダグラス・ホワイティーは、今の店に移転してくる前の店先で祖母と一緒に撮った彼の小さい頃の写真を私に見せてくれた。〈ホワイティーズ〉は、記録に残っている限りではこれまでずっとピープルズに店があった。現在の店では、本の他にもダグラスの妻シェイラが始めた小間物類や手芸用品の売り場がある。

　〈ホワイティーズ〉のすぐ近くにジョン・バカンのストーリーミュージアムがある。ジョン・バカンは『三十九階段』を書いた作家だ（ヒッチコックが同作を元にした映画版はリチャード・ハネイがビッグベンの時計の針にぶら下がる有名なシーンが秀逸だが、もちろんバカンの本にはそれは出てこない）。バカンは子供時代に祖母と共にスコティッシュ・ボーダーズで休暇を過ごしているが、大人気となったバカンの冒険小説の多くがこの地方の景色にインスピレーションを得て書かれたものだった。登場人物の1人は、ツイード川の支流から名前を付けられた。ジョン・バカン・ウェイという名のハイキングコースがあるのだが、これはピープルズから始まって古い教会ストボ・カークのそばでバカンの愛したツイード川を渡り、バカンの祖母が暮らしたブロートンまで続く13マイル（約21キロ）の道のりだ。

　次なる本屋の町はビガー（綴りはBiggarでBiggerと同音）という、名前は大きそうだが小さな町だ。しかしその前にもう一軒、由緒ある大邸宅トラクェアハウスに寄って行こう。この屋敷は人が暮らしている建物として最古のものだそうで、1107年までさかのぼるトラクェアハウスにはスコットランド女王メアリーなど、女王や王が訪れた歴史があるほか、トラクェア醸造所の所在地としても知られる。

　ビガーの町の本屋〈アトキンソン-プライス・ブックス〉**4**は本当に素敵な店で、特に美しい本や個性的な本が好きな大人や子どもにはたまらない魅力がある。ショーウィンドウはいつも趣向を凝らしていて（私が行った時はウィンドウは犯罪現場になっていた）、店内は書店員チームの手描きデザインで飾り付けされている。児童書が並ぶ広くて魅力的な部屋もある。ここはまさに訪れる人が積読の山をさらに何冊も増やしてしまうことになる本屋で、書店員たちはい

> " 微風ひとつない、温暖な六月の朝で、いずれ暑苦しくなりそうな気配が感じられた。
> ──ジョン・バカン『三十九階段』
> （稲葉明雄訳、グーテンベルク21）
>
> *It was a soft breathless June morning,*
> *with a promise of sultriness later...*
> –The Thirty-Nine Steps, John Buchan

" 美しいドゥーン川のほとりを私は幾度も歩き
絡み合うスイカズラの蔓を愛でた
鳥たちはみなそれぞれの愛を歌い、私も私の愛を歌った
　　── ロバート・バーンズ「美しきドゥーン川のほとり」

Aft hae I rov'd by bonie Doon, To see the woodbine twine;
And ilka birds sang o' its Luve, And sae did I o' mine:
– 'The Banks O' Doon', Robert Burns

つも独創的な本を仕入れるために努力を重ねているのだ。店内には座り心地の良いソファがたくさんあり、あちこちに素敵なブックヌック(読書スペース)も用意されている。

Moffat, Wigtown
／モファット、ウィグタウン

　さらに南に30マイル(約48キロ)ほど進むと、谷間に位置する可愛らしい小さな町モファットがある。この町には、人々がウォーキングや釣り、星空観察(モファットでは星空保護区の指定を受けるために街路照明レベルの調整まで行った)をしにやって来る。モファットの本屋〈ザ・モファット・ブックショップ〉 **5** はまぎれもなくアラジンの洞窟で、ドアには昔ながらの店らしいベルが付いている。新本を売る店だが、古本の品揃えも豊富だ。

　本書では古書と古本を主に販売する本屋を含むことは難しかった。そうした本屋まで含んでしまうと、どこへも持って行けないほど分厚い『英国本屋めぐり』が完成していただろう。しかし、私はそんな本屋が本当に大好きだし、ペンギンブックス版のグレアム・グリーン、オブザーバーズ・ブックス[*1]の花や野生動物、犬、電車などについての本を探して何時間でもたむ

ろしていられると思う。この気持ちに共感する人なら、今回のツアーをもう少し延長してスコットランド南西端のウィグタウンまで遠回りしてみる気になるかもしれない。親しみを込めて「スコットランド国立の本の町」と呼ばれるウィグタウンは、古書と古本の品揃えが圧倒的な本屋が多いが、新本を売る本屋もいくつかある。この町にある本屋の全詳細がウィグタウン書店組合のウェブサイトにある。詳細は章末の情報欄を参照。

　ウィグタウンに行く途中では、1788年にロビー(ロバート)・バーンズが建てて家族と暮らした家、エリスランド・ファームに立ち寄ることができる。この家こそ、スコットランドで最も有名な文人バーンズがスコットランド民謡を改作した「オールド・ラング・ザイン(Auld Lang Syne、日本の「蛍の光」の原曲)」を書いた場所で、この歌は昔からスコットランドで大晦日を意味するホグマネイの祭りで歌われてきた。また、この家でバーンズはスコットランドの歴史について研究したことを元に詩も書いた。バーンズの暮らした家では、彼の多くの作品のオリジナル原稿を見ることができる。

　*1 …フレデリック・ウォーン社が1937年から2003年に出版した子ども向けのポケットサイズ本のシリーズ。

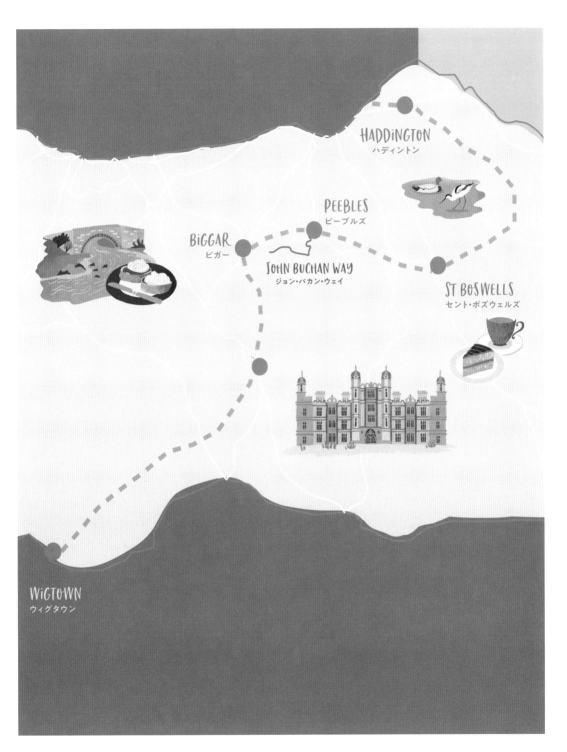

HADDINGTON
ハディントン

PEEBLES
ピーブルズ

BiGGAR
ビガー

JOHN BUCHAN WAY
ジョン・バカン・ウェイ

ST BOSWELLS
セント・ボズウェルズ

WiGTOWN
ウィグタウン

ALL - THE MAINSTREET TRADING COMPANY

Useful websites ／お役立ちサイト

Borders Book Festival
[ボーダーズ・ブックフェスティバル]
https://www.bordersbookfestival.org

John Buchan Way
[ジョン・バカン・ウェイ]
https://www.scotborders.gov.uk/
downloads/file/1673/john_buchan_way

Scottish Borders Tourist Info
[スコティッシュ・ボーダーズ観光情報]
https://www.visitscotland.com/
destinations-maps/scottish-borders/

Wigton Booktown
[ウィグタウン・ブックタウン]
https://www.wigtown-booktown.co.uk

**Robert Burn's Home,
Ellisland Farm**
[ロバート・バーンズの家、エリスランド・ファーム]
https://www.ellislandfarm.co.uk

Bookshop Information ／本屋情報

1 Kesley's Bookshop
[ケズリーズ・ブックショップ]
63 Market Street, Haddington,
EH41 3JG

**2 The Mainstreet Trading
Company**
[ザ・メインストリート・トレーディング・カンパニー]
Main Street, St Boswells, TD6 0AT
https://www.mainstreetbooks.co.uk

3 Whitie's Books and Crafts
[ホワイティーズ・ブックス・アンド・クラフツ]
3 Pennel's Close, High Street, Peebles,
EH45 8AG
http://www.whities.co.uk

4 Atkinson-Pryce Books
[アトキンソン・プライス・ブックショップ]
27 High Street, Biggar, ML12 6DA
http://www.atkinson-pryce.co.uk

5 The Moffat Bookshop
[ザ・モファット・ブックショップ]
5 Well Street, Moffat, DG10 9DP
http://www.themoffatbookshop.co.uk

THE MAINSTREET TRADING COMPANY

FOYLES, CHARING CROSS

YOUR HiGH STREET

大型チェーン店　店舗一覧

恵まれていることに、イギリスの町の大通りには素晴らしい大型チェーン書店が２つもある。
ツアー中はこの二つの大型チェーン〈ブラックウェルズ〉と〈ウォーターストーンズ〉の旗艦店に
いくつか訪れているが、
ここでは旅ではなく日常生活の中でふらっと訪れることができるように、
全店舗のリストを紹介しよう。

● Blackwell's Bookshops ／〈ブラックウェルズ〉の店舗

Aberdeen	99 High Street, Old Aberdeen, Aberdeen, AB24 3EN
Bristol	The Richmond Building, 105 Queens Road, Bristol, BS8 1LN
Cambridge	20 Trinity Street, Cambridge, CB2 1TY
Canterbury	Locke Building, University of Kent at Canterbury, Canterbury, CT2 7UG
Cardiff	Cardiff University Union, Senghennydd Road, Cardiff, CF24 4AZ
Coventry	Warwick Arts Centre, University of Warwick, Coventry, CV4 7AL
Derby	University of Derby, Kedleston Road, Derby, DE22 1GB
Edinburgh	53-62 South Bridge, Edinburgh, EH1 1YS
Edinburgh	Heriot Watt University, Riccarton Campus, Edinburgh, EH14 4AS
Edinburgh	The RBS Group Headquarters, Gogarburn, Edinburgh, EH12 1HQ
Exeter	Great Hall Foyer, University of Exeter, Exeter, EX4 4PY
Lancaster	Bailrigg,Lancaster, LA1 4YW
Lincoln	Library Building, Brayford Pool, Lincoln, LN6 7TS
Liverpool	Block 1 Unit 2/3 Crown Place, Peach Street, Liverpool, L3 5UH
London	50 High Holborn, London, WC1V 6EP
London	183 Euston Road, London, NW1 2BE
Manchester	University Green, 146 Oxford Road, Manchester, M13 9GP
Manchester	Business School, Oxford Road, Manchester, M15 6BH
Newcastle upon Tyne	141 Percy Street, , Newcastle upon Tyne, NE1 7RS
Nottingham	Nottingham Trent University, Goldsmith Street, Nottingham, NG1 5LS
Nottingham	University of Nottingham, University Park, Nottingham, NG7 2RD
Oxford	Westgate Oxford, 258 Queen Street, Oxford, OX1 1PE
Reading	The University of Reading, Whiteknights, Reading, RG6 6UR
Sheffield	Jessop West, 1 Upper Hanover Street, Sheffield, S3 7RA
Stirling	Andrew Miller Building, University of Stirling, Stirling, FK9 4LA

● Waterstones Bookshops ／ 〈ウォーターストーンズ〉の店舗

Aberdeen	Unit 5/33, Bon Accord Centre, Aberdeen, AB25 1HZ
Abergavenny	4a High Street, Abergavenny, Gwent, NP7 5RY
Aberystwyth	27 Great Darkgate Street, Aberystwyth, Ceredigion, SY23 1DE
Alton	41 High Street, Alton, Hampshire, GU34 1AW
Altrincham	33–35 George Street, Altrincham, Cheshire, WA14 1RJ
Amersham	61 Sycamore Road, Amersham, Bucks, HP6 5EQ
Andover	72/73 Chantry Way, Andover, Hampshire, SP10 1RW
Ashford	29 Country Square, Ashford, Kent, TN23 1YB
Aviemore	87 Grampian Road, Aviemore, Scotland, PH22 1RH
Aylesbury	31–33 Friar's Square Shopping Centre, Aylesbury, HP20 2SP
Ayr	Unit 2, 127/147 High Street, Ayr, Scotland, KA7 1QR
Banbury	32/33 Castle Quay Centre, Banbury, Oxon, OX16 5UN
Barnet	2 The Spires, Barnet, EN5 5XY
Barnstaple	42 High Street, Barnstaple, North Devon, EX31 1BZ
Barrow-in-Furness	25 Portland Walk, Barrow-in Furness, Cumbria, LA14 1DB
Basingstoke	35 Wesley Walk, Festival Place, Basingstoke, Hampshire, RG21 7BE
Bath	4–5 Milsom Street, Bath, BA1 1DA
Bedford	11–13 Silver Street, Bedford, MK40 1SY
Berkhamsted	168 High Street, Berkhamstead, Hertfordshire, HP4 3AP
Birkenhead	188–192 Grange Road, Birkenhead, CH41 6EA
Birmingham	24–26 High Street, Birmingham, B4 7SL
Birmingham	Foyles, Unit 2A Grand Central, Birmingham, B2 4BF
Bishops Stortford	12 South Street, Bishop's Stortford, Hertfordshire, CM23 3AT
Blackpool	4 The Tower Shopping Centre, Bank Hey Street, Blackpool, FY1 1QN
Bluewater	West Village, Greenhithe, Bluewater, Kent, DA9 9SE
Bolton	32–36 Deansgate, Bolton, BL1 1BL
Boston	18 Pescod Square, Wide Bargate, Boston, Lincs, PE21 6QX
Bournemouth	14–16 The Arcade, Bournemouth, BH1 2AH
Bournemouth	West Mall Castlepoint, Castle Lane West, Bournemouth, Dorset, BH8 9UY
Bracknell	50 Braccan Walk, The Lexicon, Berkshire, RG12 1BE
Bradford	The Wool Exchange, Hustlergate, Bradford, BD1 1BL
Braehead	47 Braehead Shopping Centre, King's Inch Road, Renfrew, G51 4BP
Brentwood	48 High Street, Brentwood, Essex, CM14 4AN
Bridport	Unit 1, 21–21A East Street, Bridport, Dorset, DT6 3JX
Brighton	71–74 North Street, Brighton, BN1 1ZA
Bristol	11A Union Galleries, Broadmead, Bristol, BS1 3XD
Bristol	33 Lower Mall, Cribbs Causeway, Bristol, BS34 5GF
Bristol	37 Regent Street, Clifton, Bristol, BS8 4HT
Bristol	Foyles, SU21, Brigstowe Street, Cabot Circus, Bristol, BS1 3BH
Bromley	100 The Glades Shopping Centre, Bromley, Kent, BR1 1DJ
Burton-on-Trent	6–7 Coopers Square, Burton-on-Trent, Staffordshire, DE14 1DF
Bury	4 Union Arcade, Bury, BL9 0QF
Bury St Edmunds	36 Butter Market, Bury St Edmunds, Suffolk, IP33 1DW
Bury St Edmunds	Unit C29, Arc Shopping Centre, Bury St Edmunds, Suffolk, IP33 3FB
Camberley	6–8 Grace Reynolds Walk, Camberley, Surrey, GU15 3SN
Cambridge	22 Sidney Street, Cambridge, CB2 3HG
Canterbury	8 Rose Lane, Canterbury, Kent, CT1 2SJ

Cardiff	2a The Hayes, Cardiff, CF10 1WB
Carlisle	66–68 Scotch Street, Carlisle, Cumbria, CA3 8PN
Carmarthen	14–15 Guildhall Square, Carmarthen, Carmarthenshire, SA31 1PR
Chatham	182 High Street, Chatham, Kent, ME4 4AS
Chelmsford	76 High Street, Chelmsford, Essex, CM1 1EJ
Chelmsford	Foyles, 86 Bond Street, Chelmsford, Essex, CM1 1GH
Cheltenham	33–41 The Promenade, Cheltenham, Gloucestershire, GL50 1LE
Chesham	54 The Broadway, Chesham, Buckinghamshire, HP5 1EG
Chester	14 Eastgate Row, Chester, CH1 1LF
Chesterfield	13 Vicar Lane, Chesterfield, Derbyshire, S40 1PY
Chichester	The Dolphin & Anchor, West Street, Chichester, West Sussex, PO19 9HD
Chippenham	29 The Borough Parade, Chippenham, Wiltshire, SN15 3WL
Cirencester	14 Cricklade Street, Cirencester, Gloucester, GL7 1LL
Colchester	12–13 High Street, Colchester, Essex, CO1 1DA
Coventry	50–52 Smithford Way, Lower Precinct, Coventry, CV1 1DX
Crawley	4–6 The Martlets, Crawley, West Sussex, RH10 1ES
Crewe	19 Victoria Street, Crewe, Cheshire, CW1 2HF
Croydon	1063/4/7 Whitgift Centre, Croydon, Surrey, CR0 1UX
Darlington	1–3 The Cornmill Centre, Darlington, County Durham, DL1 1LS
Deal	52 High Street, Deal, CT14 6HE
Derby	78–80 St Peter's Street, Derby, DE1 1SR
Didcot	Unit 51 Orchard Centre, Didcot, OX11 7LL
Doncaster	27 Frenchgate Centre, Doncaster, South Yorkshire, DN1 1LJ
Dorchester	45–46 South Street, Dorchester, Dorset, DT1 1DQ
Dorking	3–5 South Street, Dorking, Surrey, RH4 2DY
Douglas	Unit 2, 21–25 Strand Street, Douglas, Isle of Man, IM1 2EF
Dumfries	79–83 High Street, Dumfries, Scotland, DG1 1BN
Dundee	35 Commercial Street, Dundee, DD1 3DG
Dunfermline	Unit LG17 Kingsgate Centre, Dunfermline, Scotland, KY12 7QU
Durham	55–57 Saddler Street, Durham, DH1 3EJ
Durham	69 Saddler Street, Durham, DH1 3HP
East Grinstead	37 London Road, East Grinstead, West Sussex, RH19 1AW
East Kilbride	38a The Plaza, East Kilbride, Glasgow, G74 1LW
Eastbourne	120 Terminus Road, Eastbourne, BN21 3AJ
Edinburgh	31B Fort Kinnaird, Edinburgh, Scotland, EH15 3RD
Edinburgh	Cameron Toll Centre, 6 Lady Road, Edinburgh, id Lothian, EH16 5PB
Edinburgh	128 Princes Street, Edinburgh, EH2 4AD
Edinburgh	98/99 Ocean Terminal, Ocean Drive, Leith, Edinburgh, EH6 6JJ
Elgin	10–11 St Giles Centre, Elgin, Moray, IV30 1EA
Enfield	26 Church Street, Enfield, Middlesex, EN2 6BE
Epsom	50 High Street, Epsom, KT19 8AJ
Exeter	48–49 High Street, Exeter, EX4 3DJ
Exeter	Roman Gate, 252 High Street, Exeter, EX4 3PZ
Falkirk	119–121 High Street, Falkirk, FK1 1ED
Fareham	22–24 Thackery Mall, Fareham Shopping Centre, Fareham, Hants, PO16 0PQ
Farnham	11 Lion & Lamb Yard, Farnham, Surrey, GU9 7LL
Folkestone	16 Sandgate Road, Folkestone, Kent, CT20 1DP
Gateshead	Unit 1.23A, Gateshead, Tyne & Wear, NE11 9YG
Glasgow	351–355 Byres Road, Glasgow, G12 8AU

Glasgow	153–157 Sauchiehall Street, Glasgow, G2 3EW
Glasgow	174–176 Argyle Street, Glasgow, G2 8BT
Glasgow	400 Provan Walk, Junction 10 M8, Glasgow Fort Retail Park, G34 9DL
Glasgow	Unit B9 Silverburn Shopping Centre, 753 Barhead Road, Glasgow, G53 6QR
Gloucester	13–15 Eastgate Street, Gloucester, Gloucestershire, GL1 1NS
Godalming	68–70 High Street, Godalming, Surrey, GU7 1DU
Grimsby	Unit G - Baxtergate, Freshney Place, Grimsby, North East Lincs, DN31 1QL
Guildford	50–54 High Street, Guildford, Surrey, GU1 3ES
Hanley	The Tontines Centre, Parliament Row, Hanley, Stoke-on-Trent, ST1 1PW
Harpenden	48 High Street, Harpenden, AL5 2SX
Harrogate	15 James Street, Harrogate, North Yorkshire, HG1 1QS
Harrow	60/62 St Ann's Road, Harrow, Middlesex, HA1 1JX
Hastings	15–16 Kings Walk, Hastings, East Sussex, TN34 1PH
Hatfield	Unit 7–8 The Galleria, Comet Way, Hatfield, AL10 9TF
Haywards Heath	74–76 South Road, Haywards Heath, West Sussex, RH16 4LA
Hemel Hempstead	B4 The Riverside, Hemel Hempstead, Herts, HP1 1BT
Hereford	18–20 Commercial Street, Hereford, HR1 2DE
Hexham	33 Fore Street, Hexham, Northumberland, NE46 1LU
High Wycombe	11 Newland Meadow, Eden, High Wycombe, Buckinghamshire, HP11 2BZ
Hitchin	32 Market Place, Hitchin, Hertfordshire, SG5 1DY
Horsham	8 The Carfax, Horsham, West Sussex, RH12 1DW
Hove	90–91 George Street, Hove, BN3 3YE
Huddersfield	12/13 Kingsgate Centre, King Street, Huddersfield, West. Yorks, HD1 2QB
Hull	Grand Buildings, Jameson Street, Hull, HU1 3JX
Ilford	158–160 High Road, Ilford, Essex, IG1 1LL
Inverness	Unit 69, Eastgate Shopping Centre, Inverness, Scotland, IV2 3PR
Ipswich	15–19 Buttermarket, Ipswich, Suffolk, IP1 1BQ
Isle of Wight	118 High Street, Newport, Isle of Wight, PO30 1TP
Kendal	7 Westmoreland Centre, Kendal, Cumbria, LA9 4LR
Kettering	72–76 High Street, Kettering, NN16 8SY
King's Lynn	137–138 Norfolk Street, King's Lynn, Norfolk, PE30 1AU
Kingston	The Bentalls Centre, Wood Street, Kingston upon Thames, Surrey, KT1 1TR
Kirkcaldy	175 High Street, Kirkcaldy, Fife, KY1 1JA
Knutsford	72 King Street, Knutsford, Cheshire, WA16 6ED
Lakeside	Unit 69, Lakeside Shopping Centre, Thurrock, RM20 2XG
Lancaster	Unit 5/6, Corn Market, Marketgate Shopping Centre, Lancaster, LA1 1AL
Lancaster	2–8 King Street, Lancaster, LA1 1JN
Leamington Spa	1 Priorsgate, Warwick Street, Leamington Spa, CV32 4QG
Leeds	93–97 Albion Street, Leeds, LS1 5AP
Leicester	Highcross (prev Shires), Churchgate, Leicester, LE1 4AJ
Lewes	220/221 High Street, Lewes, East Sussex, BN7 2AF
Lincoln	297a High Street, Lincoln, Lincolnshire, LN2 1AF
Liverpool	Liverpool One, 12 College Lane, Liverpool, L1 3DL
Livingston	The Elements, 308 Almondvale South, Livingston, EH54 6GS
Llandudno	37 Victoria Centre, Mostyn Centre, Llandudno, Conwy, LL30 2NG
Loughborough	38 Market Place, Loughborough, Leicestershire, LE11 3EB
Lowestoft	98 London Road North, Lowestoft, Suffolk, NR32 1ET
Lymington	105/106 High Street, Lymington, Hampshire, SO41 9AP
Macclesfield	47 Mill Street, Macclesfield, Cheshire, SK11 6NE

Maidstone	Unit 24, Fremlin Walk Shopping Centre, Maidstone, Kent, ME14 1QP
Manchester	Trafford Centre 4 Peel Avenue, Manchester, M17 8BL
Manchester	91 Deansgate, Manchester, M3 2BW
Manchester	Unit MSU4, Manchester Arndale,, Manchester, Manchester, M4 3AQ
Market Harborough	9 The Square, Market Harborough, Leicestershire, LE16 7PA
Merry Hill	Unit 95/96, Merry Hill Centre, Brierley Hill, West Midlands, DY5 1SJ
Middlesbrough	17 Newport Crescent, Middlesbrough, TS1 5UA
Milton Keynes	Unit 72, Midsummer Place, Milton Keynes, Bucks, MK9 3GA
Morpeth	Unit 5, Sanderson Arcade, Morpeth, Northumberland, NE61 1TB
Newbury	Unit 14, 62 Parkway, Newbury, Berkshire, RG14 1AY
Newcastle	Emerson Chambers, Blackett Street, Newcastle, NE1 7JF
Newport	159 Commercial Street, Newport, Gwent, NP20 1JQ
Newton Abbot	7–9 Courtenay Street, Newton Abbot, Devon, TQ12 2QH
Newton Mearns	38 Avenue Centre, Newton Mearns, Glasgow, G77 6EY
Northallerton	102 High Street, Northallerton, North Yorkshire, DL7 8PP
Northampton	19 Abington Street, Northampton, NN1 2AN
Norwich	11–17 Castle Street, Norwich, Norfolk, NR2 1PB
Norwich	University of East Anglia, University Plain, Norwich, Norfolk, NR4 7TR
Nottingham	1/5 Bridlesmith Gate, Nottingham, NG1 2GR
Nuneaton	1/3 Queen's Road, Nuneaton, CV11 5JL
Oban	12 George Street, Oban, Argyll and Bute, PA34 5SB
Oldham	46/47 The Spindles Centre, Oldham, Lancashire, OL1 1HD
Ormskirk	5–7 Church Street, Ormskirk, Lancashire, L39 3AE
Orpington	Unit 16 Nugent Shopping Park, Cray Avenue, Kent, BR5 3RP
Oxford	William Baker House, Broad Street, Oxford, OX1 3AF
Perth	St John's Centre, Perth, PH1 5UX
Peterborough	40 Bridge Street, Peterborough, PE1 1DT
Petersfield	14–15 Ram's Walk, Petersfild, Hampshire, GU32 3JA
Plymouth	Drake Circus Shopping Mall, 1 Charles Street, Plymouth, PL1 1EA
Poole	18 Towngate Shopping Centre, Poole, Dorset, BH15 1ER
Portsmouth	115 Commercial Road, Portsmouth, Hampshire, PO1 1BU
Preston	3–5 Fishergate, Preston, PR1 3LJ
Reading	United Reformed Building, 89a Broad Street, Reading, RG1 2AP
Redditch	3–3a Park Walk Kingfisher Centre, Redditch, Worcestershire, B97 4HJ
Redhill	Unit 12/13 The Belfry Centre, Redhill, Surrey, RH1 1SA
Reigate	10 Bell Street, Reigate, RH2 7BG
Richmond	2–6 Hill Street, Richmond, Surrey, TW9 1TN
Ringwood	16/17 The Furlong Centre, Ringwood, Hampshire, BH24 1AT
Romford	The Liberty, Lockwood Walk, Essex, RM1 3RJ
Rustington	130 The Street, Rustington, BN16 3DA
Rye	25 High Street, Rye, TN31 7JF
Salisbury	7–9 High Street, Salisbury, SP1 2NJ
Scarborough	97–98 Westfield, Scarborough, YO11 1UQ
Sheffield	4–26 Orchard Square, Sheffield, S1 2FB
Sheffield	26 The Arcade, Meadowhall Centre, Sheffield, S9 1EL
Shrewsbury	18–19 High Street, Shrewsbury, SY1 1SJ
Solihull	67–71 High Street, Solihull, West Midlands, B91 3SW
Southampton	69 Above Bar, Southampton, SO14 7FE
Southampton	West Quay Shopping Centre, Western Esplanade, Southampton, SO15 1QE

Southend	49–55 High Street, Southend-on-Sea, SS1 1HZ
Southport	367 Lord Street, Southport, PR8 1NH
Southwold	Southwold Books, 69 High Street, Southwold, Suffolk, IP18 6DS
St Albans	8 St Peters Street, St Albans, Hertfordshire, AL1 3LF
St Andrews	101–103 Market Street, St Andrews, Fife, KY16 9NX
St Neots	1–3 New Street, St Neots, PE19 1AE
Stafford	57 Greengate Street, Stafford, ST16 2JE
Staines	77 High Street, Staines, Middlesex, TW18 4PQ
Stirling	Unit 1, Thistle Marches, Stirling, FK8 2EA
Stockport	86 Merseyway, Stockport, SK1 1QN
Stratford-upon-Avon	8–9 The High Street, Stratford, CV37 6AU
Sunderland	31 The Bridges Shopping Centre, Sunderland, Tyne and Wear, SR1 3LB
Sutton	71–81 High Street, Sutton, Surrey, SM1 1ES
Sutton Coldfield	75 The Parade, Sutton Coldfield, West Midlands, B72 1PD
Swansea	The Old Carlton Cinema, 17 Oxford Street, Swansea, SA1 3AG
Swindon	25/26 Brunel Plaza, Brunel Shopping Centre, Swindon, SN1 1ND
Taunton	The County Hotel, East Street, Taunton, TA1 3LU
Teddington	65–67 High Street, Teddington, London, TW11 8HA
Telford	219/223 Dean Street, Telford Shopping Centre, Telford, TF3 4BT
Tenterden	47 High Street, Tenterden, Kent, TN30 6BJ
Thanet	9B Westwood Cross, Margate Road, Broadstairs, Kent, CT102QF
Torquay	15 Union Street, Torquay, TQ1 1ES
Trowbridge	45 The Shires, Trowbridge, Wiltshire, BA14 8AT
Truro	11 Boscawen Street, Truro, Cornwall, TR1 2QU
Tunbridge Wells	32–40 Calverley Road, Tunbridge Wells, Kent, TN1 2TD
Twickenham	19 King Street, Twickenham, London, TW1 3SD
Uxbridge	240a The Chimes Shopping Centre, Uxbridge, UB8 1GB
Wakefield	2 Kirkgate, Wakefield, West Yorkshire, WF1 1SP
Walsall	63 Park Street, Walsall, West Midlands, WS1 1LY
Walton	12/13 The Heart Shopping Centre,, Walton-on-Thames, KT12 1BZ
Warrington	Unit 22, Golden Square Shopping Centre, Warrington, WA1 1QE
Watford	122 High Street, Watford, WD17 2BJ
Wells	30–34 High Street, Wells Somerset, BA5 2SG
Welwyn Garden City	52–56 Howardsgate, Welwyn Garden City, AL8 6BP
West Bridgford	8 Central Avenue, West Bridgford, Nottingham, NG2 5GR
Weston-super-Mare	Sovereign Centre, Weston-super-Mare, North Somerset, BS23 1HL
Weybridge	22a High Street, Weybridge, KT13 8AB
Wigan	6 The Grand Arcade, Wigan, WN1 1BH
Wilmslow	29 Grove Street, Wilmslow, Cheshire, SK9 1DU
Winchester	The Brooks, Winchester, SO23 8QY
Winchester	97 High Street, Winchester, SO23 9AH
Windsor	20–21 Peascod Street, Windsor, Berkshire, SL4 1DU
Witney	13 Woolgate, Witney, Oxon, OX28 6AP
Woking	Unit 44 The Peacocks Centre, Woking, Surrey, GU21 6GD
Wokingham	Unit 4, Peach Place, Peach Street, Wokingham, RG40 1XG
Wolverhampton	13–15 Victoria Street, Wolverhampton, WV1 3NP
Worcester	Unit D, The Shambles, Worcester, Worcestershire, WR1 2QJ
Worthing	28 Montague Street, Worthing, West Sussex, BN11 3HA
Wrexham	9/11 Regent Street, Wrexham, LL11 1SG

Yarm	97 High Street, Yarm, TS15 9BB
Yeovil	37a Middle Street, Yeovill, Somerset, BA20 1LG
York	15 Coney Street, York, YO1 9QL

● London ／ロンドン市内の〈ウォーターストーンズ〉の店舗

Cabot Place East, Canary Wharf, London, E14 4QT
Unit 30–31, 26 Selbourne Walk Shopping Centre, Walthamstow, London, E17 7JR
Liverpool Street Underground Station, Liverpool St, EC2M7PP
1–3 Whittington Avenue, Leadenhall Market, London, EC3V 1PJ
11 Islington Green, London, N1 2XH
782 High Road, North Finchley, London, N12 9QR
Hatchards, Unit 7, St Pancras International, Euston Road, Greater London, N1C 4QP
Unit 1, 2–4 The Broadway, Crouch End, N8 9SN
68-69 Hampstead High Street, London., NW3 1QP
Unit 5, O2 Centre, Finchley Road, NW3 6LU
Unit 6, Prince Charles Drive, Brent Cross Shopping Centre, Hendon, NW4 3FP
51 Greenwich Church Street, Greenwich, London, SE10 9BL
34 Tranquil Vale, Blackheath, London, SE3 0AX
70 St John's Road, Clapham Junction, London, SW11 1PT
5 Exchange Centre, Putney, London, SW15 1TW
Unit 5, Southside Shopping Centre, Wandsworth, SW18 4TF
40/42 The Broadway, Wimbledon, SW19 1RQ
Cardinal Place, 88 Victoria Street, London, SW1E 5JL
158 King's Road, Chelsea, London, SW3 3NR
39–41 Notting Hill Gate, London, W11 3JQ
Westfield London, Ariel Way, London, W12 7GF
19–20 Tottenham Court Road, London, W1T 1BJ
220–226 Chiswick High Road, Chiswick, London, W4 1PD
64 Ealing Broadway Centre, The Broadway, London, W5 5JY
130 Kensington High Street, London, W8 7RL
82 Gower Street, London, WC1E 6EQ
9–13 Garrick Street, Covent Garden, London, WC2E 9AU
The Grand Building, Trafalgar Square, London, WC2N 5EJ
Foyles Bookshop, Southbank Centre, Riverside, London, SE1 8XX
Foyles 74–75 Lower Ground Floor, Westfield Stratford City, London, E20 1EH
Unit 22, Lower Concourse, London Waterloo Station, London, SE1 8SW

Richard and Melanie of Drake - The Bookshop

NORTH-EAST OF ENGLAND TOUR

Historic Buildings, Gourmet Delights and Dracula

イングランド北東部ツアー
—— 歴史的建造物、グルメ料理、ドラキュラ ——

イングランド北東の旅は2つのパートに分かれる。イングランドで最も見事な主教座大聖堂を持つ街、「シティ」*1のうちの2つであるリンカンとヨークの間を旅し、それからハンバー川を渡ってグルメ好きの集まるマルトン経由で北東海岸に向かう。

Lincoln, Brigg, Hessle
／リンカン、ブリッグ、ヘズル

まずはリンカンから旅を始めよう。1092年にリンカン大聖堂が建てられた当時、リンカンはイギリスで最も豊かな街の一つだった。織工たちはヨーロッパで人気だったリンカングリーンと呼ばれる毛織物を生産し、13世紀にはイングランドで3番目に大きな都市となっていた。地元の人々が（「ダウンヒル（丘の下）」地区と対比して）「アップヒル（丘の上）」と呼ぶリンカンの歴史地区には、大聖堂、中世の主教公邸、そしてウィリアム征服王が1068年に築いた城がある。この城はこの世に4点しかないマグナカルタ原本の1点を金庫室に所蔵しており、一般に公開されているので見ることができる。リンカンの独立系書店、〈リンダム・ブックス〉**1** は大聖堂と城の間のほぼ真ん中にあり、歴史あるベイルゲートの通りに位置している。美

しい年代ものの建物内に2つのフロアがあるこの本屋では、様々なジャンルの選りすぐりの本が並んでいる。通常時なら月に1度はイベントを開催しているので、訪れる前に店のウェブサイトでイベント予定を確認しておこう。

リンカンの北に約30マイル（約48キロ）のブリッグの町には、子どもづれやヴィンテージ＆レコード好きの人なら見逃せない本屋がある。元学校教師の2人が開いた〈ザ・ラビットホール〉**2** は小さな子どもたちのための本屋で、子どもの喜ぶ楽しいサプライズが店のあちこちに用意されており、子どもの背丈くらいの小さなソファや椅子もある。子ども向けのイベントは定期開催されているので、どんなものが予定されているかぜひ確認しておくことをお勧めする。店の奥には小さいながら大人用の書籍の売り場、2階には古本売り場があり、大人もじっくり本を眺めてつい長居したくなってしまう。おまけにヴィンテージ雑貨やレコードも販売している。

ハンバー川に架かる約1.4マイル（2.22キロ）の吊り橋、ハンバー橋を渡ってヘズルの町に向かう。ヘズルはハルから東に2、3マイル（3〜5キロ）ほどの静かな住宅地で、ダグラス・アダムズなら『銀河ヒッチハイクガイド』で書いたように「ほとんど無害」と言いそうな町だ。

P.216／〈ドレイク−ザ・ブックショップ〉のリチャード＆メラニー
＊1 …イングランドとウェールズでは伝統的に主教座のある主教座大聖堂をもつ街に「シティ」の地位が国王から与えられた。

イギリス旅行でここを目的地に入れるというのは珍しいかもしれないが、この町の本屋〈ヘズル・ブックショップ〉**3** は本当に温かく歓迎してくれるので、ぜひともお勧めしたいのだ。姉妹二人で運営しているこの店では、ベストセラーや、「あの常連さんが気に入るに違いない」と見越して仕入れるひとクセある本など幅広いジャンルの本が売られている。この姉妹は宗教関連の書籍を販売していた本屋を母親から受け継ぎ、売り場を拡張して今ではもっといろんな本を売るようになった。

York, Malton, Helmsley
／ヨーク、マルトン、ヘルムズリー

　ヘズルの北には、誰もが感嘆の声をあげずにはいられない美しい都市、ヨークがある。イギリスでは、現在も中心部が防衛のために建設された古い城壁で囲まれている都市というのは数少ないが、その一つがヨークだ。ヨークの町を囲む「障害」、つまりゲートハウス（門塔）をくぐって現代的な通りを後にすると、まるでタイムスリップしたようにいくつも続く中世の小路へ迷い込んだ気分になるだろう。その小道のどれをたどっても町の中心にそびえ立つヨーク・ミンスター（ヨーク大聖堂）に通じているのだ。ここヨークではローマ軍の要塞のために建設された下水システムが残っていて、一部は現在も排水路として使われている。

　ヨークには、大聖堂や有名なシャンブルズからすぐのところに3つの本屋がある。シャンブルズはイングランドで最も状態よく残っている中世の通りで、狭い通りの上にせり出すように木造の家々が建っている。〈ザ・ポータル・ブックショップ〉**4** はパトリック・プールの通りにあり、LGBTQ+書籍と様々なSF＆ファンタジーが揃っている。2019年にオープンしたのだが、すでに凄い数のファンを集めている。ハイ・ピーターゲート通りの〈ザ・リトル・アップル・ブックショップ〉**5** は小さいながらそのスペースを最大限に活用する素敵な本屋で、店内は面白い本がたくさん詰まっているし、贈り物も販売している。また、ここは最新本を著者サイン入りで欲しい時にぴったりな本屋だ。私が行った時は様々なジャンルのサイン入り本が壁にずらりと並んでいた。同じ道をそのまま真っすぐ進んだ先にあるのが児童書専門の〈ザ・ブルー・ハウス・ブックショップ〉**6** で、セント・メアリーズ修道院の廃墟に近いチューダー様式の建物内にある。子どもにとってはこの上なく楽しい場所で、同時にとても美しい本屋でもある。

　ここからこのツアーは北東のスカーバラに向かい、海岸沿いにミドルズバラ方面へ旅する。ヨークとスカーバラの間では、ヨークシャーの食の都として知られる小さな町、マルトンに立ち寄ろう。ここは職人の作る食べ物が楽しめるところで、地元ヨークシャー産の猟獣肉、甲殻類、チーズ、珍種の肉などが売られ、クラフトビールの醸造所や料理学校もある。毎月第2土曜日にはフードマーケットが開かれ、9月にはフードフェスティバルもある。贅沢をしてみたい気分なら、マルトンのタルボット（Talbot）を自信を持ってお勧めする。タルボットは素晴らしい食事を提供する居心地のよいレストランで、晴れた日には素敵なテラス席でくつろぐこともできる。本屋のお勧めは〈ケンプス・ブックス〉**7** で、2017年にリズ・ケンプが雑貨店の中に開いた本屋だ。この店にはリズが自ら選んだユニークな贈り物が売られていて、その多くはイギリス国内の職人たちから仕入れたものだ。本屋は明るくて風通しが良く、とても素敵な児童書売り場がある。

　ここから北上して市場町のヘルムズリーに向かい、この町の小さな独立系書店の〈ザ・ヘルムズリー・ブックショップ〉**8** に行こう。本屋には手頃な価格の本がたくさんあり、ノース・ヨーク・ムーアズ国立公園でウォーキングも楽

SUE LAKE OF WHITE ROSE BOOK CAFÉ

CHAPTER ONE LOFTUS

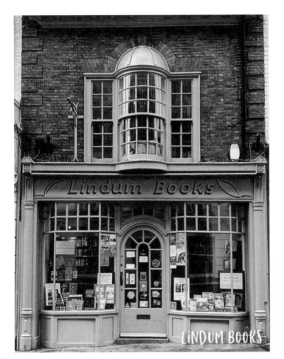

LINDUM BOOKS

THE LITTLE APPLE BOOKSHOP

BOOK CORNER

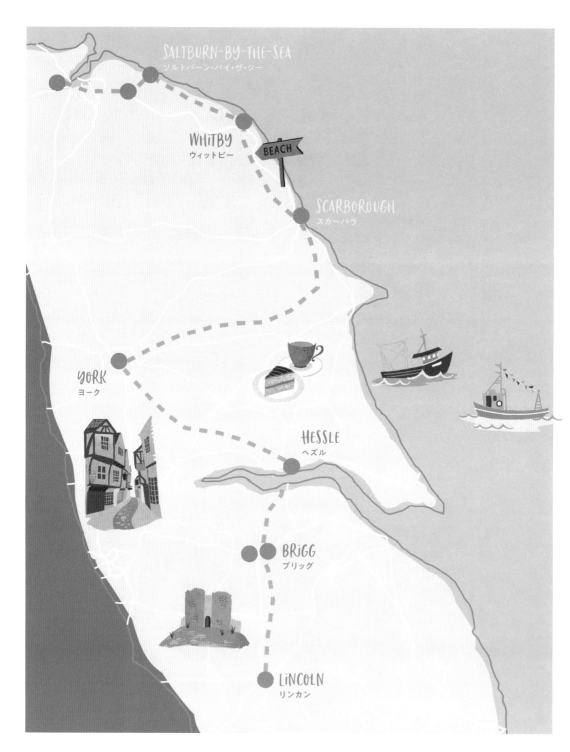

SALTBURN-BY-THE-SEA
ソルトバーン・バイ・ザ・シー

WHITBY
ウィットビー

BEACH

SCARBOROUGH
スカーバラ

YORK
ヨーク

HESSLE
ヘズル

BRIGG
ブリッグ

LINCOLN
リンカン

しめる。

Scarborough, Whitby, Loftus, Saltburn-by-the-Sea
／スカーバラ、ウィットビー、ロフタス、
ソルトバーン・バイ・ザ・シー

イングランド北東海岸は砂のビーチがあり、イギリス中から人々が休暇にやって来る今も人気の観光地だ。その中でも最も大きなリゾート地であるスカーバラには広大な湾があり、11世紀の廃城がそれを見下ろすように建っている。この町が観光客の人気を集め始めたのは17世紀で、ジョージ王朝時代にはビーチは「移動式更衣室」で埋め尽くされていた。移動式更衣室というのは木製のワゴンで、海辺まで押してきて中で水着に着替え、そのまま異性に見られることなく海水浴を楽しめるというものだった。1867年にグランドホテルの建設が完了し、当時世界最大のホテルとなった。客室数365、12階建てで、52本の煙突、4つの塔があった。一年は12カ月で52週間あり……というわけでホテルの設計テーマがお分かりだろうか。ヴィクトリア時代のホテル客は温泉療法のために訪れていたので、当時のホテルの風呂には蛇口が二つあり、一つは普通の水、もう一つは海水が出るようになっていた。しかし、残念ながら現在のホテルはそのかつての姿は留めていない。スカーバラの小さな本屋、〈ワードル＆ジョーンズ・ブックス〉 **9** はグランドホテルのすぐ裏手のバー・ストリート沿いにある。

次の目的地はさらに海岸沿いを進んだところにある漁業の町で、リゾート地としても人気のウィットビーだ。この町は、ブラム・ストーカーのドラキュラゆかりの地として知られている。一つの町が、今も人を魅了し惹きつける本のインスピレーションとなったいきさつを知ることができるなんて素晴らしいではないか。ブラム・ストーカーは1890年の夏にウィットビーを訪

れ、ロイヤル・クレッセントのゲストハウスに滞在した。ベネディクト会士修道院だったウィットビー・アビーの廃墟を訪れたストーカーは、きっと暗闇の中を飛び回るコウモリにハッとし、古ぼけたセント・メアリー教会や崖の上に傾いて立っている墓石に興味をそそられたのだろう。ヴァンパイアの最も有名な犠牲者は、ここの墓石に刻まれた名前の一つから付けられた。それに、モルダヴィアの英国領事がドラキュラ（現地語で「悪魔」の意）として知られる男が杭で被害者を突き刺した話を語った記録をストーカーが読んだのは、ウィットビーの波止場近くにある公共図書館だったらしい。かくしてあのドラキュラ伝説は生まれたのだ。

ウィットビーで最初に訪れる本屋は〈ザ・ウィットビー・ブックショップ〉 **10** で、2つのフロアをつなぐらせん階段がある素敵な店だ。もちろんドラキュラとヴァンパイア関連の本がたくさんあるが、大きな店なのでその他の様々なジャンルでも良書が揃っている。また、ウィットビーや海辺をイメージしたイラストが描かれた〈ウィットビー・ブックショップ〉限定の生活雑貨も販売しており、上の階にはなかなかの品揃えのレコードが並んでいる。

またウィットビーの町の中心にあるのが〈ホールマンズ・ブックショップ〉 **11** という100年近い歴史をもつ大きな本屋で、可愛らしい建物内に数フロアの売り場がある。本の売り場は2階にあり、船舶や海運など幅広い分野の本を揃えているだけでなく、地図も販売している。ちょっと一息入れたくなったら、ブリッジ・ストリートの〈ザ・リトル・フォックス・コーヒーショップ・アンド・ブックショップ〉 **12** に寄って行こう。コーヒーと素晴らしい品揃えの児童書が待っている。

海岸沿いの道を北上していくと、ロフタスという小さな町を通る。かつては鉄鉱石採掘の中心地で、今世紀の初めに発見されたアングロ・サクソン人の姫君の埋葬地に近いことでも知ら

れている。この町には〈チャプター・ワン・ロフタス〉**13** という本屋があり、選りすぐりの本や贈り物だけでなく、なんとジンも販売している！　ここからは、海岸沿いを進んでヴィクトリア時代の海辺の町、ソルトバーン・バイ・ザ・シーへ向かおう。賑やかなウィットビーとはだいぶ性質が異なり、ソルトバーンは穏やかで控え目な優雅さがある。ヴィクトリア時代のタウンハウスが海に面した崖の上に建っており、広々とした緑地がそれらの家並みを囲んでいる。この町は裕福な実業家ヘンリー・ピーズの理想を投影したもので、ピーズの一族はこの理想を形にするために土地を購入した。崖の下の川沿いには遊園地があるのだが、これもヘンリー・ピーズの思い描いた理想の町の一部で、住人達が崖斜面を下って遊園地に行くことができるように水力式ケーブルカーのソルトバーン・クリフ・トラムウェイを建設した。ソルトバーンの本屋〈ブックコーナー〉**14** も、町同様に可愛らしい。ペーパーバック、特に現代フィクションの品揃えが豊富で、ツアー後に家に持って帰りたくなるような本が見つかるだろう。

Guisborough, Stockton-on-Tees, Thirsk, Woodhall Spa
／ギズバラ、ストックトン・オン・ティーズ、サースク、ウッドホール・スパ

　次は内陸方面に向かい、市場町のギズバラにある〈ギズバラ・ブックショップ〉**15** に行こう。本や文房具、贈り物などの品揃え豊富な大きい店だ。その後はストックトン・オン・ティーズに向かう。この市場町には何世紀も昔からある古い建物が数多くある。タウンホールは1735年に建てられ、現在ショッピングセンターのある肉屋のシャンブルズ（食肉処理場）は1825年にまでさかのぼる歴史を持つ。この町の本屋、〈ドレイク - ザ・ブックショップ〉**16** は川の近く

にあり、コーヒーと美味しいケーキを味わいつつ面白そうな本を拾い読みするには最高の場所だ。店内に並ぶ選りすぐりの本はインディー出版のものが多く、とにかく居心地のよい本屋なので、最後に立ち寄るのがここならイングランド北東部ツアーを楽しく締めくくれることだろう。もしぐるっとＵターンしてツアーの出発点まで戻ってくるつもりなら、サースクの〈ホワイトローズ・ブックカフェ〉**17** に寄って軽く食べたり、コーヒーで一息入れたりするとよい。ここには犬歓迎の庭や自転車乗りのための駐輪スタンドがあるし、もちろん素敵な本もたくさん揃っている！　このツアーを北から南へ反対向きに旅して最後に海岸沿いに向かう場合は、ウッドホール・スパの〈ザ・ブックフェア〉**18** も行先リストに入れてほしい。ヴィクトリア時代とエドワード王朝時代、ウッドホール・スパは臭素やヨウ素を含む地元の温泉水を利用した温泉療法にあやかろうと王族も訪れた人気の観光地で、町の名所をめぐるウォーキングツアーが開催されている。本屋も町と同じくらい素敵で、児童書と贈り物の品揃えが充実している。新本と古本を幅広く揃えているほか、軍隊や航空関連の書籍も豊富だ。

KEMPS BOOKS

KEMPS BOOKS

KEMPS BOOKS

THE BOOK FAYRE

Useful websites ／お役立ちサイト

Lincoln Castle
[リンカン城]
https://www.lincolncastle.com

York Minster
[ヨーク・ミンスター]
https://www.yorkminster.org

Whitby Abbey
[ウィットビー・アビー]
https://www.english-heritage.org.uk/
visit/places/whitby-abbey

Malton Gourmet Centre
[マルトン・グルメセンター]
https://www.visitmalton.com/about

Bookshop Information ／本屋情報

1 Lindum Books
[リンダム・ブックス]
4 Bailgate, Lincoln, LN1 3AE

2 The Rabbit Hole
[ザ・ラビットホール]
21 Market Place, Brigg, DN20 8LD
https://www.rabbitholebrigg.co.uk

3 Hessle Bookshop
[ヘズル・ブックショップ]
23–25 Northgate, Hessle, HU13 0LW
https://www.hessle-bookshop.co.uk

4 The Portal Bookshop
[ザ・ポータル・ブックショップ]
5 Patrick Pool, York, YO1 8BB
http://portalbookshop.com

5 The Little Apple Bookshop
[ザ・リトル・アップル・ブックショップ]
13 High Petergate, York, YO1 7EN
https://www.littleapplebookshop.co.uk

6 The Blue House Bookshop
[ザ・ブルー・ハウス・ブックショップ]
10 Bootham, York, YO30 7BL
https://thebluehousebookshop.co.uk

7 Kemps Books
[ケンプス・ブックス]
11 Market Place, Malton, YO17 7LP
https://www.kempsgeneralstore.co.uk

8 The Helmsley Bookshop
[ザ・ヘルムズリー・ブックショップ]
11 Market Place, Helmsley, York,
YO62 5BL
https://www.helmsleybookshop.co.uk

9 Wardle & Jones Books
[ワードル&ジョーンズ・ブックス]
36 Bar Street, Scarborough, YO11 2HT

10 The Whitby Bookshop
[ザ・ウィットビー・ブックショップ]
88 Church Street, Whitby, YO22 4BH
https://www.whitbybookshop.co.uk

11 Holman's Bookshop
[ホールマンズ・ブックショップ]
19–21 Skinner Street, Whitby,
YO21 3AH
https://www.holmansbookshop.co.uk

**12 The Little Fox Coffee Shop
and Bookshop**
[ザ・リトル・フォックス・コーヒーショップ・アンド・
ブックショップ]
7 Bridge Street, Whitby, YO22 4BG

13 Chapter One Loftus
[チャプター・ワン・ロフタス]
25 High Street, Loftus,
Saltburn-by-the-Sea, TS13 4HA
https://chapteroneloftus.co.uk

14 Book Corner
[ブックコーナー]
24 Milton Street, Saltburn-by-the-Sea,
TS12 1DG
http://www.bookcornershop.co.uk

15 Guisborough Bookshop
[ギズバラ・ブックショップ]
4 Chaloner Street, Guisborough,
TS14 6QD
https://www.guisboroughbookshop.co.uk

16 Drake – The Bookshop
[ドレイク - ザ・ブックショップ]
27 Silver Street, Stockton-on-Tees,
TS18 1SX
https://www.drakethebookshop.co.uk

17 White Rose Book Café
[ホワイトローズ・ブックカフェ]
79–81 Market Place, Thirsk, YO7
1ET^nhttps://www.whiterosebooks.com

18 The Book Fayre
[ザ・ブックフェア]
Matthew Temple House, The Broadway,
Woodhall Spa, LN10 6ST

THE BOOK HIVE

NORFOLK AND SUFFOLK COASTLINES TOUR

Avocets, Warblers and Nightingales

ノーフォーク&サフォーク海岸沿いツアー
—— ノーフォーク・コースト・パス、サフォーク・コースト・パス、サンドリングズ・ウォーク ——

イーストアングリアの海岸線では夏の間ひどく混雑するところもあるが、塩湿地や葦の生い茂る沼地に向かえばすぐに喧騒は消え、野生動物にあふれた草地や荒野のある穏やかな平地の景色が見えてくる。この地域は北海に向かって張り出すように位置しているため、サフォークとノーフォークの海岸沿いは渡り鳥にとって重要な旅の中継地点なのだ。春には渉禽類（しょうきんるい）の鳥や猟鳥がスカンジナビアへ渡る途中に立ち寄るし、その他の時期にはソリハシセイタカシギやチュウヒ、ミヤコドリ、カワセミ、コミミズクなど、膨大な種類の様々な鳥たちを見ることができる。自宅の庭に滅多にやって来ることのないキクイタダキやヤツガシラを見つけると興奮で小躍りしてしまう私のような人には、ここは手持ちの鳥図鑑の鳥を全制覇できてしまうお勧めの場所だ。ノーフォークでは、日向ぼっこをする灰色アザラシとゼニガタアザラシの群れを見にボートで出かけることができ、時期を選べばアザラシの赤ちゃんも見られる。

今回のツアーは主な目的地が二つある。どちらも特別美観地域で、荒野や湿地を歩き、辺りに人影もない中何マイルも続く黄金色の砂地を横切って進む。本屋もまた、このルートに沿っていくつもあるのだ。

Ipswich, Woodbridge
／イプスウィッチ、ウッドブリッジ

まずはサフォーク・コースト＆ヒース特別自然美観地域からスタートしよう。イプスウィッチからローストフトにかけていくつもの広大な入江、平瀬や荒地、天然林が続いている。この特別美観地域にある二つの長距離歩道、サフォーク・コースト・パスとサンドリング・ウォークを合わせた長さが特別美観地域の全長になる。サンドリングの方はところどころで内陸方面に向かうので、荒地のマイクロハビタット（小さな生き物が生息する環境）を散策することになり、湿地や海岸沿いとは異なる種類の鳥が見られる。サフォーク・コースト・パスは常道だが、サンドリングはスタート地点を見つけるのが難しくルートもやや複雑だ。サフォーク・コースト＆ヒース特別自然美観地域の管理機関に行って、シセローニ（Cicerone）社が発行している長距離歩道のガイドブックを購入しておこう。ブリティッシュ・ウォークスのウェブサイト（章末のお役立ちウェブサイト参照）にも、二つの長距離歩道をつなぐ公共交通機関についての詳細情報が掲載されている。

長距離を歩くのはちょっと億劫だと言う人もいるだろう。その場合は車で旅しながら少し散

歩がてら停車したり、野鳥保護区を散策したりすればよいし、保護区のいくつかは設備もかなり整っている。

　サンドリングズ・ウォークを歩く場合は、ツアーはイプスウィッチ郊外から始まる。ここにはこのツアー最初の本屋、〈ダイアル・レーン・ブックス〉 **1** がある。町の中心部にある内装デザインが個性的な素晴らしい本屋で、店内に並ぶ選りすぐりの本の多くが小規模の出版社やインディー出版から仕入れたものだ。

　10マイル（16キロ）ほどサンドリングズ・ウォークを進むと小さな町、ウッドブリッジに到着する。ここで一休みして現役の潮力水車を見に行ってもよいし、個人経営のショップやランチによさそうな場所もある。この町には二つの独立書店があり、どちらもユニークで訪れる価値ありだ。

　〈ウッドブリッジ・エンポリアム〉 **2** は私がオンラインで紅茶を買う時のお気に入りの店で、お店を訪れて紅茶と本それぞれのエキスパートと直接話ができるというのは素晴らしいものだ。もちろんこの店では本を売っているが、茶葉も種類豊富に揃えており、定番のイングリッシュ・ブレックファーストではなく大胆なチョイスをしてみたい時には、どんなお茶を試してみたいかも相談に乗ってくれる（私がやったのはせいぜいイングリッシュ・ブレックファーストのクオリティを「標準」から「プレミアム」にアップグレードしたくらいで、大胆なチョイスとは言えなかったが……）。

　〈ブラウザーズ・ブックショップ〉 **3** は選び抜かれた本が揃った素敵な本屋だ。文学ランチや作家のトークセッションなどのイベントを行っていることで知られており、著名な作家が招かれることもよくある。10年以上もこうしたイベントを開催し続けているので、特定の日の日中や夜にウッドブリッジに滞在したいと思っているのであれば、旅のプランを決める前に〈ブラウザーズ・ブックショップ〉のウェブサイトをチェックしておこう。

　ウッドブリッジの町のすぐ近くに広さ255エーカーの遺跡、サットン・フーがある。サットン・フーでは1930年代以降に6〜7世紀の考古遺物が発見されており、丸ごと埋葬されたアングロサクソンの船やサットン・フーのヘルメットなどは世界中の歴史家に知られている。

Aldeburgh
／オールバラ

　サンドリングズ・ウォークとサフォーク・コースト・パスは、美しい漁村オールバラで一つに交わる。写真家たちの理想を形にしたようなこの町にはパステルカラーの家々が海に面して建っており、木造の燻製小屋では小石のビーチに留められたボートで運ばれてきた新鮮な魚を売っている。オールバラは作曲家のベンジャミン・ブリテン（ブリテン男爵）に縁のある村として有名で、ブリテンはここでオールバラ・オペラ＆クラシック音楽祭を立ち上げた。この音楽祭は現在も続いていて、（もちろん通常時であればだが）毎年6月に開催されている。1520年に建てられたムート・ホールと素晴らしい独立書店〈オールバラ・ブックショップ〉 **4** にもぜひ訪れてほしい。18世紀のイングランドの詩人ジョージ・クラブ生誕の地にある本屋は、輝かしい歴史を持っている。反物商の店だった場所を引き継いで1949年に開業し、経営者が何人も変わったが（噂ではその1人が店じまいの時間にやって来たE・M・フォースターを追い返したとか）、現在は有能なジョンとメアリーが本屋を経営しており、二人が店主となって20年以上になる。様々なジャンルの厳選された本が並び、また新旧のイラストレーターが美しいオールバラの景色を描いた絵本も販売している。この本屋では定期的にイベントを行っており、3月にはオールバラ文学祭を主催している。

JULES OF THE WOODBRIDGE EMPORIUM

TOPPING & COMPANY, ELY

WOODBRIDGE EMPORIUM

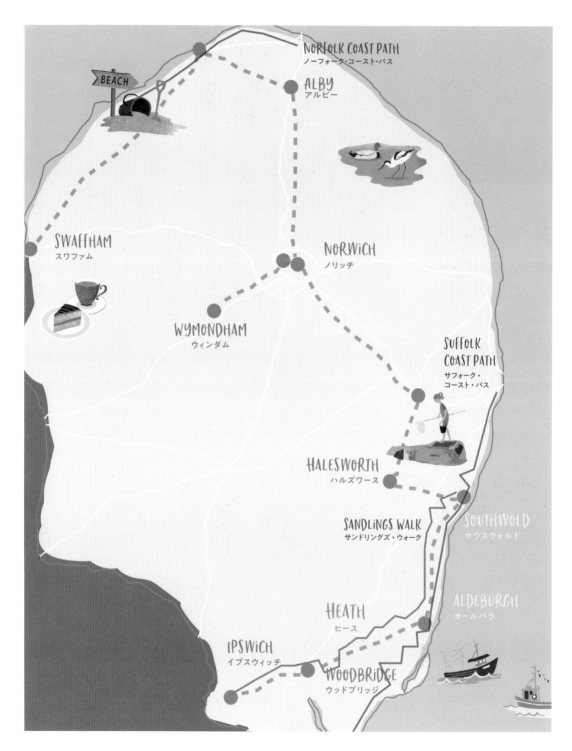

BEACH

NORFOLK COAST PATH
ノーフォーク・コースト・パス

ALBY
アルビー

SWAFFHAM
スワファム

NORWICH
ノリッチ

WYMONDHAM
ウィンダム

SUFFOLK
COAST PATH
サフォーク・
コースト・パス

HALESWORTH
ハルズワース

SANDLINGS WALK
サンドリングズ・ウォーク

SOUTHWOLD
サウスウォルド

ALDEBURGH
オールバラ

HEATH
ヒース

IPSWICH
イプスウィッチ

WOODBRIDGE
ウッドブリッジ

オールバラの北には二つの自然保護区があり、野鳥の観察小屋から渡り鳥たちを見ることができる。ここは王立鳥類保護協会（以下RSPB）が設立した最初の自然保護区RSPBミンスミアで、サンドリングズ・ウォークとサフォーク・コースト・パスのルートはどちらもそのそばを通過する。広さ1000エーカーの湿った草原地帯であるRSPBミンスミアは、1947年以来RSPBが所有している。ここではソリハシセイタカシギやサンカノゴイ、イシチドリ、ヨーロッパチュウヒなどを観察でき、夜には森の中でサヨナキドリの歌声が聞こえることもある。ミンスミアでは荒地や草地を散策できる遊歩道と野鳥観測のための8つの小屋がある。

さらに旅を続けると、ダニッチ（ここで二つの長距離歩道が再び分岐する）とウォルバーズウィックの間にあるのがディングル・マーシーズ自然保護区だ。海に面した開けた平地で、葦の生い茂る運河網が交差している。夏のビーチは巣作りしているヒバリやチドリ、春の沼地にはアカアシシギやタゲリがいるし、冬は潮だまりにユキホオジロやチュウヒ、止まり木に集まるホシムクドリの群れがやって来る。

Southwold, Halesworth, Beccles
／サウスウォルド、ハルズワース、ベクルズ

ウォルバーズウィックから海辺の町サウスウォルドまで2、3マイル（3〜5キロ）で、ここはヴィクトリア時代からの歴史がある人気の観光地だ。修復された桟橋とずんぐりした形が印象的な白い灯台があり、特にこの灯台はイギリス人なら馴染みがあるだろう。新聞の日曜版カラー付録でサフォークの魅力を宣伝するのによくこの灯台の写真が使われている。〈サウスウォルド・ブックス〉 **5** は大通りにある18世紀の建物内にあり、所有しているのは実は大手チェーンのウォーターストーンズなのだが、個人経営の精神を持つ小さな独立店として運営さ

れている。ぜひ立ち寄って、この店の書店員チームがどんな掘り出し物を揃えているか見てみてほしい。ここからハルズワース行きのバスに乗って次の本屋を訪れ、そこからさらにノリッチ行きの電車に乗ることができる。あるいはサウスウォルドに戻って、引き続きサフォーク・コースト・パスの最終ポイントであるロウェストフトまで長距離歩道沿いを旅した後、今回のツアーの最後から2番目の本屋の町ベクルズに向かうという手もある。

ハルズワースの〈ハルズワース・ブックショップ〉 **6** は、様々なジャンルの本が豊富に揃った可愛らしい小さな独立系書店だ。特に地元関連の書籍と素敵な児童書売り場の品揃えがよく、壁には『かいじゅうたちのいるところ』の世界が描かれている。この店では通常時なら定期的にイベントを開催しており、特に子ども向けのものを多くやっているのでウェブサイトで詳細を確認しておこう。中世の市場町ハルズワースの中心部に位置しているので、歴史ある建築物を見ながら町中を散策してみるとよいだろう。中には16世紀までさかのぼる建物もある。

沼地や風車、静かに流れる水路……そんな景色が北のグレート・ヤーマスを越えてその先までどこまでも続くザ・ブローズ国立公園の南端に、ベクルズの町がある。ウェイブニー川沿いにある市場町で、ここからボートに乗ってオールトン・ブロードまで行くことができる。ベクルズの中心部にある〈ベクルズ・ブックス〉 **7** は手頃な価格の本を揃えた大きな店で、通常時なら著者イベントを定期的に開催している。

ザ・ブローズは中世の泥炭採掘による洪水で生じた湖沼地帯で、63の湖沼と7本の川を合わせると117平方マイル（約303平方キロ）以上もの航行可能な水路がある。これらの水路をじっくりめぐってみるなら、ザ・ブローズ国立公園のウェブサイトにツアー会社のリストが載っているので参照してほしい。ツアーのオプションには最新設備付きの二階建て船でのク

ルーズもあれば、小型ボートやカヌー、カヤック、スタンドアップ・パドルボートのレンタル、渡船を漕ぐツアーまである。渡船はイングランドで17、8世紀に運河で積荷を運ぶために使われた古いタイプのボートで、主に沼地で使われたが、テムズ川やケンブリッジの水路でも利用された。

Norwich, Wymondham
／ノリッチ、ウィンダム

　さて、今度は本章のもう一つのメインであるノーフォーク・コースト特別自然美観地域に向かおう。ここではアザラシウォッチングをすることができ、これまで自然の中で見たことがない種類の鳥をさらに観測する機会もある。

　可能ならノリッチを経由して行こう。なぜならここには素晴らしい本屋が二つもあるからだ。一つめは、たくさんの中世の路地にショップやレストラン、カフェなどが集まって個人経営店天国を構成する「レーンズ」の中心部に位置している。〈ザ・ブックハイブ〉8には独立系書店の素晴らしさがすべて詰まっている。この店は美しい本を売ることに焦点を当てて選びに選び抜いた本を揃えており、その多くは小規模出版社やインディー出版社から仕入れている。ロンドンの〈リベリア〉のように、〈ザ・ブックハイブ〉は書籍をジャンルで分ける従来のやり方を避け、情熱と直感に従って分類している。そのおかげで、お客も本をじっくり見て回るのが楽しくなるし、偶然に導かれたり掘り出し物を見つける才能を発揮したりして、本の収集が一層楽しいものになる。ノリッチにはイギリス国内トップレベルの創作学科を持つイーストアングリア大学があるので、この本屋に作家や地元のアーティストなどが利用する作業スペースがあるのもなるほどという気がする。ちなみに、この作業スペースの歴代使用者にはあの作家マーガレット・アトウッドもいる。

　ノリッチ二つめの本屋は〈ブックバグズ・アンド・ドラゴンテールズ〉9で、2019年にオープンしたばかりだがすでに地元コミュニティの中心として無くてはならない存在になっている。ベッドタイムの読み聞かせや子どもの工作教室、演劇クラブなど、子どものための人気のイベントプログラムが盛りだくさんで、大人向けにも工作教室が開催されている。また併設カフェもお勧めだ。この二つの本屋がどちらも私の住む町にあるんだったらどんなにいいか！

　ノーフォーク北部の海岸へ向かう前に時間があれば、中世の町ウィンダムにある地元コミュニティが経営する〈ケッツ・ブックス〉10に行ってみよう。町の住人たちが覚えている限りでは、ウィンダムにはずっと一軒の本屋があった。2013年にその店の閉店が決まって新聞に町の本屋を救おうという記事が掲載された時、地元コミュニティの同志たちはその呼びかけに応えて立ち上がった。面識のない者どうしがパブに集まり、ボランティアとして本屋を作って運営して行こうと決めた。ボランティアたちは誰もお互いの名前すら知らなかったのだが、理想の本屋像を共有していた。13週間後には融資を受け、事業を設立して賃貸契約の交渉をし、ブランドを立ち上げ、口座を開き、まったく書店業の経験のない人々が〈ケッツ・ブックス〉を運営していく方法を考え出したのだった。

　これまで7年近くの間、この本屋は熱心な常連客たちが多いおかげで順調な経営を続けている。通常時は、年に一度の本に関わる地域プログラム、著者イベント、あらゆる年齢向けの読書会を開催するほか、多くの学校に協力もしている。本屋を順調に運営し、地元コミュニティの発展の一助となるため、最大で40人のボランティアたちが積極的に関われるようにしている。このコミュニティの誰もがこの本屋は自分たちのものだと感じていて、それこそが〈ケッツ・ブックス〉の成功の秘訣の一つになっている。

THE HALESWORTH BOOKSHOP

ANNA FARGHER AT ALDEBURGH BOOKSHOP

ALDEBURGH BOOKSHOP

BOOKBUGS AND DRAGON TALES

BOOKBUGS AND DRAGON TALES

DAN, THE TEAM AND LEANNE OF BOOKBUGS AND DRAGON TALES

ついでながら言うと、この本屋の名前は16世紀のなめし皮業者ロバート・ケットから付けられた。ケットは地元の領主に対する反乱軍を率い、共同体的土地所有（エンクロージャー）のために民衆が苦しい生活を強いられることに抗議した。兵士としての訓練を積んでいないケットの反乱軍は大敗を喫し、ウォリック伯の軍に何千人もの人々が殺されたため、この反乱は成功しなかった。長年、権力者たちはこの出来事を反乱がいかに罪深いかを示す一例としてきたが、1859年に牧師フレデリック・ウィリアム・ラッセルがケットは人々の尊敬に値すると訴えた。ケットは反乱を率いたがそれは正しいことだったとする牧師の主張により、ケットはついにその行いに相応しい地位を得たのだった。1948年にはノリッチ城の壁にケットを記念する銘板が設置され、今では周辺の公共機関もケットの名に言及する際は名誉ある人物とするようになっている。

Alby, Cromer
／アルビー、クロマー

ノリッチからノース・ノーフォークの海岸沿いにあるクロマーに向かおう。子どもづれで旅しているか、子どもへのお土産を探しているなら、クロマーに着く前に行っておくとよい場所がある。アルビーの〈ノーフォーク・チルドレンズ・ブックセンター〉 **11** だ。ここは図書館司書のマリリン・ブロックルハーストによって設立された本屋で、様々な児童書が揃っている（なんと5万冊以上！）。マリリンは幅広い専門知識と経験をもとに本をおすすめしてくれるので、〈ノーフォーク・チルドレンズ・ブックセンター〉はノーフォークの子どもたちと教師らに大人気だ。ただし、行く前にウェブサイトで営業時間を確認しておこう。

次の目的地は訪れる人で賑わう海辺の小さな町クロマーだ。長い砂浜のある、もう少し落ち着いたところが好みなら南のオーバーストランド村に行くのもよいし、さらに少し南に行けばトリミンハム村がある。どちらの村からでも長距離歩道のノーフォーク・コースト・パスを歩くことができる。ノーフォーク・コースト・パスは（サフォーク・コースト・パスの終点に近い）グレート・ヤーマスの南のホプトン・オン・シーからキングズ・リンの北20マイル（32キロ）ほどの所にあるハンストンまで続いている。

ノーフォーク・コースト・パスをハンストンまで歩いていくなら、2、3日は欲しいところだ。途中、ナショナルトラストの自然保護区であるブレイクニー・ポイントを通るし、クライ・マーシーズ・ビジターセンターには野鳥繁殖の聖地で57ヘクタールもの広さの湖と沼、観測小屋、カフェもある。それからRSPBの自然保護区ティッチウェル・マーシュは秋に行くとチュウヒを観測できる。

ブレイクニー・ポイントでゼニガタアザラシや灰色アザラシが日向ぼっこをする素晴らしい光景を目撃するには、ブレイクニーの中心部か海岸沿いを2、3マイル（3〜5キロ）行った先のモーストン・キーでボートを調達する必要がある。年中ボートツアーを提供しているツアー会社がたくさんあるが、とても人気があるのでネットか電話で予約しておくことをお勧めする。

2種類のアザラシのうち、より大型の灰色アザラシの赤ちゃんは冬に生まれて11月〜2月に親アザラシと一緒にいるところが見られる。一方、ゼニガタアザラシの赤ちゃんが見られるのは6月から8月だが、大人のアザラシならばどちらの種類も年中見ることができる。

出発前に内陸方面に向かい、小さくて可愛らしい独立系書店の〈ホールト・ブックショップ〉 **12** に寄って、野生の生き物たちについての本を買っておこう。この本屋は以前の店主が最近引退し、新しい店主が引き継いで店舗も移転した。この先もホールトの町には独立系書店があ

> " ソリハシセイタカシギ、ミヤコドリ、カワセミ、
> そしてコチドリ
>
> *Avocets, oystercatchers, kingfishers*
> *and little ringed plovers*

ると分かって、住人たちは胸をなでおろした。

　ここから車で南に戻るなら、最後の本屋の町に行く前にBBCのテレビ番組『スプリングウォッチ』の撮影地（2008-2010）になったペンストープ自然公園に寄るのがお勧めだ。この公園は設備が整っていて、湿地全体で7つの観察小屋があるほか、公園管理スタッフによる毎日のトークセッション、鳥のエサやり体験に参加でき、カフェも併設されている。ペンストープではここを再び生息地とするようになったソリハシセイタカシギやミヤコドリ、カワセミ、コチドリ、ツクシガモ、チュウヒ、アカアシシギ、ヒゲガラ、セイタカシギ、シマアジ、その他たくさんの鳥たちを観測できる。

Swaffham, Ely, Cambridge
／スワファム、イーリー、ケンブリッジ

　ツアーの最後に、スワファムの〈シーリーズ・ブックショップ・アンド・ティールーム〉 **13** に行こう。ここはできるだけ大勢で行くのがお勧めな店だ。そうすれば、どの自家製ケーキにするか決められなくてもいくつか頼んでみんなで分け合える。新本も幅広く揃っているが、〈シーリーズ〉は古本の品揃えが非常に豊富だ。自信をもってお勧めしたい。

　この後ロンドンに戻るのなら、以下に挙げる2カ所のどちらかに寄って休憩するとよい。美しい川沿いの町イーリーには世界最大のアンティークセンターがあり、素敵な小規模チェー

ン〈トッピング＆カンパニー〉 **14** の支店に行くことができる。イーリー店でも、幅広いジャンルの本がじっくり見やすいように美しく並べられている。通常なら面白そうな文学イベントを開催しているので、イーリーで一泊するならぜひ店のウェブサイトをチェックしておこう。時にはイーリー大聖堂の西の塔、オクタゴンの下でイベントをやることもある。八角形の塔オクタゴンは中世建築技術の離れ業と言うべき代物で、今なお見る者を驚嘆させている。

　あるいは大学町のケンブリッジに寄って川でパント（平底小舟）を漕いだり、大学を見学したりして1、2日過ごし、本屋〈ヘッファーズ〉 **15** へ行くのもお勧めだ。〈ヘッファーズ〉はオックスフォードの素晴らしき書店グループ、〈ブラックウェルズ〉の支店で、インディー出版社の本など面白そうなタイトルがたくさん並んでいる。大学町にある学術書専門の本屋でもあるので、やはり学術書の品揃えも素晴らしい（〈ブラックウェルズ〉グループの詳細はオックスフォード＆コッツウォルズツアーの章を参照）。

THE BOOK HIVE

CERES BOOKSHOP AND TEA ROOM

KETT'S BOOKS

Useful websites ／お役立ちサイト

Suffolk Coast and Heaths Area of Outstanding Natural Beauty
[サフォーク・コースト&ヒース特別自然美観地域]
https://www.suffolkcoastandheaths.org

Sandlings Walk
[サンドリングズ・ウォーク]
https://www.ldwa.org.uk/ldp/members/show_path.php?path_name=Sandlings+Walk

Suffolk Coast Path
[サフォーク・コースト・パス]
https://www.ldwa.org.uk/ldp/members/show_path.php?path_name=Suffolk+Coast+Path

British Walks [ブリティッシュ・ウォークス]
https://www.britishwalks.org

Sutton Hoo [サットン・フー]
https://www.nationaltrust.org.uk/sutton-hoo

RSPB Minsmere
[RSPBミンスミア(自然保護区)]
https://www.rspb.org.uk/reserves-and-events/reserves-a-z/minsmere

Dingle Marshes
[ディングル・マーシーズ(自然保護区)]
https://www.rspb.org.uk/reserves-and-events/reserves-a-z/dingle-marshes

Waveney River Tours
[ウェイブニー川ツアー]
https://www.waveneyrivertours.com

Broads – boating options
[ザ・ブローズ国立公園のボート情報]
https://www.visitthebroads.co.uk/things-to-do/boating/boat-trips

Norfolk Coast Path
[ノーフォーク・コースト・パス]
https://www.nationaltrail.co.uk/en_GB/trails/peddars-way-and-norfolk-coast-path

Cley Marshes
[クライ・マーシーズ(自然保護区)]
https://www.norfolkwildlifetrust.org.uk/wildlife-in-norfolk/nature-reserves/reserves/cley-and-salthouse-marshes

Titchwell Marsh
[ティッチウェル・マーシュ(自然保護区)]
https://www.rspb.org.uk/reserves-and-events/reserves-a-z/titchwell-marsh

Blakeney National Nature Reserve
[ブレイクニー国立自然保護区]
https://www.nationaltrust.org.uk/blakeney-national-nature-reserve

Pensthorpe Natural Park
[ペンストープ国立公園]
https://www.pensthorpe.com

Bookshop Information ／本屋情報

1 Dial Lane Books
[ダイアル・レーン・ブックス]
8 Dial Lane, Ipswich, IP1 1DL
https://www.diallanebooks.co.uk

2 Woodbridge Emporium
[ウッドブリッジ・エンポリアム]
66 Thoroughfare, Woodbridge, IP12 1AL
https://www.woodbridgeemporium.co.uk

3 Browsers Bookshop
[ブラウザーズ・ブックショップ]
70 Thoroughfare, Woodbridge, IP12 1AL
https://www.browsersbookshop.com

4 Aldeburgh Bookshop
[オールバラ・ブックショップ]
42 High Street, Aldeburgh, IP15 5AB
https://www.aldeburghbookshop.co.uk

5 Southwold Books
[サウスウォルド・ブックス]
69 High Street, Southwold, IP18 6DS
https://www.waterstones.com/bookshops/southwold-bookshop

6 The Halesworth Bookshop
[ハルズワース・ブックショップ]
42 Thoroughfare, Halesworth, IP19 8AR

7 Beccles Books [ベクルズ・ブックス]
1 Exchange House, Exchange Square, Beccles, NR34 9HH

8 The Book Hive
[ザ・ブックハイブ]
53 London Street, Norwich, NR2 1HL
https://www.thebookhive.co.uk

9 Bookbugs and Dragon Tales
[ブックバグズ・アンド・ドラゴンテールズ]
41–43, Timber Hill, Norwich, NR1 3LA
https://bookbugsanddragontales.com

10 Kett's Books
[ケッツ・ブックス]
3 Wharton's Court, Wymondham, NR18 0UQ
https://www.kettsbooks.co.uk

11 Norfolk Children's Book Centre
[ノーフォーク・チルドレンズ・ブックセンター]
Wayside, Alby, NR11 7HB
https://www.ncbc.co.uk

12 Holt Bookshop
[ホールト・ブックショップ]
Lion House Court, 26a The High Street, Holt, NR25 6BH
https://www.holtbookshop.co.uk

13 Ceres Bookshop and Tea Room
[シーリーズ・ブックショップ・アンド・ティールーム]
20 London Road, Swaffham, PE37 7DG
https://www.ceresbookshopswaffham.co.uk

14 Topping & Company
[トッピング&カンパニー]
9 High Street, Ely, CB7 4LJ
https://www.toppingbooks.co.uk

15 Heffers [ヘッファーズ]
20 Trinity Street, Cambridge, CB2 1TY

NORFOLK CHILDREN'S BOOK CENTRE

MARILYN BROCKLEHURST of NCBC

NORFOLK CHILDREN'S BOOK CENTRE

FOYLES, CHARING CROSS ROAD

LONDON TOUR
Icons, Villages and Community

ロンドンツアー
—— **本屋界のアイコン、かつてロンドンを構成していた村々の名残、コミュニティ** ——

　ロンドンには世界最高と称される本屋がいくつもあるのは間違いない。〈ハチャーズ〉や〈ウォーターストーンズ〉のピカデリー本店、メリルボーンの〈ドーンツ〉など、本屋界のアイコンとして貴婦人のような風格をもつものから、文学の中心として賑わい、コミュニティの集う場所になっている独立系書店まで様々な本屋がある。シティ・オブ・ロンドン（ロンドン中心部に位置する地区のこと）は数百年の間に村々が合併し、ローマ人が残した城壁や幹線道路から首都へと発展していった歴史がある。西にはオックスフォードの大学町、東には港湾、南はケントの農園ができ、産業が発展した北は地主階級が競って田園の中に広大な屋敷を建てた。

　現在、ある程度この歴史の名残をとどめているエリアもたくさんあるが、イーストエンドやテムズ川の南岸ではジェントリフィケーション（居住者の階層が上がると同時に都市再開発などのために建物の価値が上昇する現象）が発生し、エリアごとの差異はどんどん曖昧になっている。イーストエンドやテムズ南岸のエリアにも素晴らしい本屋がいくつもある（詳しくはp73の独立系書店一覧を参照）。西ロンドンは今も豊かで、本屋に行けば素晴らしい発見があり、贈り物を探すのにも重宝する。ここでは探

していた本の収集も大いにはかどるだろう。たとえ田舎の大邸宅の持ち主がお客として訪れたとしても、その邸宅の図書室を隅々まで稀覯書で埋め尽くしてくれるような本屋が西ロンドンにはあるのだ。ロンドンのイーストエンドは長い間貧困層が暮らす地域だったが、大部分で再開発が進んでモダンな流行の発信地となっているエリアもある。トッテナムコート・ロードはブラックキャブ（ロンドンタクシーの通称）の運転手が越えたがらない非公式の境界線のような道路で、タクシードライバーたちはこの境界の外に出ない範囲で営業することを好む。そのトッテナムコート・ロードのすぐ東にあるのがフリート・ストリートだ。この通りはかつてイギリスの印刷業と出版業の中心だった。ロンドン中心部の東側に位置する本屋の中には、急進的で左翼寄りの本、政治関連書籍を豊富に揃えた本屋、あるいは多様性に焦点をあてた本屋がある。

　以上の本屋をすべて一日でまわるのは、歩きでも自転車でも相当難しいだろう。そこで、本章のロンドンツアーは〈ハチャーズ〉や〈ウォーターストーンズ〉のピカデリー本店を含むロンドン中枢、西ロンドン、そして東ロンドンの3つのルートに分けることにした。素敵な本屋めぐりができるよう、みなさんの幸運を祈る。

中央ロンドン
Piccadilly, Cecil Court
／ピカデリー、セシル・コート

　セント・ジェームズのエリアにあるピカデ
リーからツアーを始めよう。セント・ジェーム
ズは昔ながらの紳士クラブが存在するところ
で、このエリアの店は何世紀にもわたってこの
紳士たちの必需品を提供し続けてきた。ワイン
セラーを補充するならバリーブラザーズ＆ラッ
ド、食糧棚はフォートナム＆メイソン、王室主
催のロイヤルアスコットのために帽子を調達す
るのはロック＆コー、田舎に滞在する時の衣服
はコーディングズ、そしてもちろん本を買うな
ら〈ハチャーズ〉 **1** だ。

　1797年に出版業を営むジョン・ハチャード
が設立した本屋は、1801年以来ピカデリー
187番地に位置している。正直に言うと個人的
にお気に入りの本屋はかなりたくさんあるのだ
が、〈ハチャーズ〉はお気に入り中のお気に入
りだと断言したい。この本屋には歴史と伝統の
風格がただようけれど、その品揃えは一味違う
個性が光っている。つい手をのばしたくなる面
白そうな本が積まれた小さなテーブルがあちこ
ちにあり、その本の多くがインディー出版のも
のだ。中央の木製のらせん階段は上の階まで
ずっと続いていて、最上階はアートや建築、田
舎の大邸宅などについてのイラスト入りの本の
棚が並んでいる。店員は親切で専門知識があり、
ショーウィンドウのディスプレイも見事で、さ
すがピカデリーに長年店を構えているだけのこ
とはある（ご近所のフォートナム＆メイソンの
ショーウィンドウは世界的に有名）。

　同じピカデリーで〈ハチャーズ〉のすぐそば、
ピカデリー203-206番地にあるのがもう一つ
の大型書店だが、雰囲気はかなり異なるのでど
ちらも訪れる価値がある。ここはイギリス全土
に展開するチェーン〈ウォーターストーンズ〉
2 の旗艦店で、読書が日々の生活で重要な位
置を占める人のためにある本屋だ。6つのフロ
アはどれも普通の本屋をいくつも合わせたほど
の規模で、棚には20万冊を超える本が並んで
いる。ヘンゼルとグレーテルがパンくずを道し
るべに歩いたように、本の並ぶテーブルに導か
れて魅惑的な紹介文を読みながら「うわー面白
そう！」「こういうのが読みたかったんだよ
ね！」などと思いながら本を読みふけっている
と一日中だってこの店の中で過ごせてしまう。

　この〈ウォーターストーンズ〉にはいくつも
カフェがあり、西ロンドンで評判の店はみんな
そうだが、ここにも5階に有名なバーがある。
作家たちの非公式なメッカになっているピカデ
リー店の5階は、少人数のグループで集まって
現在執筆中の仕事について熱心に語り合う人々
でいつも賑わっている。バーは2つのパートに
分かれていて、一方は座り心地のよいソファと
抑えた照明があり、周囲の雑音レベルも程よい
豪奢な空間だ。作家たちはこちらに集まってく
る。もう一方はもっと明るい空間で大きな窓か
らセント・ジェームズ界隈の家並みを望むこと
ができ、もう少し格式ばったミーティングやラ
ンチなどに向いている。

　〈ウォーターストーンズ〉を後にしたら、ピ
カデリーの通りからそのままタイムズ・スクエ
アのロンドン版、「ザ・サーカス（円形広場）」
を横切って進もう。ザ・サーカスはエロス像が
あることで有名だが、この像は本当はギリシア
神話の返愛の神、アンテロースらしい。少し左
手に遠回りして〈ザ・セカンド・シェルフ〉 **3**
に寄って行こう。ここは女性作家が書いた20
世紀以降の初版本に加え、古書、稀覯書も販売
する小さな素晴らしい本屋だ。次はレスタース
クエアとトッテナムコート・ロードを横切り、
劇場街の中心に入るとユニークな本屋〈ゴール
ズバラ・ブックス〉 **4** がセシルコートの通りに
ひっそりとたたずんでいるのが見える。セシル
コートは、かつてたくさんの古書店が軒を連ね
ていたことから長年ブックセラーズ・ロウ（本

WATERSTONES CHILDREN'S DEPARTMENT, PICCADILLY

WATERSTONES, PICCADILLY

GOLDSBORO BOOKS

GOLDSBORO BOOKS

> " 君がでかけてから、僕はスタンフォードの店から軍用のデヴォンシャー地図をとりよせて、魂だけは一日じゅうそこの沼沢地方を彷徨していた。
>
> —— アーサー・コナン・ドイル『バスカヴィル家の犬』
>
> （延原謙訳、新潮社）
>
> After you left I sent down to Stanford's for the Ordnance map of this portion of the moor, and my spirit has hovered over it all day.
> –The Hound of the Baskervilles, Arthur Conan Doyle

屋街）と呼ばれていたヴィクトリア時代の古い裏通りだ。〈ゴールズバラ・ブックス〉は稀覯書だけでなく初版本のコレクターたちにとっても天国のようなところだ。イギリスで最もよく知られる作家たちの初版本を豊富に揃えているが、出版されたばかりのサイン入りハードカバー本——つまり「未来の稀覯書」も取り扱っている。抜け目のないコレクターなら、ここに寄らぬという手はあるまい。

Covent Garden ～ Mercer Walk
／コヴェントガーデン～マーサー・ウォーク

　セシルコートの端まで来たら左に曲がり、そのままコヴェントガーデンのロングエーカーに入ってから2つくらい先の角を曲がるとマーサー・ストリートがある。そのすぐ先の裏通り、マーサー・ウォークに位置するのが旅行書専門店の〈スタンフォーズ〉 **5** だ。この店こそ、冒険が始まる場所なのだ。と言っても1970年代の子供番組のキャラクター、ミスター・ベンにたとえているのではない。正真正銘の冒険に出る旅支度をするならこの店、ということだ。1853年、エドワード・スタンフォードが地図の制作および販売を行う業者として〈スタンフォーズ〉を設立し、150年以上にわたりイギリス人旅行者に地図と旅行用品を提供し続けてきた。その顧客には極地探検家のアーネスト・

シャクルトン、長距離飛行士のパイオニアであるエイミー・ジョンソン、歴代の政府、戦時下の首相や国王なども含まれている。南西イングランド海岸沿いのツアーでは、アーサー・コナン・ドイル作『バスカヴィル家の犬』の舞台であるダートムーアの荒地を通ったが、この『バスカヴィル家の犬』の作中でホームズがムーアの地図を取り寄せるのが〈スタンフォーズ〉だ。そしてホームズはコーヒーとたばこしか口にせず、一日中地図を眺めてあれこれ思案するのだ。

　長年〈スタンフォーズ〉はロングエーカーの通りにあったので、マーサー・ウォークまで歩いてくる間に前店舗のそばを通り過ぎたはずだ。店舗の移転と同時に、〈スタンフォーズ〉は新しい時代の流れを受け入れた。地図や旅行書を買うならこの店であることには今も変わりないが、現在では世界を旅したいという密かな（あるいはさして密かでもない）願いを心に抱く人々に向けて、一風変わったデザインの地球儀や複製画、贈り物なども販売している。

Charing Cross Road ～ Shaftsbury Avenue
／チャリングクロス・ロード～シャフツベリー・アベニュー

　〈スタンフォーズ〉のあとはチャリングクロス・ロードに戻り、この通りの107番地にある〈フォイルズ〉 **6** へ行こう。ここも20世紀始めにで

きたロンドンのアイコニックな本屋の一つだ。〈フォイルズ〉が誕生したきっかけはウィリアムとギルバートの兄弟がどちらも公務員試験に落ち、要らなくなった参考書を買い取りたいという申し出が殺到したことだった。そこで二人は古本を売る事業を始めることにした。〈フォイルズ〉は2年間、既に通ったブックセラーズ・ロウ（つまりセシルコート）にあったが、その後はチャリングクロス・ロードに移った。一定の年齢以上の本好きなロンドンっ子に聞けば、20世紀の〈フォイルズ〉の思い出を目を細めて語ってくれるだろう。何しろカリスマ的存在のクリスティーナ・フォイルが経営陣にいた時代、有名作家や著名人が一般大衆と同席する〈フォイルズ〉の文学ランチは当時のロンドン文学界の中心だったし、20世紀も後半になってくるとフォイルズのエキセントリックさは床の上にも本が積まれるほどの狂乱ぶりに発展していた。私もロンドン大学の他の学生と同じように、授業の課題図書リストを手に本屋に走り、年に3度の〈フォイルズ〉攻略に挑んだのを覚えている。ハリー・ポッターが『炎のゴブレット』の物語中、三大魔法学校対抗試合で奔走しながらもなんとか課題を達成していくが、当時〈フォイルズ〉で本を買うとなると、このハリーの冒険譚に迫るほどの困難を乗り越えねばならなかった。最初の難関は本がジャンルごとではなく出版社ごとに分類されていたことで、課題図書を求めて店内を探し回るはめになった。しかも床や椅子、あらゆるところに本が積まれていたので、目当ての本が本棚にあるとは限らない。もう一つ厄介なのが、やっとこさ課題図書を全て探し当ててもどうやって支払ったらいいのかさっぱり分からないことだった。私もいったい何をどうやって払っていたのかよく思い出せない。正直、当時はよく分かっていなかったと思う。ともかくも、本を全て見つけた学生は木製テーブルのそばで忙しなく働いている店員に何度も話しかけようと試みる。だがテーブルは本が既にうず高く積み上げられているので学生は抱えている本を置くこともできずにずっと抱えたままだ。どうやら支払いは済んでるらしい、いやしかし本当にそうかと念のため再度確認をするところまで済ますと、ようやく淑やかに退店と相成るのである。この困難をきわめる大仕事を毎学期行うのだが、苦労して手に入れた本はベッド下に放り込まれ、期末試験の1、2週間前まで顧みられることはない。そして学生たち（つまり私）はパブへと出かけたのだった。

しかし、そうは言ってもみんな〈フォイルズ〉のことが大好きだった。私は今でもあの当時の〈フォイルズ〉のように取っ散らかった本屋を見ると、興奮で胸が高鳴るのだ。

もちろん、最近の〈フォイルズ〉は以前とはまったく違う姿を見せている。二、三軒先にある新しい店舗はおしゃれでモダンな本屋へと変貌をとげた。店に一歩足を踏み入れると明るい光に満ちた美しい吹き抜けがあり、中央の階段を上がれば、訪れる人のことを考えて本が並べられた整然とした売り場が続いている。現在〈フォイルズ〉は〈ウォーターストーンズ〉傘下になっているが、〈ハチャーズ〉のように独自の個性を保っている。

ここからシャフツベリー・アベニューの交差点まで引き返し、〈フォービドゥン・プラネット〉⑦に向かう。コミックやグラフィックノベル、SF、ファンタジーなどの本を売るこの店は巨大なニューヨーク店の方がよく知られているが、実はロンドンのデンマーク・ストリートで1978年に創業した。このジャンルの本が好きな人にとっては説明など不要だろう。

Bloomsbury Way 〜 Marchmont Street
／ブルームズベリー・ウェイ〜マーチモント・ストリート

〈フォービドゥン・プラネット〉を訪れた後は、ブルームズベリー・ウェイに向かって歩き、右折してブルームズベリー・ウェイに入ってから

STANFORDS

THE LONDON REVIEW BOOKSHOP

THE LONDON REVIEW BOOKSHOP

いくつか交差する道を通り過ぎたあとベリー・プレイスで左折する。この先にあるのは、ジョージ王朝時代のタウンハウスが並ぶ高級地区ブルームズベリーだ。著名な芸術家や作家たちが20世紀の初めにこの界隈に暮らし、定期的に会合を持っていたために彼らのグループは「ブルームズベリー・セット」と名付けられた（ヴァージニア・ウルフの家が登場する白亜の断崖サウスダウンズツアーの章を参照）。このエリアは今もロンドン文学界の中心で、多くの出版社が拠点としている。ベリー・プレイスの通りの端まで来たら、その先には大英博物館、そのまた向こうにユニバーシティ・カレッジ・ロンドン（UCL）がある。

ベリー・プレイスには文学と活字を愛する人々にとってこの上なく素晴らしい本屋、〈ザ・ロンドン・レビュー・ブックショップ〉 **8** がある。ここは文学批評雑誌『ロンドンレビュー・オブ・ブックス（LRB）』が設立した本屋で、雑誌の方は編集・出版も手掛けていたユニバーシティ・カレッジ・ロンドンの英文学教授によって1970年代に創刊された。書店員チームはあらゆる本の中でも最良のものを集めているので、この本屋は面白い本を求めてじっくり探すのにもってこいの空間だ。2つのフロアがあり、通常はイベントも数多く開催している。併設のケーキ店も全力でお勧めしたい。本格的なお茶とケーキを提供している上にブルームズベリーという場所柄なので、LRBケーキショップはほぼいつでも文学談義に花を咲かせる人々であふれている。2020年にロンドン・ブックフェアが中止された時はイベントに行くはずだった人々のほとんどがここにやって来たらしく、その1週間ばかりはいかに文学愛にあふれていようと巨万の富の主だろうと、LRBケーキショップのテーブルに座ることはできないほどだった。

中央ロンドンツアーの最後の目的地は、またもアイコニックな本屋〈ゲイズ・ザ・ワード〉 **9**

だ。ラッセルスクエアの公園から北のマーチモント・ストリートまで歩いて行こう（ちなみにここから少し遠回りして何本か東の通りまで歩いて行くとドーティ・ストリートにチャールズ・ディケンズの家があり、現在はディケンズ・ミュージアムになっている）。

〈ゲイズ・ザ・ワード〉は1979年に設立されたイギリスで初めてのレズビアン＆ゲイ専門書店だ。その始まりから、イギリスでゲイのための平等を促進して権利を支持する運動の最前線に立ち続け、ゲイ書籍を販売する小売店の役目を果たしている。それ以前はほとんど通信販売でしか手に入らなかったため、この本屋の設立は結果的にイギリスで初期のゲイ出版業界が発展するのにも貢献した。〈ゲイズ・ザ・ワード〉が1984年から1986年の2年間にわたって繰り広げた税関との闘いは、ゲイ権利史上における重要な出来事だった。当時、税関の手入れで〈ゲイズ・ザ・ワード〉は在庫を差し押さえられ、わいせつ本を輸入しようとした疑いで責任者が告発された。ゲイ支持が高まる中、税関はゲイ書籍がわいせつな内容を含むという訴えを取り下げ、告発は退けられた。〈ゲイズ・ザ・ワード〉に行く前に、ゲイの活動家マーク・アシュトンと「炭鉱夫支援同性愛者の会」を取り上げたマシュー・ウォーチャス監督のコメディ映画『パレードへようこそ』を観ておこう。店の外壁に掲げられたブループラーク（イギリス国内の史跡案内板）には、ここで炭鉱夫支援同性愛者の会が結成され、初めての会合が持たれたことが記されている。

現在も〈ゲイズ・ザ・ワード〉はLGBTQ+コミュニティの中心で、モダンで活気があり、居心地のよいこの本屋には主流派から経験と知識の豊富なスタッフならではの選りすぐったものまで様々な本や映画が揃っている。

西ロンドン

Belgravia ~ Blacklands Terrace
／ベルグレイヴィア~ブラックランズ・テラス

　ロンドン中心部の西側をめぐるツアーは、白い漆喰の高級なタウンハウスと美しく整ったジョージ王朝様式のガーデンスクエア、各国大使館が並ぶ富裕地区のベルグレイヴィアから始まる。この辺りの店やレストランは途方もなくシックだ。最初の本屋に行った後にエリザベス・ストリートに行けば、そこはまるでインスタグラムに写真をアップするためにしつらえたような世界で、花で飾られたカフェやおしゃれなデリ、美しくセクシーな母親たちが買い求めに来るようなカップケーキ店がある。

　〈ベルグレイヴィア・ブックス〉**10** はスタイリッシュな空間にある素晴らしい本屋で、じっくりと見られるよう美しく本が並べられている。ここは優れたフランス語書籍の英語版を出版するインディー出版社、ガリック・ブックスが経営している本屋なので、自社の本（私は大ファン、ぜひ読んでみてほしい！）をたくさん置いている。その他にもイギリスの出版社の選りすぐりの本を揃えていて、その多くはインディー出版の書籍だ。

　次の目的地は1957年に設立された本屋で、ロンドンの愛書家の間では有名な店だ。この本屋を見つけるには、まずエリザベス・ストリートの端でスローンスクエア方面に左折し、キングズ・ロード（1960年代の若者文化「スウィンギング・ロンドン」の中心地）に向かい、デパートのピーター・ジョーンズを通り過ぎるとやがて右手に小さな小路、ブラックランズ・テラスが見える。ここにあるのが〈ジョン・サンドー・ブックス〉**11** だ。初めてこの店に足を踏み入れる時は、ロンドンの知られざる秘密スポットに巡り合ってしまったと思わずにはいられないだろう。私が学生だった頃の〈フォイルズ〉に感じたあのときめきを求めるなら、ここに来れば

いいのだ。ここでこの店の魅力をあれこれ言い立てる代わりに、ひとことだけ言っておこう。本気で自宅の本棚のキュレーションに取り組むつもりなら、〈ジョン・サンドー〉に来ないことには何も始まらない、少なくとも季刊発行のカタログだけでも取り寄せてほしい。

South Kensington ~ Notting Hill
／サウスケンジントン~ノッティングヒル

　ここからドレイコット・プレイス経由でスローン・アベニューを進み、高級デザイナーショップの並ぶブロンプトン・ロードを越え、さらにペルハム・ストリート沿いにロンドンの大きな博物館がいくつもあるサウスケンジントンまで歩くと、地下鉄サウスケンジントン駅の裏の小さな歩行者エリアに〈サウスケンジントン・ブックス〉**12** がある。ここは様々な本が揃っている大きな独立系書店だが、特に強いのが歴史、ビジュアルアート、建築、写真に関する書籍だ。値引き本の棚もある。この店は本の小売業の他にもう一つの仕事として、購入者の指定に合わせて書斎をキュレーションするカスタマイズサービスを行っており、世界中の高級ホテルやクルーズ船の図書室を本で満たしている。つまり、もし最近家を買ったばかりでその家を本でいっぱいにしたいなら、連絡を取るべきはこの店というわけだ。

　ここからは観光客の人の流れに沿って一緒にエキシビション・ロードに向かい、自然史博物館、ヴィクトリア＆アルバート博物館、科学博物館を通り過ぎ（時間とエネルギーがあるならどれもお勧めの博物館）、王立公園のケンジントンガーデンズに入って北西方向に進みつつ池とケンジントン宮殿のそばを通過する。ケンジントン宮殿はダイアナ元ウェールズ公妃が暮らしていたところだ。公園を出たら、ノッティングヒル・ゲート方面に左折する。もし私のような、とにかく全てコンプリートしないと気が済

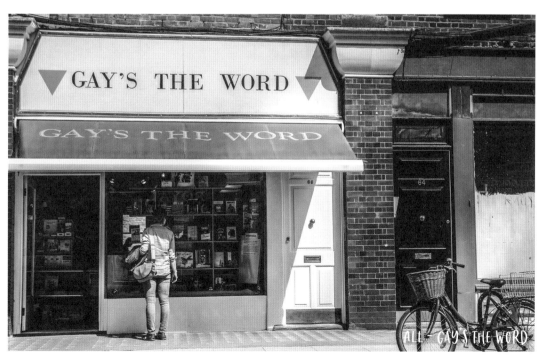

BELGRAVIA BOOKS

BELGRAVIA BOOKS

SOUTH KENSINGTON BOOKS

SOUTH KENSINGTON BOOKS

まない性質なら、そのまま進んで地下鉄ホランドパーク駅を通り過ぎ、〈ドーント・ブックス〉**13** の支店に寄って行こう。しかしもっと大きな本店の〈ドーント〉には後で行くし、この支店に行って帰って来るとなるとかなり歩くので、そこまでこだわるのでなければペンブリッジロードを通ってポートベロー・ロードに行くのもいい。ヴィンテージや骨董品の市場で有名で、市場は日曜以外は毎日開かれている。本屋好きならこの通りのことを1990年の心温まるロマンティックコメディ映画『ノッティングヒルの恋人』のウィルの本屋がある通りとして覚えているかもしれない。

ノッティングヒルの実在の本屋〈ラティアンズ・アンド・ルービンスタイン〉**14** へ行くには、ガストロパブのデューク・オブ・ウェリントンで左に曲がり、ケンジントンパーク・ロードで右に曲がる。ここはそれは美しい小さな独立系書店で、質の高い本と文学作品の品揃えに力を入れている。もし本好きの誰か（自分を含む）に文学にちなんだ贈り物を選ぶなら、ぜひこの本屋に行こう。

Marylebone High Street ～ Mayfair
／メリルボーン・ハイストリート～メイフェア

ここからはベイズウォーターとパディントンの路地を歩くと結構な長距離になるので、通称「ボリスバイク」と呼ばれる公共レンタル自転車に飛び乗るか、あるいは地下鉄駅まで戻ってセントラル線でボンドストリートに行き、そこからオックスフォード・ストリートを越えてメリルボーンまで北上してもよい。オックスフォード・ストリートはかつてロンドンで最も知られた高級ショッピング街だったが、今では退屈なチェーン店が並ぶ通りに観光客といつもせかせかと歩く通行人であふれているばかりだ。そういうわけで、セルフリッジくらいは行ってみるとしても、後は無視して地下鉄駅の反対

側にあるギーズ・コートという小路を進み、もっと面白そうなセント・クリストファーズ・プレイスの通りに向かおう。この通りの端で左に曲がり、次に右に曲がってセイヤー・ストリートを進むとメリルボーン・ハイストリートの端に着く。ブティック、個人経営のカフェやデリが集まるこの賑やかで感じのよい通りに〈ドーント・ブックス〉**15** がある。

ここはまさに私が訪れた中で最も美しい本屋だ。1912年、古書店を営むフランシス・エドワーズのために本屋として特注で建てられ、メインルームには天井にエドワード王朝時代の天窓が付いた木製の回廊があり、古き紳士クラブの図書室のような雰囲気がただよう。1990年にジェームズ・ドーントが買い取り、ドーントは旅をテーマにフィクションとノンフィクションを揃えた上でジャンルではなく国ごとに分類した。〈ドーント・ブックス〉はロンドンと南東イングランドで非常に愛されている本屋で、南東イングランドでは次々と新しい支店を出している。また、〈ドーント・ブックス〉のアイコニックなトートバッグはおみやげとしても人気だ。

最後になったが、次の目的地ももちろん名声の高さで言えばまったく劣らない。西ロンドンツアーの出発点に戻り、ロンドンで最も高級な住宅街のメイフェアに向かおう。メイフェアの本屋〈ヘイウッド・ヒル〉**16** は古本、新本、古書を販売しており、個人の書斎に稀覯書コレクションを提供する仕事を世界中から依頼されている。

東ロンドン

St Pancras ～ Regent's Canal ～ Bloomsbury Street
／セント・パンクラス～リージェント運河～
ブルームズベリー・ストリート

東ロンドンツアーは歩きまたは自転車のどちらで行くにしてもキングズクロスから始まる。

私は学生時代をここで過ごしたのだが、当時の
キングズクロスは線路沿いの低木地帯と安っぽ
い売春婦たちのたまり場になったガス工場に囲
まれていた。1994年に英仏海峡トンネルが開
通して間もなく、近隣のセント・パンクラス駅
が大陸ヨーロッパからの電車の終着駅として選
ばれると、この一帯も活性化して小ぎれいにな
り、今ではおしゃれなバーや高級アパートメン
トが並ぶモダンなハイテクの中心地になってい
る。そんな街にあって様々な変化を乗り越えて
きたのが急進的な本屋〈ハウスマンズ〉 **17** で、
平和や人権、環境保護などの運動を盛り上げる
ことに力を注いでいる。

　1945年に劇作家のローレンス・ハウスマン
が設立した本屋だが、1934年のピーズ・プレッ
ジ・ユニオン（平和誓約協会）の本屋が元になっ
ている。同じエリアで何度も店舗を移転させた
後、1959年に現在の場所に落ち着いた。詩人A・
E・ハウスマンの兄弟であるローレンス・ハウ
スマンは成功を収めたが、（彼の著作における、
聖書の登場人物や王族関係者の描写が20世紀
初頭にはスキャンダラスだと考えられたため）
物議を醸した劇作家でもあった。ハウスマンは
熱心な平和主義者で女性参政権運動を支持し、
オスカー・ワイルドと共に匿名の政治団体カイ
ロネイア団のメンバーとしても活動した。

　〈ハウスマンズ〉は非営利の本屋で、ボラン
ティアの店員が働いている。店内では急進論や
進歩的政治、フェミニズム、黒人政策、LGBTQ
IA＋や環境問題、無政府主義などに関する新本
と古本、定期刊行物を販売している。

　南に向かう前に、ヨークウェイを北上して運
河を渡り、リージェント運河の引き船道沿いに
歩いて行くと、それはそれは素晴らしい小さな
本屋〈ワード・オン・ザ・ウォーター〉 **18** が運河
用の細長いカナルボート（あるいは本の屋形船
とでも言うべきか）の上で店を開いている。新
本と古本を販売するこの店はとにかくお勧めの
本屋だが、通常の時間帯に開いているとは限ら

ないので予めウェブサイトで営業時間を確認し
ておこう。

　またもと来た道を戻ってブルームズベリーの
中心地に向かい、ブルームズベリー・ストリー
トの〈ブックマークス〉 **19** に寄って行こう。こ
こは40年以上も急進的な書籍を出し続けてい
る出版社が運営する本屋だ。店内には政治、経
済、労働組合主義、労働史、環境、黒人闘争な
どに関する書籍が揃っている。

Chancery Lane 〜 Borough Market
／チャンセリー・レーン〜バラ・マーケット

　ここから東に移動してロンドンの金融街、シ
ティに向かう。西ロンドンのツアーと同様、中
央ロンドンの本屋めぐりでも完全制覇を目指す
なら、チャンセリー・レーンにある〈ブラック
ウェルズ〉 **20** と〈ドーント・ブックス〉 **21** のシ
ティ店にも行こう（〈ブラックウェルズ〉の詳細
についてはオックスフォードとコッツウォルズ
の章、〈ドーント・ブックス〉は本章の西ロン
ドンツアーを参照）。〈ブラックウェルズ〉は小
規模出版社の支援に力を注いでいる本屋で、ロ
ンドンの法曹地区にあるので法律書を買うなら
もちろんお勧めの店だ。この二つの本屋から本
屋へ行く間、ロンドンで最も荘厳な大聖堂セン
ト・ポールを通り過ぎる。一見の価値ありなの
でぜひ立ち寄ってほしい。大聖堂の身廊の100
フィート（約30メートル）上にある「ささやき
の回廊」が有名で、人の声がドームの壁沿いに
伝わり、一番向こうのささやき声でも聞こえる
のだ。これは1666年のロンドン大火で大聖堂
が焼け落ちて再建された際、クリストファー・
レン卿によって設計された。

　サウスワーク・ブリッジで川を渡ると、職人
たちの生産する食べ物を売る店やカフェが並ぶ
食べ物天国、バラマーケットがある。ここから
ザ・シャードに近い、トゥーリー・ストリート
にある次の本屋に向かおう。ザ・シャードは

DAUNTS, MARYLEBONE

LUTYENS & RUBINSTEIN

PORTOBELLO ROAD MARKET

95階建ての超高層ビルで、イギリスでは最も高い建物だ。72階の展望台からはロンドン中を見渡すことができる。

〈ザ・リバーサイド・ブックショップ〉**22** は小さな可愛い独立系書店で、選りすぐりの本を販売する知識豊富な書店員チームによって運営されている。文房具や文学作品からアイデアを得た贈り物なども販売しているほか、イベントも定期的に開催している。どんなイベントが予定されているかウェブサイトをチェックしてみるといいだろう。

ここからロンドンブリッジを通ってテムズ川の北側に戻ると、ロンドン大火記念塔のそばを通る。記念塔はアッパーテムズ・ストリートを過ぎてすぐ、右手に見える。私の子供時代にも超高層ビルは存在したがロンドンにはなく、その頃ロンドンの景色を見渡しに行く場所と言えばこの記念塔だった。202フィート（約62メートル）の一本の柱の内部に311段の狭いらせん階段があり、これをのぼると展望台にたどり着く。もしこの塔を西に向けて倒したとしたら、塔のてっぺんの黄金に燃えさかる王冠はちょうどプディング・レーンのロンドン大火が始まった地点に落下する（ここから火事の始まった地点までの距離が約62メートル）。

モア・ロンドンの派手なオフィスビルの間を縫うようにしてタワーブリッジ・ロードへ進み、テムズ川を越えてロンドン塔に向かうルートを選んでもよい。ウィリアム征服王によって1078年に建てられたロンドン塔は幾度も攻め囲まれた過去があり、16世紀・17世紀には敵対する貴族たちの牢獄や処刑場として使われ、王や女王、王子らが捕らえられたこともあったため、すっかりおぞましい場所として有名になってしまった。

Hanbury Street ～ Rivington Street
／ハンベリー・ストリート～リヴィングトン・ストリート

ここから道を渡ると、古代ローマ帝国の都市ロンドニウムを囲んでいたローマの壁のもっとも状態よく残っているオリジナル部分を見ることができる。ここからは、ブリックレーンの端まで長距離を歩いてもいいし、公共レンタルバイクの通称「ボリスバイク」に乗るのもいいだろう。あるいは地下鉄で一駅のオールゲイト・イーストまで行くこともできる。

ブリックレーンは長年、週末のマーケットで人気があり、またバングラデシュ系住民の大きなコミュニティがあるおかげで美味しいカレー屋が多いことでも知られている。ブリックレーンもかつてはイーストエンドのように貧しい町だったが、1990年代には流行のオルタナティブ・カルチャーの中心地として栄え、ブリックレーンからショーディッチ、そしてホクストンの南にいたるまで、通りにはバンクシーのアートやレコード店が登場し、ヴィンテージファッションの店が並ぶようになった。

ブリックレーンの北端近くまで進んでハンベリー・ストリートで右に曲がると、〈リブレリア〉**23** がある。クリエイティブなコワーキングスペースを提供するセカンド・ホームが親会社で、この非常にユニークな本屋も親会社と共通の理念を持っている。審美的デザインにこだわっていて、本を通常のジャンルごとではなく「家と暖炉」や「世の中をつまらないと思っている人へのおすすめ」などといったテーマで分類し、またイベントで招いたゲストのお気に入りの本を並べた本棚も置いている。〈リブレリア〉のクリエイティブな趣向に合致するゲストを呼んでイベントを定期的に開催しているので、ウェブサイトで詳細をチェックしておこう。

本章最後の本屋の一つ、〈ブリックレーン・ブックショップ〉**24** は可愛らしい店だ。豊富な品揃えの素敵な独立系書店で、特に地元関連の

書籍が充実している。私が訪れた時は店内には
お客さんでいっぱいで、この光景を見るのはや
はり嬉しいものだ。

　ここからジグザグと北西方面へ進み、おしゃ
れなホクストンのリヴィングトン・ストリート
にある〈アートワーズ・ブックショップ〉**25** で
ビジュアルアート関連の美しい本を堪能し、新
進のアーティストや学生、小規模出版社の出す

本が専門の〈ブックアート・ブックショップ〉
26、少し先でギャラリーと店舗を共有してい
る〈ホクストン・ブックス〉**27** に寄って、この
旅を締めくくるとしよう。

Useful websites ／お役立ちサイト

Charles Dickens Museum
[チャールズ・ディケンズ博物館]
http://www.dickensmuseum.com

The Shard Viewing Platform
[ザ・シャード展望台]
https://www.theviewfromtheshard.com

Tower of London
[ロンドン塔]
https://www.hrp.org.uk/
tower-of-london

The Monument
[ロンドン大火記念塔]
https://www.themonument.info

WORD ON THE WATER

A. N. DEVERS OF THE SECOND SHELF

By Appointment to
HER MAJESTY THE QUEEN
BOOKSELLERS
Hatchards Ltd, London W.1.

DIEU ET MON DROIT

Hatchards

HATCHARDS, PICCADILLY

Bookshop Information ／本屋情報

1 Hatchards
［ハチャーズ］
187 Piccadilly, London, W1J 9LE
https://www.hatchards.co.uk

2 Waterstones
［ウォーターストーンズ］
203–206 Piccadilly, London,
W1J 9HD
https://www.waterstones.com/
bookshops/piccadilly

3 The Second Shelf
［ザ・セカンド・シェルフ］
14 Smith's Court, Soho, London,
W1D 7DW
https://www.thesecondshelf.com

4 Goldsboro Books
［ゴールズバラ・ブックス］
23–27 Cecil Court, London,
WC2N 4EZ
https://www.goldsborobooks.com

5 Stanfords
［スタンフォーズ］
7 Mercer Walk, London, WC2H 9FA
https://www.stanfords.co.uk/
london-store

6 Foyles
［フォイルズ］
107 Charing Cross Road, London,
WC2H 0DT
https://www.foyles.co.uk/bookstore-
charing-cross

7 Forbidden Planet
［フォービドゥン・プラネット］
179 Shaftesbury Avenue, London,
WC2H 8JR
https://www.forbiddenplanet.com/
stores/london-megastore

8 The London Review
Bookshop
［ザ・ロンドン・レビュー・ブックショップ］
14 Bury Place, London, WC1A 2JL
https://www.londonreview
bookshop.co.uk

9 Gay's the Word
［ゲイズ・ザ・ワード］
66 Marchmont Street, London,
WC1N 1AB
http://www.gaystheword.co.uk

10 Belgravia Books
［ベルグレイヴィア・ブックス］
12 Eccleston Street, London,
SW1W 9LT
https://www.belgraviabooks.com

11 John Sandoe Books
［ジョン・サンドー・ブックス］
10 Blacklands Terrace, London,
SW3 2SR
https://www.johnsandoe.com

12 South Kensington Books
［サウスケンジントン・ブックス］
22 Thurloe Street, London, SW7 2LT
http://www.kensingtonbooks.co.uk

13 Daunt Books
［ドーント・ブックス］
112–114 Holland Park Avenue,
London, W11 4UA
https://www.dauntbooks.co.uk/
shops/holland-park

14 Lutyens and Rubinstein
［ラティアンズ・アンド・ルービンスタイン］
21 Kensington Park Road, London,
W11 2EU
https://www.lutyensrubinstein.co.uk

15 Daunt Books
［ドーント・ブックス］
83 Marylebone High Street, London,
W1U 4QW
https://www.dauntbooks.co.uk/
shops/marylebone

16 Heywood Hill ［ヘイウッド・ヒル］
10 Curzon Street, London, W1J 5HH
https://www.heywoodhill.com

17 Housmans ［ハウスマンズ］
5 Caledonian Road, London, N1 9DY
https://www.housmans.com

18 Word on the Water
［ワード・オン・ザ・ウォーター］
Regent's Canal Towpath, Kings Cross,
London, N1C 4LW
https://www.wordonthewater.co.uk

19 Bookmarks
［ブックマークス］
1 Bloomsbury Street, London,
WC1B 3QE
https://www.bookmarksbookshop.co.uk

20 Blackwell's
［ブラックウェルズ］
50 High Holborn, London, WC1V 6EP
https://www.blackwells.co.uk

21 Daunt Books
［ドーント・ブックス］
61 Cheapside, London, EC2V 6AX
https://www.dauntbooks.co.uk/shops/
cheapside

22 The Riverside Bookshop
［ザ・リバーサイド・ブックショップ］
Unit 15, Hay's Galleria,
57 Tooley Street, London, SE1 2QN
https://www.riversidebookshop.co.uk

23 Libreria
［リブレリア］
65 Hanbury Street, London, E1 5JP
https://www.libreria.io

24 Brick Lane Bookshop
［ブリックレーン・ブックショップ］
166 Brick Lane, London, E1 6RU
https://www.bricklanebookshop.org

25 Artwords Bookshop
［アートワーズ・ブックショップ］
69 Rivington Street, London,
EC2A 3AY
https://www.artwords.co.uk

26 Bookartbookshop
［ブックアート・ブックショップ］
17 Pitfield Street, Hoxton,
London, N1 6HB
http://bookartbookshop.com

27 Hoxton Books
［ホクストン・ブックショップ］
Unit 1 99 East Road, London, N1 6AQ

SOUTH DOWNS

SOUTH DOWNS TOUR
Antiques, Austen and Pebble Beaches

白亜の断崖サウスダウンズツアー
── アンティーク、ジェーン・オースティン、小石のビーチ ──

　このイングランド南東ツアーでは、なだらかに起伏する石灰層の丘陵地が続くサウスダンズ国立公園をめぐっていく。

　ツアールートは中世の町や村の合間をジグザグに進みながらビーチー・ヘッドの白い崖まで行き、それから小石のビーチ沿いに旅を続けて特別自然美観地域のハイ・ウィールドをめぐった後、再びロンドン方面に向かう。ジェーン・オースティン、ヴァージニア・ウルフとブルームズベリー・グループに縁のあるサウスダウンズは、文学的遺産が豊かなエリアだ。

　この辺りを旅すれば、ロンドンを中心に放射状にのびているイギリスの幹線道路が時計回りに番号付けされていることにすぐ気がつくだろう（高速道路 M1 〜 M6）。ロンドンは時計の中心というわけだが、それはまるで6切れのパイが北東から北西方向へ順に並んでいるようでもある。（7番目はなぜか存在せず）8番目と9番目の幹線道路はスコットランドの各地を結んでいる。イギリスの道路システムの分類は、政府がどこへ予算をあてるかを決めるために道路を分類する必要が生じ、1923年に本格的に始まった。私は1940年代と1950年代の地図を持っていて、そうした古い地図を見るとこの時代に A で始まる道路（A1など）が赤色、B で始まる道路（B10など）が青っぽい緑色で印刷

され始めたのが確認できる。

Farnham, Chawton, Alresford
／ファーナム、チョートン、オルスフォード

　今回のツアーは A31 沿いからスタートする。ロンドンから、あるいは M25 辺りからどうにかこうにか運転してきたのなら、まずはファーナムの〈ブルーベア・ブックショップ〉■ に寄ろう。この本屋ならきっと疲れ切った心と体をリフレッシュしてくれるだろう。2019年にオープンしたとても魅力的な本屋で、素敵なカフェも併設している。

　A31 をさらに進むと、アルトンに近いチョートン村にジェーン・オースティンの家がある。2つの本屋、〈ブルーベア・ブックショップ〉と次の〈ローレンス・オックスリー〉の中間あたりに位置する。ジェーン・オースティンのファンであるか否かにかかわらず、物書きになる野望を胸に秘めている人ならぜひオースティンの家を訪れてほしい。オースティンが全ての作品を書いて手直しを行ったのがこの家で、1949年にジェーン・オースティン協会が買い取って以来、この博物館はオースティンの所有物を数多く収集した。その中にはオースティンが執筆に使用したライティングデスク、アクセサリー、

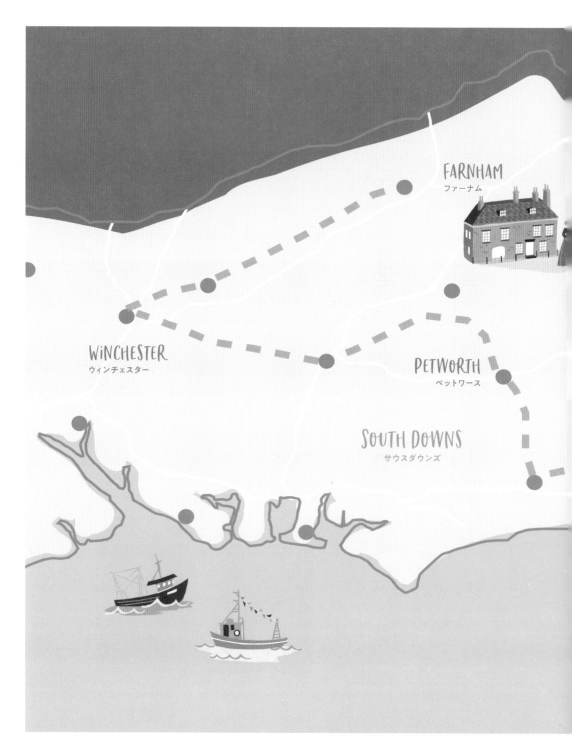

FARNHAM
ファーナム

WINCHESTER
ウィンチェスター

PETWORTH
ペットワース

SOUTH DOWNS
サウスダウンズ

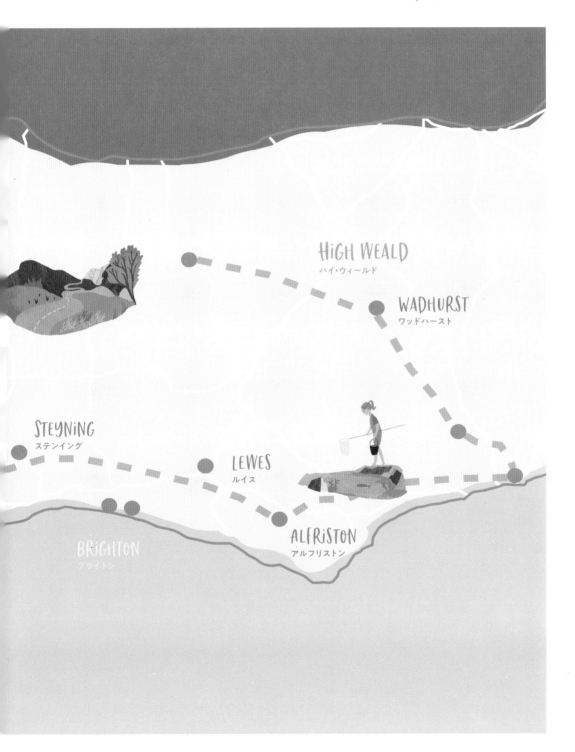

HiGH WEALD
ハイ・ウィールド

WADHURST
ワッドハースト

STEYNiNG
ステンイング

LEWES
ルイス

BRiGHTON
ブライトン

ALFRiSTON
アルフリストン

BLUE BEAR BOOKSHOP

SOUTH DOWNS

KEMPTOWN BOOKSHOP

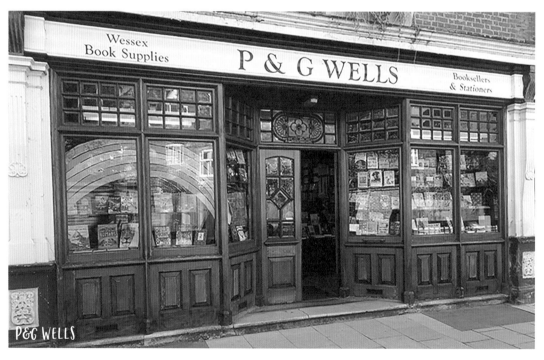

P&G WELLS

" とうとうトム・ルフロイとたわむれることのできる最後の日が来ました、
この手紙を姉さんが受け取る頃にはすべて終わりです。
そう考えると悲しくてこれを書きながら涙が出てきます。
—ジェーン・オースティンが1796年1月16日に姉カサンドラに宛てた手紙
（塩谷清人『ジェイン・オースティンの手紙』より）

At length the day is come on which I am to flirt my last with Tom Lefroy,
and when you receive this it will be over.
My tears flow as I write at the melancholy idea.
–Jane Austen, letter to Cassandra Austen, 16 January 1796

本、本人や一緒に暮らした母親、姉のものだった家具などがある。今にもジェーン・オースティンが家から出てきて顔を見せてくれそうな風情があり、博物館の展示を見ればオースティン自身の恋愛体験、またその体験がいかに作品に影響を与えたかを見ることができる。

次の目的地はオルスフォードの〈ローレンス・オックスリー〉**2**で、歴史あるたたずまいの美しいこの店では新本の他に古本、稀覯書、地図を販売している。また古い版画や現代作品の限定プリントもある。

Winchester ／ウィンチェスター

ここからさらに旅を続けてA31沿いの最後の目的地、緑豊かな古い街ウィンチェスターへ行こう。ウィンチェスターは散策を楽しむのにもってこいの場所だ。見どころといえば、大聖堂も、13世紀のグレートホールもある。グレートホールの中には「アーサー王の円卓」が飾られている。これは伝説の円卓を模した中世のテーブルで、ヘンリー8世の時代に訪れた神聖ローマ皇帝の印象をよくしようとして作らせたものだ。古い中世の城壁のすぐ外側、旧司教殿（ウルブジー城）のすぐそばに〈P & G ウェルズ〉**3**という本屋がある。木造の外観にダークウッ

ドの本棚が並ぶとなれば、まさに私好みの本屋だ。伝統的な本屋の風情がありながら、選び抜かれた様々なジャンルの本が並んでいて、ここへ入ったら、素晴らしい本を手にすることなく出てくるなどあり得ない。この本屋には、いにしえの街ウィンチェスターの歴史と絡んだ長い長い過去がある。本の販売事業が始まったのは1729年で、同じ通りの、おそらく同じ場所だったと言っていいだろう。この店の見習いだったジョウゼフ・ウェルズが店主になったのが1886年〜1890年のいずれかの年で、その際に店名がウェルズショップとなった。のちにジョウゼフは息子のフィリップ（Philip）とジョージ（George）を後継者とし、店の名前は現在のものに変更された。美しい木造の外観は1891年にフィリップとジョージが導入したものだ。店は1983年から共同経営に移行し、現在に至る。いにしえの都市に相応しい、長い歴史だ。

South Downs, Petersfield, Haslemere ／サウスダウンズ、ピーターズフィールド、ヘイズルメア

次は東に向かい、サウスダウンズまで行こう。サウスダウンズには最終氷河期の後にできた石灰層の断崖がウィンチェスターからビーチー・

ヘッドの白い崖まで広がっている。これからこのツアーは緩やかな起伏の美しい土地にあるピーターズフィールドに向かうが、ダウンズの景色を眺めながらウォーキングを楽しんでみたい気分なら、歴史ある邸宅ヒントン・アンプナーまで足を延ばしてみるといい。ここにはナショナルトラストが提供する4マイル（約6.4キロ）のウォーキングコースがあり、屋敷の敷地内から地元の森林地、そして高いブナの木々が続く並木道までめぐることができる（章末に掲載されているこのウォーキングコースのウェブサイトを参照）。

ピーターズフィールドの本屋は〈ワン・ツリー・ブックス〉**4** といって、大きな店内に楽譜売り場やカフェがあり、通常時はイベントも定期的に開催している。またこの店では「本のお医者さん」サービスなるものも提供しており、お客と一緒に本の好みについて話し合い、それを元に個人に合わせた読書リストを作成して翌月から本を配達してくれるという読書セラピーも含まれている。このサービスを旅の連れにプレゼントしたら、きっと素敵なサプライズになるはず！

ここから北に向かってジグザグに進み、半木骨造りの家が並ぶ美しい市場町のヘイズルメアに行こう。この町にある〈ザ・ヘイズルメア・ブックショップ〉**5** は可愛らしい小さな独立系書店で、店員たちはとても親切で知識豊富だ。新本を幅広く揃えているが、古本も販売している。

Arundel ／アルンデル

そのまま南東に進んでペットワースに向かおう。なにしろアンティークを売る店や市場がたくさんあるので、アンティーク好きならここではたっぷり時間が必要だ。〈ザ・ペットワース・ブックショップ〉**6** は町の中心部にある明るく素敵な本屋で、幅広いジャンルの本が揃っている。17世紀の邸宅ペットワース・ハウスから

徒歩で数分なので、ぜひこちらも行っておきたい。ペットワース・ハウスは現在ナショナルトラストの所有で、屋敷内にはヴァン・ダイク、ターナー、ゲインズバラなどの美術コレクションがあり、また庭園を手がけたのはイギリスで最も有名な造園家であるランスロット・〝ケイパビリティ〟・ブラウン[1]だ。

次の目的地はアルンデル（とそのおとぎ話のような城）で、ここもアンティーク好きにはたまらない町だ。今回のツアーのように北からこの町にやってくると、到着時は丘の上に立つ大聖堂の荘厳な姿が見えないので、町を離れる時はアルンデル駅の鉄橋を渡る際に（安全を確かめた上で）振り返って見てみよう。坂を上っていったところに大聖堂がそびえ立つアルンデルの町とアルン谷の美しい風景を楽しむことができる。

アルンデルの独立系書店には〈ザ・ブック・フェレット〉**7** という素敵な名前がついている。様々なジャンルから選りすぐった本が並んでいるほか、文学トートバッグ各種、靴下、マグカップなど、本にちなんだ贈り物もある。

アルンデルはランチにお勧めしたい町でもある。個人経営のカフェやレストランがたくさんあり、その多くは犬連れも歓迎している。あるいは食べ物をテイクアウトしてビーチでピクニックというのもいいかもしれない。ピクニックにはワージングのすぐ西、フェリングからリトルハンプトンまでのエリアがぴったりだろう。

Steyning ／ステニング

次に、このツアーは古風な趣のあるステニングの町に向かう。この町からは、サウスダウンズ・ウェイを通って旧石器時代のヒルフォート（周囲より高くなっている土地を利用し、防御された居留地として使われた土塁）のチャンクトンベリー・リングまで行って戻ってくる6

＊1…造園の依頼主たちに「あなたの所有地はもっとよくなるケイパビリティ（将来性）がある」と言うのがブラウンの口癖だったことから付いたあだ名で、本名よりも「ケイパビリティ・ブラウン」として知られている。

BARNETT'S OF WADHURST

RICHARD HARDY SMITH OF BARNETT'S

BARNETT'S OF WADHURST

ONE TREE BOOKS

ALAN THE CAT OF BAGS OF BOOKS

BAGS OF BOOKS

BAGS OF BOOKS

THE HASLEMERE BOOKSHOP

マイル（約9.7キロ）ほどの散策に出かけることができる。その途中でチャンクトンベリーよりやや時代の下る鉄器時代のヒルフォート、シスベリー・リングと海岸の美しい眺めも楽しめる（もしくは、丘の近くの小さな駐車場まで車で行ってそこから歩いてもよい）。

ステイニングの本屋、〈ザ・ステイニング・ブックショップ〉**8** は美しく伝統的な18世紀の建物内にある店で、子どもづれで来たら一人残らずみんな大喜びするだろう。なんと広々とした児童書売り場の真ん中に、大きな赤い木製列車が置いてあるのだ。〈ステイニング・ブックショップ〉は素朴なよさを大事にする本屋で、この列車も店主のグールトンの叔父、マーティンが作ったものだ。おまけに、頻繁に開催する著者イベントや子ども向けイベントではいつも手作りのケーキやビスケットが振舞われる！作家ジュリア・ドナルドソンはこの町に住んでいるので、店ではドナルドソンのサイン入り本をいつも置いていて、代表作の『グラッファロ』シリーズに関連したイベントも行っている。

通常時なら著者（それもかなりの確率で有名な）を囲んだ食事会など、定期的にイベントを開催しているので、ぜひウェブサイトでどんなイベントが予定されているか確認しておこう。また、この本屋は5月に行われる地元の文学祭、ステイニング・フェスティバルの開催にも関わっている。

Brighton／ブライトン

ここからツアーは伝統にとらわれない町ブライトンへ向かうので、今までとは少しペースを変えていくことになる。ブライトンは長い間著名人やおしゃれで前衛的な人々を惹きつけてきた。たくさんの通りが密集する有名な「レーンズ」は個人経営の店やブティックがいっぱいで週末は混雑することもあるが、今まで来たことがないのならやはり行ってみる価値はある。

ブライトンと市内のケンプタウン地区に行くと、私はどうしてもグレアム・グリーンの印象的な小説『ブライトン・ロック』のことを考えずにはいられない。特に日帰りの観光客の群れがロンドンのヴィクトリア駅からの電車で5分ごとに到着してはクイーンズ・ロードになだれ込み、勝手気ままに騒ぎながら競馬場へと向かっていくシーンの描写を思い出すのだ。今ではそこまで頻繁に電車がやって来ることはないだろうが、ためしに土曜の朝にブライトン駅のそばに立ってみれば、さほど変わらない光景を目にするはずだ。グレアム・グリーンの時代から時を経ても、海を見てスリル満点なブライトンらしさを体験すれば、やっぱりわくわく胸が躍って気分が浮かれてしまうもの。時の国王たちだって同じように感じたに違いない。その証拠に、ブライトンにジョージ4世が建てさせた海辺の別荘、ロイヤル・パビリオンは贅を尽くした家具とけばけばしい内装のド派手な建物で、本書のツアーで訪れる他の大邸宅とはかなり趣が異なる。

Brighton and Hove／ブライトン・アンド・ホーヴ

ブライトン・アンド・ホーヴ（ブライトンとホーヴで単一の自治体）は本屋天国の町で、このツアーでは5つの独立系書店に立ち寄るが、一つ一つ個性が異なるのでどの本屋もお勧めだ。おまけに〈ウォーターストーンズ〉の大型店舗もある。6つの本屋は桟橋の西側と東側にあって町の中心部から歩いてすぐだが、インラインスケーターたちを避けながら遊歩道沿いを歩いたり、あるいはビーチ沿いを散策しながら町の中心まで戻ってくるのもよい。最初の独立系書店は、本屋とベジタリアン食中心のカフェを兼ねる〈ザ・フェミニスト・ブックショップ〉**9** だ。クラウドファンディングでの資金集めが成功して2019年の終わりにオープンしたこの店は、女性が書いた女性についての本を取り

揃えているだけでなく、女性とノンバイナリーの作家支援について意見を交換しあうコミュニティの集う場所にもなっている。西に少し行くと、次の本屋〈シティブックス〉🔟がある。二階建ての素晴らしい本屋で、小規模出版社から買い付けるなど本の仕入れ先に配慮した品揃えだ。定期的にイベントを行っているので店のウェブサイトで詳細を確認しておこう。〈シティブックス〉はチャールストン・フェスティバルも主催している。このエリアにはいくつも賞を受賞している児童書専門店の〈ザ・ブックヌック〉🔟もある。多種多様な児童書を揃えており、どの子どもも自分に合う本を見つけられるのがこの店の強みだ。ロンドン及び南部エリアの最優秀本屋賞に選ばれた〈ケンプタウン・ブックショップ〉🔟は三階建てで、良書が揃っているだけでなく2階には様々な文房具、地下には子どものおもちゃやゲームなどがある。〈ケンプタウン・ブックショップ〉はアート印刷会社ブックルーム・アート・プレスも運営しており、限定エディションの美しい版画作品を販売している。当初はエリック・ラヴィリアスやエドワード・ボーデンなど地元アーティストによる本のイラストを印刷していたが、さらにポール・ナッシュやエドワード・アーディゾーニ、シリル・パワーなどグロスヴェナースクール（グロスヴェナー現代美術学校）出身のリノリウム版画家など、さらに多様なアーティストの作品を手がけるようになった。すべての作品が3階にあり、購入する際は額あり・なしのどちらでも選ぶことができる。また東へ戻って桟橋を通り過ぎると、新本と古本の両方でサイン入り初版本を豊富に揃えている独立系書店、〈ゴールズバラ・ブックス〉🔟のブライトン支店がある。この店の詳細については、ロンドンツアーの章を参考にしてほしい。

〈ウォーターストーンズ〉🔟の大型店舗は町の中心部に位置している。5階建てで2つのカフェがあるので、ドライブの途中で休憩がてら立ち寄るのにぴったりだ。通常時は土曜の朝に子どもクラブをやっているほか、定期イベントも開催している。

Lewes, Alfriston／ルイス、アルフリストン

前衛的で賑やかなブライトンと比べると少しばかり品のあるルイスに向かおう。ルイス（Lewes）は「ルーウィス」という感じで発音するのだが、ここにはたくさんの狭い小路（サセックス風に言うとトゥイッテン）が密集している。アンティークや収集家向けのお店が多く、またアン・オブ・クレーヴズの家もあるのでぜひ訪れたい。アン・オブ・クレーヴズのことはヘンリー8世の4番目の妻として記憶されているだろうが、ヘンリー8世はアンが肖像画に描かれているほど美人でないと分かって激怒したという。政治的な理由でやむなく結婚したものの、王は床入りによって結婚を完了することができなかったとして、6カ月後にアンを離縁した。ヘンリー8世が気の毒な他の妻たちにした仕打ちに比べると、アンははるかにましな扱いで済んだのだ。アンの家は離婚条件の一部で、現在ではチューダー朝の生活を知ることのできる優れた博物館になっている。

ルイスには、可愛らしい児童書専門店〈バッグズ・オブ・ブックス〉🔟がある。ここはすべての子どもが自分に合った本を見つけられるようサポートすることに力を入れている。通常時は定期的に読み聞かせのイベントや人形劇などを行っているので、ウェブサイトで予定を確認してみよう。運が良ければ本屋の看板猫アランに会えるかもしれない。いつ本屋に現れるかは、気まぐれなアランの気分次第なのだとか！

次の目的地はアルフリストンだが、その前にロドメルにあるアイコニックな作家の自宅「モンクズ・ハウス」に寄って行こう。モンクズ・ハウスはヴァージニア・ウルフのコテージだ。元々この家はウルフと夫の田舎の別荘だったも

THE STEYNING BOOKSHOP

THE BOWERS FAMILY

THE STEYNING BOOKSHOP

ROTHER BOOKS

ROTHER BOOKS

CITY BOOKS

ので、ここでブルームズベリー・グループ（イギリスの作家・芸術家のサークル）のメンバーだったＴ・Ｓ・エリオットやＥ・Ｍ・フォースターなどをもてなしていたが、ロンドンの自宅が第二次世界大戦の空襲で被災したためこちらに定住するようになった。ウルフは庭にある小屋で執筆を行った。1922年から1941年の間にほとんどの作品をここで書き上げ、最後の1941年にウーズ川に身を投じて非業の死を遂げた。

ガンガン歩ける人は、ここからサウスダウンズ・ウェイの一部に挑戦するのもよいだろう。アルフリストンからイーストボーンまで歩くのだが、その道中で白く輝く断崖の続くセブンシスターズを登ったり下ったりしながら進む。セブンシスターズは、何マイルも先の沖合にいても見ることができる。実は8つの丘があり、風が強ければかなり厳しいウォーキングになる。昔私の友人たちがこのコースに挑戦したことがあったのだが、雨と強烈な風のためにひどい目にあった。私は試験の真っ最中で友人たちと一緒に行くことができなかった。この友人たちの前でアルフリストンという名を口にしようものなら、いまだに頭を横に振りながら「（アル）フリストン……」と憂鬱げにつぶやくのだ。しかし天気さえよければ景色は最高に素晴らしい。

ウォーキングに挑戦しない場合は、アルフリストンにはたくさんの素晴らしい食事処があるので、そこで存分にまったりと過ごすことにしよう。私のお気に入りの店はシンギング・ケトルだ。15世紀の火打石造りのコテージで素晴らしい食事を提供している。食べ物を楽しんだ後は、村の本屋〈マッチ・アドゥ・ブックス〉**16** に行こう。ここは本当に楽しい本屋だ。新本と古本があって、店に入ると入口からずらりと本が並んでいる。中庭にはブックハットと呼ばれる小屋があり、メインの売り場には選りすぐりの本が揃っている。上の階の部屋は工芸教室に使われていて、通常時は参加することができる。しかし犬は外で待っていなければならな

い。私がこの本屋に来た時は、看板ニワトリが店内を自由気ままに走り回っていたのだから！

Hastings, Battle ／ヘイスティングス、バトル

ここから東のヘイスティングスまで進み、〈ヘア・アンド・ホーソーン・ブックショップ〉**17** を訪れよう。小さな美しい店には選び抜かれた本が並んでいる。ここに来たなら、面白くてユニークな本が見つかるのはもう運命と決まっているのだ。この店は旧市街にあり、周りはゆがんだ古い建物が並ぶヴィンテージショッピングにうってつけの魅力的なエリアだ。ザ・ステイドと呼ばれるヘイスティングスのビーチは、ビーチから海に乗り出す珍しい漁業の中心地として長らく栄えていた。風変わりな背の高い木造の小屋が並んでいて、かつては漁に使う網を干しておくのに使われていたが、今では新鮮な魚や小エビ、巻貝、ザル貝などを売る屋台が並んでいる。イーストヒル・クリフ・レイルウェイというケーブルカーに乗ると、頂上で素晴らしい景色とウォーキングが楽しめる。そして賑やかなアメリカ・グラウンド地区には、最近オープンしたばかりの〈ザ・ヘイスティングス・ブックショップ〉**18** がある。この店では詩、哲学、政治、芸術、自伝、自然関連の本の品揃えが充実している。

学校の歴史の授業で習ったことなどほとんど思い出せないという人でも、「ウィリアム征服王」と「1066年」と言えばヘイスティングスだということは覚えているだろう。関連スポットがいくつもあるので、訪れてもっと学ぶこともできる。ウィリアム征服王が軍を率いて上陸したのがペヴェンシーで、最初に建造した城もここにある。しかし天下分け目の戦いの場となったのは、ヘイスティングスのすぐ北にあるバトルという町だった。この町では、ウィリアム征服王が勝利を記念して建てさせたバトル修道院を訪れ、イングランドのハロルド王が敗北した

とされる場所を見たり、戦場や廃墟となった修道院の周りを囲む遊歩道を歩いたりすることができる。

バトルの町にある素晴らしい独立系書店〈ロザー・ブックス〉**19** では、親切で知識も豊富な店主のイアンがキュレーションした様々なジャンルの面白そうな本が並んでいる。地元コミュニティにとても愛されている本屋だ。

バトルに着く頃には、すでにハイ・ウィールドの中心部まで来ている。ハイ・ウィールドはいくつもの丘、古代の森、農場が広がる特別自然美観地域指定エリアだ。この地方に独特のオーストハウス（乾燥場）というのがあるので、見渡して探してみよう。これは古い納屋あるいはコテージで、とんがり帽子の形をした屋根のてっぺんに白い木製の集風器が付いている。オーストハウスは元々、ビールの醸造に使われたホップを乾燥させるための施設だった。20世紀前半を通じて、光化学スモッグで覆われたロンドンからたくさんの人々が夏の休暇を過ごしにハイ・ウィールドへやって来て、ホップ摘みにいそしんだ。オーストハウスのほとんどが

今では個人の住宅に改装されたが、一部は別荘として貸し出されている。

Wadhurst, East Grinstead, Tonbridge
／ワッドハースト、イースト・グリンステッド、トンブリッジ

このツアーの最後から2番目の目的地は市場町のワッドハーストだが、ワッドハーストに向かう途中、数ある城の中でも最も「城らしい」城と言えるボディアム城がロバーツブリッジの近くにある。14世紀に建てられた非常に大きな城には堀と跳ね橋があり、敵対する貴族の軍勢に城が包囲された過去など、歴史ネタにも事欠かない。

ワッドハーストの素敵な本屋、〈バーネッツ・オブ・ワッドハースト〉**20** は、昔ながらの風情の可愛らしい店だ。小さいながらも幅広いジャンルの本がいっぱいに詰まっていて、郷土史関連の本の品揃えが充実している。

旅を締めくくるべくウィールドの北端を進むと、イースト・グリンステッドと6500エーカー（約26平方キロ）のヒースが茂る荒地、アッシュ

Useful websites ／お役立ちサイト

Jane Austen's House
［ジェーン・オースティンの家］
https://www.janeaustens.house

Winchester Great Hall
［ウィンチェスター・グレートホール］
https://www.visitwinchester.co.uk/listing/the-great-hall

Circular Walk at Hinton Ampner
［ヒントン・アンプナーの環状遊歩道］
https://www.nationaltrust.org.uk/hinton-ampner/trails/dutton-estate-walk-at-hinton-ampner

Petworth House and Park
［ペットワース・ハウス］
https://www.nationaltrust.org.uk/petworth-house-and-park

The Brighton Pavilion
［ロイヤル・パビリオン］
http://www.brightonmuseums.org.uk/royalpavilion

Charleston Festival
［チャールストン・フェスティバル］
https://www.charleston.org.uk/festival

Ann of Cleves House
［アン・オブ・クレーヴズの家］
https://www.sussexpast.co.uk/properties-to-discover/anne-of-cleves-house

Monk's House
［モンクズ・ハウス］
https://www.nationaltrust.org.uk/monks-house

Pevensey Castle
［ペヴェンシー城］
https://www.english-heritage.org.uk/visit/places/pevensey-castle

Battle Abbey
［バトル・アビー］
https://www.english-heritage.org.uk/visit/places/1066-battle-of-hastings-abbey-and-battlefield

THE FEMINIST BOOKSHOP

ダウン・フォレストがある。作家Ａ・Ａ・ミルンはこのアッシュダウン・フォレストに暮らしていた頃に創作のアイデアを得て、長年愛され続ける児童書のキャラクター「くまのプーさん」やプーさんの住む「100エーカーの森」を生み出した。イースト・グリンステッドの本屋〈ザ・ブックショップ〉21 は、旅の締めくくりに相応しい素敵な店だ。木造骨組みのチューダー様式の美しい建物内にある大きな本屋で、店に足を踏み入れた瞬間には見えないところに秘密のコーナーがいくつも隠れている。小さなカフェを併設しているので、家路につく前にコーヒーかお茶を一杯飲むこともできる。あるいは遠回りをしてハイ・ウィールドの北端のトンブリッジにある素敵な本屋、〈ミスター・ブックス〉22 に行くという手もある。新本を幅広く揃えているが、古本の品揃えもかなり充実している。

Bookshop Information／本屋情報

1 Blue Bear Bookshop
［ブルーベア・ブックショップ］
3 Town Hall Buildings, The Borough,
Farnham, GU9 7ND

2 Laurence Oxley
［ローレンス・オックスリー］
17 Broad Street, Alresford,
SO24 9AW
http://www.birketfoster.co.uk

3 P & G Wells
［P&Gウェルズ］
11 College Street, Winchester,
SO23 9LZ
https://www.pgwells.co.uk

4 One Tree Books
［ワン・ツリー・ブックス］
7 Lavant Street, Petersfield, GU32 3EL
https://onetreebooks.com

5 The Haslemere Bookshop
［ザ・ヘイルズメア・ブックショップ］
2 Causeway Side, Haslemere,
GU27 2JZ
https://haslemerebookshop.co.uk

6 The Petworth Bookshop
［ザ・ペットワース・ブックショップ］
The Old Bakery, Golden Square,
Petworth, GU28 0AP

7 The Book Ferret
［ザ・ブック・フェレット］
34 High Street, Arundel, BN18 9AB
https://www.thebookferret.co.uk

8 The Steyning Bookshop
［ザ・ステニング・ブックショップ］
106 High Street, Steyning, BN44 3RD
https://www.steyningbookshop.co.uk

9 The Feminist Bookshop
［ザ・フェミニスト・ブックショップ］
48 Upper North Street, Brighton,
BN1 3FH
https://thefeministbookshop.com

10 City Books
［シティ・ブックス］
23 Western Road, Hove, BN3 1AF
https://www.city-books.co.uk

11 The Book Nook
［ザ・ブック・ヌック］
1 St John's Place, First Avenue,
Hove, BN3 2FJ
https://www.booknookuk.com

12 Kemptown Bookshop
［ケンプタウン・ブックショップ］
91 St George's Road, Brighton, BN2 1EE
https://www.kemptownbookshop.co.uk

13 Goldsboro Books
［ゴールズバラ・ブックス］
22b Ship Street, Brighton, BN1 1AD
https://www.goldsborobooks.com

14 Waterstones
［ウォーターストーンズ］
71–74 North Street, Brighton, BN1 1ZA
https://www.waterstones.com/
bookshops/brighton-clock-tower

15 Bags of Books
［バッグズ・オブ・ブックス］
1 South Street, Lewes, BN7 2BT
https://bags-of-books.co.uk

16 Much Ado Books
［マッチ・アドゥ・ブックス］
8 West Street, Alfriston, BN26 5UX
https://www.muchadobooks.com

17 Hare and Hawthorn Bookshop
［ヘア・アンド・ホーソーン・ブックショップ］
51 George Street, Hastings, TN34 3EA

18 The Hastings Bookshop
［ザ・ヘイスティングス・ブックショップ］
5 Trinity Street, Hastings, TN34 1HG
https://hastingsbookshop.co.uk

19 Rother Books
［ロザー・ブックス］
59–60 High Street, Battle TN33 0EN

20 Barnett's of Wadhurst
［バーネッツ・オブ・ワッドハースト］
Gordon House, Wadhurst,
East Sussex, TN5 6AA
https://www.barnettsbooks.com

21 The Bookshop
［ザ・ブックショップ］
Tudor House, 22 High Street,
East Grinstead, RH19 3AW
https://www.eastgrinsteadbookshop.co.uk

22 Mr Books
［ミスター・ブックス］
142 High Street, Tonbridge, TN9 1BB
https://www.mrbooks.co.uk

ALL - MUCH ADO BOOKS

NEW FOREST

HARDY'S WESSEX TOUR

Ancient Ships, Sandy Beaches and Hill Forts

トマス・ハーディの「ウェセックス」ツアー
―― ヘンリー8世時代の船、砂のビーチ、ヒルフォート ――

　今回のツアーは盛りだくさんの旅になる。ロンドンから高速道路M3を通り、作家トマス・ハーディが作品に登場させたことで知られる「ハーディのウェセックス地方」の中心へと旅する。この旅では賑やかな海辺の町ボーンマス、ヘンリー8世の時代の古い戦艦があるポーツマスに行き、砂と小石のビーチの両方を訪ねる。フェリーに1、2度乗る機会もある。このエリアにゆっくり滞在したいのなら、ツアーは2回、いや3回に分けて行う方がいいかもしれない。私は車で行ったが、アップダウンの激しい道のりもいとわないなら、一部を自転車で旅してもきっと楽しい。自転車で「ウェセックス」の景色を楽しんでいるうちに買った本が増えていくのだから、パニエは用意しておこう。

　トマス・ハーディはヴィクトリア時代のイングランドで活躍した作家・詩人で、イングランド南西部の町や村を名前を変えて作品によく登場させ、同じ架空の地名を他の作品でも繰り返し使用した。そうした地名は実在の地名と関係していることが多く、ハーディの地名のモデルを推測するのはさほど難しくない。例えば、サーン・アバス（Cerne Abbas）はアボッツ・サーネル（Abbot's-Cernel）、ウェイマス（Weymouth）の町はバドマス（Budmouth）としてハーディ作品に登場する。かつてイギリスのこの辺りに

ウェセックス王国が実在し、その後いくつかの地方に分かれたのだが、ハーディはこの中世の王国から名前をとって自らの架空の地方をウェセックスと呼んだ。このツアーでは、ハーディのウェセックス地方のうち「サウス・ウェセックス」と「アッパー・ウェセックス」のエリアを旅し、ハーディの本に登場する地として知られる多くの場所を通る。

Stockbridge, Salisbury
／ストックブリッジ、ソールズベリー

　最初の目的地はイングランドで最も小さい町の一つ、ストックブリッジだ。かつてはドーセット方面へ向かう高速道路沿いにあり、ヴィクトリア時代は競馬の中心地だったところだ。現在は午後のひと時散策してみるのにうってつけの小さな町で、個人経営のカフェやショップがたくさん並んでおり、魅力的な本屋〈ザ・ブックマーク〉**1** もその中の一つだ。数年前にニューヨークから来たエレインが新しくオープンした店で、選りすぐられた様々なジャンルのフィクションが並んでいる。

　座りっぱなしで硬くなった足をほぐしがてら、町から2、3マイル（3〜5キロ）先にある鉄器時代のヒルフォート（周囲より高くなって

いる土地を利用し、防御された居留地として使われた土塁)のデーンベリーまで歩いてみるのもいい。ブナの木にぐるりと囲まれたヒルフォートの上からダウンズ(イングランド南部の草原丘陵地)の景色が楽しめる。デーンベリーは2500年前に作られたヒルフォートで、ドルイド僧が生贄の犠牲となったものたちを埋葬するのにここを使っていた証拠が発見された。

南西に向かい、中世の都市ソールズベリーに新しくオープンした児童書専門店〈ザ・ロケットシップ・ブックショップ〉**2**に行こう。ヤングアダルトとあらゆる年齢向けの児童書が揃う三階建ての店で、心をウキウキさせてくれる内装の建物は長年本屋として使われてきた。そうそう、ソールズベリーから北に9マイル(14.5キロ)のストーンヘンジに行きたいなら、そちらへ遠回りしてからこの本屋に来るとよい。

Fordingbridge, Wimborne Minster
／フォーディングブリッジ、ウィンボーン・ミンスター

次は南下してフォーディングブリッジに向かい、居心地のよさが抜群の本屋〈フォーディングブリッジ・ブックショップ〉**3**に行こう。ここでは本を買ったうえにピアノも弾ける。この店は本好きのコミュニティが集まる場になっているだけでなく、アコースティック音楽の生演奏が時折行われ(詳細はウェブサイトを参照)、楽譜も販売している。町の川沿いを歩いていくと中世の橋があるのでぜひ見て行こう。19世紀には近くのニューフォレストで鹿の密猟をする人々がいたため、これを阻止するために橋には見張りが置かれた。

ここから西に行くと、特別自然美観地区に指定されているクランボーン・チェイスの玄関口、クランボーン村がある。石灰層のゆるやかな丘陵地帯から成る台地クランボーン・チェイスには、あちこちに古代の森が散らばっている。『ダーバヴィル家のテス』にはハーディがクラ

ンボーンをモデルにした「チェイスバラ」が登場し、実際のクランボーン村ではハーディが滞在したとされる宿を訪れることができる。

クランボーンから次の目的地ウィンボーン・ミンスターへ続く道には、「ハーディのウェセックス」の主要な地点をつなぐ長距離歩道ハーディ・ウェイが通っている。ウィンボーン・ミンスターにある家族経営の本屋〈ガリバーズ・ブックショップ〉**4**では、美しく昔ながらの本屋らしい店内に選りすぐりの本が並び、ジグソーパズルも販売している。この町の名前の元となったウィンボーン・ミンスター教会には、アルフレッド大王の兄エセルレッドの墓がある。町中を歩いた後は、本屋から歩いてすぐのモデルタウンを訪れてみよう。1951年にオープンしたこのモデルタウンは本屋から歩いて数分で、当時のウィンボーンの様子を10分の1の模型で見られる。

Blandford Forum, Sherborne
／ブランドフォード・フォーラム、シャーボーン

ここから再び南下してブランドフォード・フォーラムの〈ザ・ドーセット・ブックショップ〉**5**を訪れよう。色々なものがごちゃっと詰まった素晴らしい本屋で、18世紀に建てられた建物の3フロアを利用している。下の階には新本があるが、階段と上の階のあらゆるスペースに古本、アンティーク、骨董品が山のように積まれている。私は1950〜60年代に出版されたオブザーバーズ・ブック・シリーズがずらりと並んでいるのを見ると思わず飛びついてしまうので、この店でも同シリーズの『イギリス諸島の野生動物』や『イギリス建築』を自分のコレクションに加えるべくつかみ取った。

さらに西に進むとシャーボーンに〈ウィンストンズ〉**6**という本屋がある。この素敵な小規模チェーンは3店舗あり、どの店も選りすぐりの本が見やすいようテーブルが置いてあり、あ

THE BOOKMARK

ELAINE SPERBER OF THE BOOKMARK

FORDINGBRIDGE BOOKS

FORDINGBRIDGE BOOKS

PAUL AND SUNNY ANGEL

WESTBOURNE BOOKSHOP

GULLIVERS BOOKSHOP

らゆる分野で様々な本が揃っている。この店に向かう途中、旅好きな人はジグザグ北上して〈ザ・トラベルブック・カンパニー〉 **7** にも寄ってみよう。旅行の専門家が運営している本屋で、旅行本がどっさり積まれたこの店に行けば次の冒険に飛び出したくなること請け合いだ。

シャーボーンを出てドーチェスター方面に南下し、ドーセット特別自然美観地域に向かう。途中にあの地上絵「サーン・アバスの巨人」がある。この絵は多くの人が信じているような古代文明の産物ではないかもしれないが、その起源は1694年より前までさかのぼる可能性があり、180フィート（55メートル）の裸の男性像が丘の斜面の石灰層に刻まれている。この絵が一番よく見えるのは高速A352沿いのジャイアンツ・ビュー駐車場で、サーン・アバス村のすぐそばだ。

The South West Coast Path, The Hardy Way
／サウスウエスト・コースト・パス、ハーディ・ウェイ

ドーチェスターはハーディの『カスターブリッジの市長』の題名にもなっているカスターブリッジのモデルで、この地名はその他の多くの作品にも登場する。ここからアイル・オブ・パーベック（パーベック島）の美しい海岸線まで南下しよう。名前にアイル（島）とついているものの、実はアイル・オブ・パーベックは島ではなく、白亜の荒野と海に崩れ落ちた断崖から成る半島だ。イングランド南西部にのびる630マイル（1014キロ）の長距離歩道、サウスウエスト・コースト・パスはこの辺りの海岸線を通っていて、素晴らしいウォーキングが楽しめる（詳細は南西イングランド海岸沿いツアー参照）。ウェイマスの東からラルワース・コーヴまではなかなかの難関だが、歩けばとても達成感を感じられる。ラルワースに近づくにつれ断崖と岬の美しい風景が目に入り、アーチ状の石灰岩で

あるダードルドアが海に張り出しているのが見えてくる。

ハーディ・ウェイもまた、同じ海岸線を通っている。ラルワース・コーヴは『遥か群像を離れて』のトロイ軍曹が溺れる場所だ。サウスウエスト・コースト・パスをそのまま歩き続ける場合、途中で通過するラルワース東部は息をのむ美しさだが、起伏の激しい崖が多いのでかなりの上級レベルになってくる。また、一部エリアはイギリス国防省が射撃場として使用するために定期的に閉鎖される。

Swanage, Bournemouth
／スワニッジ、ボーンマス

サウスウエスト・コースト・パスを通らない場合は、やや遠回りをして次の目的地スワニッジへ向かおう。〈ザ・スワニッジ・ブックショップ〉 **8** は駅とビーチの間にある独立系書店で、見かけより大きな店内には様々なジャンルの新本と稀覯書も含む古本が揃っている。スワニッジに滞在するなら（ビーチは家族づれにぴったりだ）、スワニッジからコーフ・カッスル村に向かう蒸気機関車にも乗ってみるといい。ウィリアム征服王が建てたコーフ城は、村を見下ろす丘の上に立つ姿がロマンチックだ。

静かなビーチの方が好みなら、サンドイッチとピクニック用の敷物を持って北のスタッドランド・ビーチに行こう。4マイル（6.4キロ）もの黄金色の砂浜が続いていて、それに寄りそうように砂丘とヒースの茂る荒地がある。

ここからボーンマスまで車で約1時間だが、フェリーでスワニッジかシェル・ベイからサンドバンクスに向かう方がもっと楽しい。ボーンマスの南にある半島の小さなビーチ、サンドバンクスは、不動産価格が天にも届かんばかりの高額で有名サッカー選手などが住んでいることから、地元ではミリオネアズ・ロウ（百万長者通り）として知られている。

ボーンマスには素晴らしい独立系書店が二つもある。一つ目は〈ウエストボーン・ブックショップ〉**9**だ。中心部にある家族経営のこの本屋は選び抜かれた様々なジャンルの本を書店員チームがキュレーションしており、気になった本を手に取ってじっくり読んでみることのできる小さくて素敵な店だ。店主のポール・エンジェルは本に関することなら何でも知っている知識の泉のような人で、カラフルなシャツを着ているので行けばすぐ分かる。次はサウスボーン郊外の海岸線沿いをさらに進んだところにある〈BH6 ブックス・アンド・ホーム〉**10**に行こう。店内は美しく本が並んでいて本をじっくりと見ることができ、パズルや素敵な日用雑貨もたくさんあるので贈り物を探すのにもぴったりだ。この町には黄金色の砂の広いビーチがあり、ボーンマスほど賑わってはいないが、家族づれのための施設はしっかり揃っている。

Portswood, Lee-on-the-Solent
／ポーツウッド、リー・オン・ザ・ソーレント

ここからいにしえの森林地、ニューフォレストへ向かう。ニューフォレスト・ポニーの原産地で、このエリアの地元住民である「コモナーズ（Commoners）」が森の中のヒースが茂る荒地で放牧を行う権利を有することでも知られている。ニューフォレストの中心はリンドハースト村で、ハーディはこの村を『ダーバヴィル家のテス』の中で「ブラムハースト」として登場させている。また、この森林地帯には有名なビューリー国立自動車博物館があり、イギリスにおける自動車の歴史を祝して300台のクラシックカーが展示されている。

ここからサウスハンプトン方面に向かう道路を進んでいくのだが、バラ好きな人は初夏に旅するなら遠回りしてモッティスフォントのウォールド・ガーデン（塀で囲まれた庭）を見に行こう。東屋や壁を這いのぼり、巻き付き

ながらのびていく古い品種のバラを観賞できる。古い品種のバラは年に一度しか花を咲かせないため、咲き誇るバラを楽しめるのは初夏だけだ。

海岸沿いにある次の目的地はサウスハンプトン郊外のポーツウッドで、ここには〈オクトーバー・ブックス〉**11**がある。地域コミュニティや共同組合員がオーナーになっている協同組合書店で、国際政治を中心とした様々な書籍、フェアトレード製品、環境にやさしい掃除用品や化粧品なども販売するエシカルな店だ。店の奥のスペースは地元の団体やイベント、集会などに使われている。地元の人々からとても愛されている本屋で、数年前に引っ越しをした時には前の店から新しい店まで続く道に商品を運ぶボランティアで長い行列ができたほどだ。

サウスハンプトンの東にあるポーツマスでは、歴史的な造船所でヘンリー8世の戦艦メアリー・ローズ号を見ることができる。しかし、その前にリー・オン・ザ・ソーレントの郊外にある〈ザ・ブックショップ〉**12**に寄って行こう。1933年から同じ場所にあるこの本屋は経営者が変わるたびに店も生まれ変わり、現在では特に児童書にフォーカスした地域コミュニティの集う場所になっている。地元の学校と連携したり、ビーチ清掃キャンペーンを行ったりしているほか、通常時には定期的に著者イベント、子どもの読書クラブなどの子ども向けイベントも行っており、5月には児童書フェスティバルも開催している。

The Isle of Wight, Southsea, The Hayling Island
／ワイト島、サウスシー、ヘイリング島

時間が許すなら、ワイト島行きのフェリーに乗って島の本屋〈ザ・ライド・ブックショップ〉**13**にも行ってみよう。新本を売る店だが、古本や古書、地図の品揃えも充実している。ポー

ALL - THE DORSET BOOKSHOP

PIGEON BOOKS

ツマスからそのまま陸の旅を続けるなら、海岸沿いをサウスシー方面にもう少し進むと、新しくオープンした〈ピジョン・ブックス〉14がある。期間限定のポップアップ・ショップの運営をしばらくやった後、メルとフィルの二人は2020年に店舗を見つけ、現在では様々な本が揃う小さな小さな独立系書店を経営している。この後はさらに東へ旅して静かなビーチ天国、ヘイリング島の〈ザ・ヘイリングアイランド・ブックショップ〉15へ行こう。島には陸路でも、ポーツマスからの旅客フェリーでも行くことが可能だ（フェリーは自転車も乗船可）。1930年代から島は休暇にキャンプを楽しむ人々に人気があり（架空のキャンプ場を舞台にした1980年代イギリスのシットコム『ハイ・ディ・ハイ！』はここで撮影された）、現在も島にはホリデーキャンプ場がある。島の本屋〈ヘイリングアイランド・ブックショップ〉は様々なジャンルの本があり、児童書が特に充実している。通常時は著名な作家を招くこともあるイベントを定期的に開催しているほか、サウスハンプトン児童書フェスティバルの開催も手伝っている。

　これでこのツアーは終わりを迎える。この後ロンドン方面に戻るなら途中で一息つきたくなるだろうから、ピーターズフィールドの〈ワン・ツリー・ブックス〉か、ヘイズルメアの〈ヘイズルメア・ブックショップ〉に寄って行くとよい（この2つの本屋については白亜の断崖サウスダウンズツアー参照）。

ALDEBURGH BOOKSHOP

WINSTONE'S, SHERBORNE

MARIE OF HAYLING ISLAND BOOKSHOP

THE BOOKSHOP, LEE-ON-THE-SOLENT TEAM

上／シャーボーンの〈ウィンストンズ〉、左下／〈ヘイリング・アイランド・ブックショップ〉のマリー、
右下／リー・オン・ザ・ソーレントにある〈ザ・ブックショップ〉の書店員チーム（ハリー・ポッターのイベントにて）

Useful websites ／お役立ちサイト

The Hardy Way
［ハーディ・ウェイ］
https://www.ldwa.org.uk/ldp/members/
show_path.php?path_name=Hardy+Way

Danebury Iron Age Hill Fort
［鉄器時代のヒルフォート、デーンベリー］
https://www.hants.gov.uk/thingstodo/
countryside/finder/danebury

Wimborne Model Town
［ウィンボーンのモデルタウン］
http://www.wimborne-modeltown.com

South West Coast Path
［サウスウエスト・コースト・パス］
https://www.southwestcoastpath.org.uk

Lulworth Range access times
［ラルワース射撃場での防衛省演習予定日］
https://www.gov.uk/government/
publications/lulworth-access-times

Swanage Steam Railway
［スワニッジ蒸気鉄道］
https://www.corfe-castle.co.uk/
attractions/swanage-railway

Corfe Castle
［コーフ城］
https://www.nationaltrust.org.uk/
corfe-castle

Bournemouth–Swanage Ferry
［ボーンマス・スワニッジ間のフェリー］
http://www.sandbanksferry.co.uk

Beaulieu Car Museum
［ビューリー国立自動車博物館］
https://www.britishmotormuseum.co.uk

Mottisfont – Walled Rose Garden
［モッティスフォントのウォールド・ガーデン］
https://www.nationaltrust.org.uk/
mottisfont

Mary Rose
［メアリー・ローズ号博物館］
https://www.maryrose.org

Portsmouth Historic Dockyard
［ポーツマス海軍造船所博物館］
https://www.historicdockyard.co.uk

Bookshop Information ／本屋情報

1 **The Bookmark**
［ザ・ブックマーク］
High Street, Stockbridge, SO20 6EX
https://www.thebookmarkstockbridge.
co.uk

2 **The Rocketship Bookshop**
［ザ・ロケットシップ・ブックショップ］
5 Bridge Street, Salisbury, SP1 2ND
https://www.rocketshipbookshop.co.uk

3 **Fordingbridge Bookshop**
［フォーディングブリッジ・ブックショップ］
15 Salisbury Street, Fordingbridge,
SP6 1AB
http://www.fordingbridgebooks.co.uk

4 **Gullivers Bookshop**
［ガリバーズ・ブックショップ］
47 High Street, Wimborne, BH21 1HS
https://www.booksandvinyl.co.uk/
gullivers

5 **The Dorset Bookshop**
［ザ・ドーセット・ブックショップ］
69 East Street, Blandford Forum,
DT11 7DX
https://www.thedorsetbookshop.co.uk

6 **Winstone's**
［ウィンストンズ］
8 Cheap Street, Sherborne, DT9 3PX
https://www.winstonebooks.co.uk/
sherborne

7 **The Travel Book Company**
［ザ・トラベルブック・カンパニー］
Chaldicott Barns, Semley, Shaftesbury,
Dorset, SP7 9AW

8 **The Swanage Bookshop**
［ザ・スワニッジ・ブックショップ］
35 Station Road, Swanage, BH19 1AD

9 **Westbourne Bookshop**
［ウエストボーン・ブックショップ］
65 Poole Road, Bournemouth, BH4 9BA
https://www.booksandvinyl.co.uk/
westbourne

10 **BH6 Books and Home**
［BH6ブックス・アンド・ホーム］
69 Southbourne Grove, Bournemouth,
BH6 3QU

11 **October Books**
［オクトーバー・ブックス］
189 Portswood Road, Portswood,
Southampton, SO17 2NF
https://www.octoberbooks.org

12 **The Book Shop**
［ザ・ブックショップ］
142 High Street, Lee-on-the-Solent,
PO13 9DD
https://www.leebookshop.co.uk

13 **The Ryde Bookshop**
［ザ・ライド・ブックショップ］
135 High Street, Ryde, PO33 2RJ
https://www.ryde-bookshop.co.uk

14 **Pigeon Books**
［ピジョン・ブックス］
1 Albert Road, Southsea, PO5 2SE
https://www.pigeonbooks.co.uk

15 **The Hayling Island Bookshop**
［ザ・ヘイリングアイランド・ブックショップ］
34 Mengham Road, Hayling Island,
PO11 9BL
http://www.haylingislandbookshop.co.uk

OCTOBER BOOKS

OCTOBER BOOKS

THE RYDE BOOKSHOP

THE RYDE BOOKSHOP

BH6 BOOKS

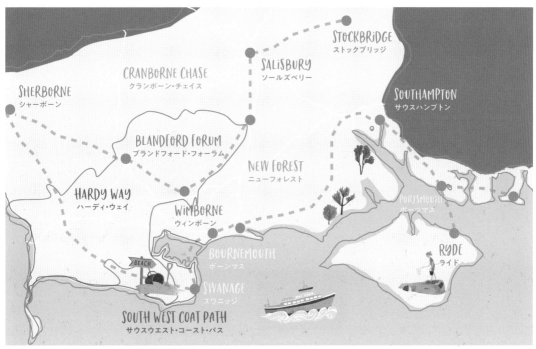

謝辞

私が本屋めぐりをしている間、私を温かく店に迎え入れてくれたばかりか、忙しい本屋業のかたわら
本と本屋について私と話す時間を作ってくださり、またこの本のために写真を送ってくださった
すべての本屋のオーナー、マネージャー、店員のみなさんに厚くお礼を申し上げます。

スティーブ・ポッツ、アイーシャ・ポッツ、ジェイミー・ロビンソン、キース・ダリモア、ジェーン・ホームズ、
みなさんの素晴らしい写真を使うことを許可してくださって、本当にありがとうございます。
そしてサラ・マルヴァニーの美しいイラストにも感謝しています。

それからリンジー・ウラード、私たちがフェアライト出版を立ち上げた頃に
あなたの情熱とぱっと周りを明るくしてくれるその素敵なユーモアがなかったら、
この本はきっと生まれていなかったでしょう。
この本をまとめるために本当によく頑張ってくれたフェアライト出版のチームのみんな、
そしてもちろん、私の本屋めぐりの予定管理や各書店との連絡調整をしてくれた、
いつも仕事が正確で朗らかなモー・フィルモアにも、どうもありがとう。
TJブックスには貴重で役に立つアドバイスを頂き、いろいろと助けていただきました。

各本屋のみなさま、今後この本の新しいエディションが出る際に
掲載したいニュースや情報更新があれば、どうぞ以下のアドレスまでご連絡ください：
hubquery@fairlightbooks.com

: Picture Credits

All photos of bookshops © the various bookshops except for:
Introduction: Sevenoaks Bookshop © Roger Lee; Round Table Books shop front © Appear Here; Toppings St Andrews © Caroline Trotter. South West of England Coastal Tour: The Harbour Bookshop © Pippa Fincham; Timothy the Tortoise of The Harbour Bookshop © Victoria Sanders; Tintagel © Steven Potts. Bristol and Bath Tour: Mr B's Emporium © Gemma Dunnell; Bath Pump Room and Georgian Crescent © Steve Potts; Clevedon Pier Sunset © BristolK / Alamy Stock Photo; Storysmith Jon Craig / @JonCraig_Photos; Storysmith Bookshop Dog © Storysmith. Oxford and the Cotswolds Tour: Madhatter Bookshop © Chris Andrews; Jaffé & Neale © C Noton; Castle Combe © eye35 / Alamy Stock Photo. South Wales Coastal Tour: Chepstow Castle © Keith Dallimore; Welsh Beach © Steve Potts; Cardiff National Museum © Ayesha Potts; Brecon Beacons, Shropshire and Malvern Hills Tour: The Bookshop, Montgomery © sprout. uk.com; The Bookshop, Montgomery © sprout.uk.com. North Wales and Snowdonia Tour: Milky Way composite near Llyn Ogwen and Llyn Idwal in Snowdonia © Matt Gibson / Alamy Stock Photo. England's Industrial heartland Tour I: The Book Case © Hannisze; Yorkshire Dales Tour: Yorkshire Dales © Jane Holmes; Little Ripon Bookshop © Charlotte Graham; Little Ripon Bookshop © Charlotte Graham. North-West of England Tour: The Hedgehog Bookshop © www.harringtons.uk.com; Buttermere Lake © Realimage / Alamy Stock Photo; Forum Books © Nigel John; Forum Books © Nigel John. Scotland Tour: Topping & Company, St Andrew © Caroline Trotter; Portobello Bookshop © Paula Russell; Ullapool Bookshop © Katharine Douglas with permission of Ullapool Bookshop; Ullapool harbour © Katharine Douglas; The Bookmark © Stewart Grant. Scottish Borders Tour: Paxton House © Troy GB images / Alamy Stock Photo; Abbotsford, house of Sir Walter Scott, Drawing Room © Stephen Saks Photography / Alamy Stock Photo; John Buchan Way sign © Keith Fergus / Alamy Stock Photo; Old photograph of Whities Bookshop © Whities Bookshop; Traquair House © Stephen Saks Photography / Alamy Stock Photo. Your High Street: Foyles © Waterstones Bookseller Ltd. North-East of England Tour: Book Corner © Stuart Boulton \ Book Corner. Norfolk and Suffolk Coastlines Tour: Topping & Company, Ely © Andrew Imrie; Norfolk birds © Wendy lucid2711/ Shutterstock. London Tour: Foyles, Charing Cross Road © Waterstones Booksellers Limited; Waterstones, Piccadilly (interior) © Waterstones Booksellers Limited; Waterstones, Piccadilly (exterior) © Waterstones Booksellers Limited; Gay's the Word (bookshelves) © DOM AGIUS; Gay's the Word (exterior) © VERA JANEV; Flea Market © Elena Rostunova / Shutterstock; The Second Shelf (A. N. Devers) © Sarah K Marr; Hatchards © GALA Images ARCHIVE / Alamy Stock Photo. South Downs Tour: South Downs © Steve Potts; Much Ado Books (various) © Robert Sanderson; Cuckmere Haven by Ravilious framed print image © Kemptown Bookshop. Hardy's Wessex Tour: New Forest Hampshire © DTG Photography / Alamy Stock Photo; Marie of The Hayling Island Bookshop © The News Portsmouth; Stonehenge © PTZ Pictures/ Shutterstock; October Books shopfront © Nigel Rigden. Bookshop Bagging Section: The Idler © Kelvin Avis. Red Lion Books © Charlie and Farlie Photography.

P296 and 298 Cotswolds © Jamie Robinson
P264, 268 and 300 South Downs © Steve Potts

訳者あとがき

この本と出会ったのは、2020年12月初旬のことでした。クリスマスイブに本を贈りあう「Jolobokaflod（クリスマスの本の洪水）」というアイスランドの習慣にならって、4年前から我が家でもクリスマスイブに本を贈りあうようになりました。クリスマスが近づくと夫婦で一緒に本屋へ出かけ、お互いがこれが欲しいという本を見つけて相手に買ってもらっています。そして2020年の12月、これが欲しい！　と私が手に取ったのがこの本の原書であるBookshop Tours of Britainだったのです。

クリスマスイブからむさぼるようにBookshop Tours of Britainを読みふけった私は、イギリスでのロックダウン中のストレスも忘れて素敵な独立系書店の数々に魅了されました。そして読み終わる前からすでに「どうしてもこの本を日本語にしたい！」と強く思い始めていたのです。色々な方からアドバイスを受けて形にした企画書は出版社の編集者さんにも好評でした……が、この厳しいご時世のためか遂にGoサインは出ず。最後のあがきのつもりでツイッターに「誰かこの本の訳書だしませんかぁ～？」と写真を付けてつぶやいたところ、サウザンブックスさんからクラウドファンディングのお話をいただき、稀にみる停滞ぶりを見せながらも最後には目標額の100％以上を達成して出版が決定したのでした。

クラウドファンディングが始まる前から企画書作りのアドバイスなどで力になってくださった翻訳家・著述家の村上リコさま、一緒にZoomイベントなど考えてくださった名古屋の独立書店リーディング・マグのキムラナオミさま、クラファンでもっとアピールができるようSNSの使い方などでアドバイスを下さり、積極的にいろんな人をクラファンに引き込んでくださったイギリス在住の作家の赤坂パトリシアさま、停滞中のクラファンを応援メッセージで一気に盛り上げてくださった作家の北原尚彦さま、クラファンの応援コメントで夢のような美しいイラストを寄せてくださった漫画家もとなおこさま、そしてもと先生と共にクラファンの特典ZINEにイラストを描くことを快く承諾してくださったイラストレーターの緋田すだちさま、本当にありがとうございます。そしてクラファンの進捗に一喜一憂する私を励ましつづけてくださったサウザンブックスの古賀さま、クラファン参加者のすべての天使のみなさま（もはや後光がまぶしすぎてみなさんは人類には見えません……！）に、心からお礼申し上げます。

翻訳作業がいよいよ始まってからは、出版翻訳者として正真正銘ひよっこの私に細かく砕いた餌を与えるように分かりやすくアドバイスを伝えて導いてくださった編集者の鹿児島さま、何かにつけ気にかけてサポートを続けてくださったサウザンブックスの安部さま、本当にありがとうございます。

在宅仕事中に後ろから私が質問攻めにしても全部答えてから仕事に戻ってくれる夫イアンにも、いつもどうもありがとう。今後はビリヤニをカレーに分類しても文句は言いません。そしてクラウドファンディング中に看板猫（？）として愛想をふりまいてくれたセバスチャン、私の片腕に寝そべって翻訳作業を妨害もしたけれど、うるうるの瞳で見つめて癒してくれてありがとう。

この本を訳している間もオンラインとオフラインで本屋めぐりを満喫し、翻訳者としても一人の本屋好きとしても至福の時間を過ごしてきました。こうして出来上がったこの本が、読者のみなさんを遠くはイギリスの素晴らしい本屋さんに、そして近くはいつものあの本屋さんに導いてくれることを願っています。

2023年1月
ユウコ・ペリー

著者紹介

ルイーズ・ボランド（Louise Boland）

ライター＆出版者。文芸出版社Fairlight Booksを立ち上げた後にイギリス国内の本屋めぐりの旅を始めた自称「本屋の擁護者」。新進気鋭の作家の作品を出版するために自ら設立したFairlight Booksは、作家のクオリティとオリジナリティを前面に出した美しい本をつくることをモットーとしている。
Twitter：LouiseBoland @FairlightLouise

訳者紹介

ユウコ・ペリー（Yuko Perry）

北海道大学文学部卒、京都大学大学院修士課程修了、英国カーディフ大学修士課程修了。2006年からイギリス在住。2012年からフリーランスの翻訳者として仕事を始め、実務翻訳の他、イギリス現地取材の同行、資料翻訳なども行っている。訳書『［図説］お菓子の文化誌百科』（原書房）。C・S・ルイスがナルニア物語の『ライオンと魔女』に登場するランプポストのアイデアを得たヴィクトリア時代のガス灯がある街に暮らし、物語に登場するごはんを実際に作って楽しむのが趣味。

Bookshop Tours of Britain

By Louise Boland
Copyright © Louise Boland 2020

Japanese translation rights arranged with Fairlight Books
through Japan UNI Agency, Inc., Tokyo

英国本屋めぐり——本と本を愛する人に出会う旅

2023年9月22日　第1版第1刷発行

著　者	ルイーズ・ボランド
訳　者	ユウコ・ペリー
発行者	古賀一孝
発　行	株式会社サウザンブックス社
	〒151-0053　東京都渋谷区代々木2丁目23-1
装丁・デザイン	杉本聡美
編集・制作	アーティザンカンパニー株式会社
印刷・製本	シナノ印刷株式会社

Special thanks
キムラナオミ、赤坂パトリシア、maco、陣内萌、小池菜央、的場弘志、上野伸一郎、藤原恵美、mewglass、大道峻、天音佑湖、小野純一、中村明香、選書スナック封

＊本書掲載の店舗・施設の住所等の情報は、原書が出版された2020年時点のものです。お出かけの際は、ウェブサイト等で最新情報をご確認いただくことをお勧めします。